Gottfried Heller

Der einfache Weg zum Wohlstand

Für meine Frau Margaret

Gottfried Heller

Der einfache Weg zum

WOHLSTAND

Mehr verdienen,
weniger riskieren
und besser schlafen

Bibliografische Information der Deutschen Nationalbibliothek
Die Deutsche Nationalbibliothek verzeichnet diese Publikation in der Deutschen Nationalbibliografie;
detaillierte bibliografische Daten sind im Internet über **http://d-nb.de** abrufbar.

Für Fragen und Anregungen:
heller@finanzbuchverlag.de

1. Auflage 2012

© 2012 FinanzBuch Verlag,
ein Imprint der Münchner Verlagsgruppe GmbH
Nymphenburger Straße 86
D-80636 München
Tel.: 089 651285-0
Fax: 089 652096

Lektorat: Ulrike Kroneck
Korrektorat: Rainer Weber
Satz: Georg Stadler, München
Druck: GGP Media GmbH, Pößneck

ISBN Print 978-3-89879-701-6
ISBN E-Book (PDF) 978-3-86248-264-1

Weitere Informationen zum Verlag finden sie unter

www.finanzbuchverlag.de
Beachten Sie auch unsere weiteren Verlage unter
www.muenchner-verlagsgruppe.de

INHALT

5

VORWORT

Gerade als ich mein Buch fertiggestellt hatte, schreckte Bundesarbeitsministerin Ursula von der Leyen die ganze Nation auf. Anhand einer neuen Studie ihres Ressorts warnte sie davor, dass ab 2030 Arbeitnehmer, die jetzt weniger als 2500 Euro verdienen, »mit dem Tag des Rentenantritts den Gang zum Sozialamt antreten« müssten.

Ich wundere mich nicht über den Alarmruf der Ministerin und noch weniger über ihren Aufruf, zwingend eine zusätzliche Altersvorsorge aufzubauen, um der »Armutsfalle« zu entkommen. Bei den Recherchen zu meinem Buch ist mir schnell klar geworden, wie brandgefährlich die Lage nicht nur der gesetzlichen Rentenversicherung ist – und wie sie für fast alle, besonders aber für junge Sparer und schlecht bezahlte Frauen, fast täglich prekärer wird. Den Lesern einen Weg aus der Sackgasse der herkömmlichen Altersvorsorge zu weisen und die private Eigenvorsorge auf intelligente Art und Weise zu stärken, war deshalb von Anfang an mein Anliegen und ein Hauptgrund, um dieses Buch zu schreiben.

Ich möchte die Bundesbürger aufrütteln, indem ich ihnen die Versäumnisse der deutschen Vermögens- und Altersvorsorgepolitik vor Augen halte. Und ich beschreibe ihnen – und das ist mir das Allerwichtigste – gangbare Wege, wie jeder sogar in diesen verrückten Zeiten des allgemeinen Anlagenotstands langfristig Vermögen aufbauen und für einen komfortablen Ruhestand vorsorgen kann. Die Deutschen müssen dazu zwar ihre alten Spargewohnheiten ändern. Aber dass sich das lohnt, und dass der Weg alles andere als schwer ist, das erfährt jeder Leser, der die Lehren aus meinem Buch beherzigt.

Ich wünsche Ihnen gutes Gelingen!

München, im September 2012
Gottfried Heller

EINLEITUNG

»Wohlstand ist eine Grundlage, aber kein Leitbild für Lebensgestaltung.
Ihn zu bewahren ist noch schwerer, als ihn zu erwerben.«

Ludwig Erhard, ehemaliger Bundeskanzler, Vater des Wirtschaftswunders

Nach einem Vortrag in Stuttgart sagte ein Zuhörer zu mir: »Jetzt haben Sie uns viel Interessantes erzählt, aber wie man schnell reich wird, haben Sie uns immer noch nicht gesagt.« Ich antwortete ihm darauf: »Ich kann Ihnen leider nicht sagen, wie Sie schnell reich werden. Ich kann Ihnen aber sagen, wie Sie schnell arm werden: indem Sie versuchen, schnell reich zu werden!«

Auch in diesem Buch erfahren Sie nicht, wie Sie schnell reich werden. Aber Sie erhalten Informationen, wie Sie bei Ihren Geldanlagen mit weniger Aufwand und weniger Risiko mehr Rendite erzielen – und dabei auch noch ruhig schlafen können.

Noch früh in meiner Karriere in der Vermögensverwaltung schlug mir ein freundlicher Investmentbanker vor, in amerikanische Zins-Terminkontrakte zu investieren. Damals steckte die Welt in einer Hochzinsphase und diese Spekulation setzte auf fallende Zinsen. Mit diesen Kontrakten konnte man mit geringem Kapitaleinsatz viel gewinnen, wenn die Spekulation aufging. Wenn nicht, konnte man aber viel verlieren. Letzteres geschah: Ich verlor Geld, denn zunächst stiegen die Zinsen noch weiter. Die Spekulation ging zwar auf, aber erst später, als ich schon mit Verlust ausgestiegen war. In gewissem Sinne war dies meine beste Investition, weil sie mein Risikobewusstsein bis zum heutigen Tag geprägt und mich gelehrt hat, bei jeder Anlage nicht zuerst an Gewinne zu denken, sondern daran, wie ich Verluste vermeide. Es war eine wertvolle Erfahrung für meine erfolgreiche Tätigkeit als Vermögensverwalter.

Warum schreibe ich dieses Buch und warum gerade jetzt?

Schon um Jahre übers Rentenalter hinaus und nicht mehr beruflich im Tagesgeschäft eingespannt, habe ich jetzt Zeit und die innere Distanz, um meine in über 40 Jahren gesammelten, vielseitigen Erfahrungen und mein Wissen weiterzugeben. Und ich kann mich auch freimütig äußern. Zudem möchte ich noch den großen Erfahrungsschatz meines väterlichen Freundes und Geschäftspartners einbringen, des legendären Börsenaltmeisters André Kostolany, mit dem ich 30 Jahre lang eng zusammengearbeitet habe.

Gerade jetzt ist die Ratlosigkeit der meisten Anleger so groß, wie ich das noch nie erlebt habe. Es herrscht Anlagenotstand. Zur Rettung der Banken und der Pleitestaaten haben die Notenbanken die Zinsen praktisch auf null gesetzt. Die Leidtragenden dieser Politik sind die Rentner und Sparer, die um ihr Zinseinkommen gebracht werden. Sie müssen die Zeche zahlen für die maßlosen, unverantwortlichen Spekulationen der Banken und von Hasardeuren wie Hedgefonds, die einen Schaden von unvorstellbarem Ausmaß angerichtet haben, während die Investmentbanker sich weiter ungerührt Boni in Millionenhöhe für ihre volkswirtschaftlich nutzlose Zockerei auszahlen.

Für Geldanlagen gibt es fast keine Zinsen mehr. Der Garantiezins der Lebensversicherungen wird laufend gesenkt und steht bei mickrigen 1,75 Prozent. Bei Staatsanleihen sind die Renditen so niedrig, dass sie nicht einmal die Inflation ausgleichen. In anderen Worten: Die Realzinsen sind negativ und der Wert des Anlagevermögens schrumpft. Und: Welche Staatsanleihen sind überhaupt noch sicher?

Mit Aktien haben Anleger in den letzten Jahren meist schlechte Erfahrungen gemacht. Es fing an mit der Blase am Neuen Markt. Dann kam der Börsencrash nach der Lehman-Pleite. Nur wenige Jahre danach brach die Staatsschuldenkrise in der Eurozone aus. Jedes Mal gerieten Aktien mitten hinein in den Strudel. Um eine Pleite Griechenlands, Portugals oder Irlands abzuwenden, wurden Rettungsfonds aufgelegt. Wir Steuerzahler zahlen die Zeche für den Euro, »eine kränkelnde Frühgeburt«, wie der frühere Bundeskanzler Schröder einmal sagte.

Daneben herrscht Angst vor der Inflation, ja sogar vor einem Auseinanderbrechen des Euro und einer Währungsreform. In ihrer Ratlosigkeit suchen viele Anleger ihr Heil in vermeintlich »sicheren Häfen« – im Gold, dem Schweizer Franken und in Garantie-Zertifikaten.

Die ersten zwölf Jahre des neuen Jahrhunderts waren in einem so extremen Maße von Chaos und Krisen geprägt, dass man fast ein Jahrhundert – in die 1920er-Jahre – zurückblicken muss, um eine Periode mit ähnlich chaotischen Verhältnissen zu finden. Ich habe in meinen über 40 Jahren an der Börse und in der Vermögensverwaltung schon viele »Crashs« erlebt. Aber eine Zeit wie diese, während der die Börsen von einer Baisse in die andere taumelten und drei dramatische Einbrüche in kurzer Folge erlitten, habe auch ich noch nicht erlebt. Kein Wunder, dass die Menschen – besonders die Sparer und Anleger – in höchstem Maß verunsichert, ja verängstigt sind. Sie wollen vor allem wissen, wie sie ihr in harter Arbeit Erspartes schützen können, falls ihre Bank pleitegeht, und wie sie ihr Vermögen bei einer möglichen Inflation retten können.

Besonders in Krisenzeiten nutzen Scharlatane und Panikmacher die Angst und Verunsicherung der Anleger und Sparer, um mit zweifelhaften Finanzprodukten gute Geschäfte zu machen. Auch die Banken sind schnell zur Stelle, entsprechende Produkte zu entwickeln und anzubieten, die den leidgeprüften, unerfahrenen Kunden leicht zu verkaufen sind und gute Provisionen abwerfen. Das gilt heute besonders für kaum durchschaubare, komplizierte Zertifikate, die zu Kassenschlagern geworden sind, nicht etwa für die Anleger, sondern für die Banken. Kein Wunder, dass das Vertrauen in das Geldgewerbe einen Tiefpunkt erreicht hat.

Dieses Buch soll Ihnen einfache Lösungen aufzeigen, wie Sie Ihr Geld ohne allzu große Risiken und allzu viel Aufwand gewinnbringend anlegen können und dabei noch ihre Nerven schonen. Es soll Ihnen auch die Augen darüber öffnen, wie Sie häufig falsch beraten werden und wie falsch mitunter Ihre eigenen Vorstellungen von getätigten Anlagen hinsichtlich Risiko und Rendite sind.

Viele Anleger glauben, die Geldanlage sei so schwierig, dass sie es niemals richtig hinkriegen würden. Tatsächlich ist das Gegenteil der Fall, wenn man die wichtigsten Regeln beachtet und den gesunden Menschenverstand einschaltet.

Vor genau 20 Jahren habe ich in meinem Buch *Die Wohlstandsrevolution* den rasanten wirtschaftlichen Aufstieg der Schwellenländer vorausgesagt und auf die

Gewinne hingewiesen, die mit ihren Aktien zu machen sind. Diese Prognose traf voll ins Schwarze. Auf der Basis der jeweiligen Indizes ergaben sich folgende Entwicklungen: Aus umgerechnet 100 000 Euro wurden in dieser Zeit bei Aktien der Schwellenländer – inklusive wieder angelegte Dividenden – 279 000 Euro, bei Aktien der Industrieländer aber nur 182 000 Euro.

Ich habe damals auch vehement gegen die Einführung des Euro plädiert. Ein ganz wesentliches Argument war dabei, dass eine Gemeinschaftswährung erst am Schluss kommen dürfe, nachdem alle EU-Mitglieder einheitliche ordnungspolitische Verhältnisse geschaffen haben. Die Politiker haben alle Bedenken beiseite gewischt und rücksichtslos gegen den Willen der meisten Deutschen den Euro eingeführt. Und die Industriebosse wurden nicht müde, seine Vorteile zu preisen.

Dieses Buch beginnt mit der Beschreibung der Zeitenwende, einem Jahrhundertereignis, an dessen Anfang wir stehen. Wir erleben den rasanten Aufstieg der Schwellenländer. Schon in einigen Jahren werden sie mehr als die Hälfte der Wirtschaftsleistung der Welt erbringen.

Die Industrieländer dagegen verlieren an Bedeutung. Sie haben jahrzehntelang über ihre Verhältnisse gelebt, ihren maßlosen Konsum und ihre großzügigen Sozialsysteme auf Pump finanziert und einen riesigen Schuldenberg angehäuft. Die Überwindung der Finanzkrisen – zuerst beim Immobilienmarkt in den USA und danach die Abwendung von Staatspleiten in der Eurozone – hat die Schuldenberge noch erhöht. Die Industriestaaten sind an die Grenzen ihrer Möglichkeiten gestoßen. Jetzt heißt es sparen, entschulden, Konsum zurückfahren, Sozialstaat abbauen. Äußeres Zeichen der Zeitenwende ist die jetzt beschlossene, gesetzlich verankerte Schuldenbremse in der Europäischen Union.

Es gibt drei Wege, die Schulden zu reduzieren: Ausgaben senken, Steuern erhöhen, durch Inflation entwerten. Letzteres wird die Politik, zumindest teilweise, als den bequemeren Weg wählen. Inflation wird also unser Schicksal sein.

Doch wer die richtigen Entscheidungen trifft, für den sind Krisen immer auch Zeiten mit großen Chancen. Von der richtigen Weichenstellung von Anlegern und Sparern handelt dieses Buch: Wie Sie Ihren Wohlstand sichern und erhöhen können, nicht indem Sie mehr arbeiten, sondern indem Sie Ihr Geld mehr arbeiten lassen. Wenn Sie zu den Menschen gehören, die ausschließlich über Sparbuch, Festverzinsliche, Bausparverträge und Lebensversicherung sparen, dann sollten Sie Ihr Anlageverhalten grundlegend ändern. Es ist nicht nur ein Risiko, zu viel Risiko einzugehen, genauso ist es ein Risiko, zu wenig Risiko einzugehen. Mein Partner André Kostolany, geboren in Budapest, sagte einmal: »Die meisten Deutschen ziehen Anleihen den Aktien vor. Mit ihrem übertriebenen Sicherheitsdenken bringen sie sich aber jährlich um einen beträchtlichen Vermögenszuwachs.«

Dieses Buch zeigt Ihnen, wie die einfache Lösung für Ihre Geldanlage aussieht, wie Sie ein erfolgreicher Anleger werden und, vor allem, wie Sie Ihr Geld vor der Inflation schützen. Es warnt Sie auch vor Beratern bei Banken, Finanzdienstleistern oder Versicherungen, die nicht in erster Linie Ihre Interessen verfolgen, sondern in Wahrheit nur Verkäufer sind, die nach der höchsten Provision schielen.

Hier finden Sie auch einen einfachen Test zu Ihrem persönlichen Anlegerprofil, der Ihnen Anhaltspunkte über Ihre fachliche Kompetenz, Ihr charakterliches Rüstzeug und Ihre Risikotoleranz liefert, sodass Sie daraus die für Sie individuell am besten passende Anlagestruktur wählen können. Er zeigt auch, ob Ihnen besser gedient ist, wenn Sie sich einen erfahrenen, vertrauenswürdigen Anlageberater suchen.

Einer der wichtigsten Aspekte in diesem Buch ist die Altersvorsorge. Die staatliche Rente allein wird in Zukunft nicht für einen angemessenen Lebensstandard im Ruhestand ausreichen – und erst recht nicht die Riester-Rente. Besonders für Geringverdiende, zum Beispiel junge Sparer am Beginn ihrer Berufslaufbahn oder schlechter bezahlte Frauen, die nur einen geringen Sparbetrag aufbringen können, macht es einen gewaltigen Unterschied, wie ertragreich sie diesen Betrag anlegen werden.

Sie erfahren anhand konkreter und leicht nachvollziehbarer Beispiele, wie Sie langfristig nur die Hälfte oder ein Drittel der Sparsumme aufbringen müssen, wenn Sie nicht vorwiegend in Festgeld, Anleihen und Lebensversicherungen anlegen. Wenn Sie aber dieselbe Sparsumme so anlegen, wie in diesem Buch beschrieben, können Sie Ihr Vermögen für Ihre Altersrente verdoppeln oder gar verdreifachen.

Dieses Buch enthält das Wissen und die Erfahrung, die ich in nahezu einem halben Jahrhundert gesammelt habe. Erlebte und erlittene Erfahrung ist ein Mehrfaches mehr wert als angelesenes Wissen. Ich kann heute Börsensituationen schneller einordnen und besser einschätzen.

Nach der Lektüre dieses Buches haben Sie erfahren, wie Sie bei Ihrer Geldanlage mit einer risiko- und umschlagarmen Portfoliostruktur außergewöhnliche Ergebnisse erzielen können.

Außer sich Mühe zu geben, als Anleger das Richtige zu tun, sollten Sie auch an den Aspekt der Lebensqualität denken, nämlich, wie Sie Ihr Leben auch in Finanzdingen ohne Angst und Zittern gestalten können.

Im letzten Kapitel erfahren Sie, dass Sie beim Investieren den Erfolg besser in der Hand haben, als Sie es sich vorgestellt haben.

KAPITEL I

DIE ZEITENWENDE – EIN HISTORISCHER UMBRUCH

»Das typisch Menschliche: Sich aus Angst vor einer unbekannten Zukunft an die bekannte Vergangenheit klammern.«

John Naisbitt, Zukunftsforscher und Autor des Buches *Megatrends*

Viele Menschen blicken heute pessimistisch in die Zukunft. Die dominierende Grundstimmung der Deutschen, so scheint es, ist die Angst. Die Anleger haben Angst um ihr Geld, vor allem aber vor der Inflation. Viele befürchten auch, dass der Euro platzt und dass es wieder eine Währungsreform gibt. Die Arbeitnehmer haben Angst vor dem Verlust ihres Arbeitsplatzes, die Manager und Unternehmer vor der ausländischen – hauptsächlich asiatischen – Konkurrenz. Die überwiegende Mehrheit der Deutschen hat auch Angst, dass die Staatsschulden nicht mehr zu bewältigen sind und bangt um ihre Rente.

Ich dagegen sehe mit Zuversicht in die Zukunft. Ich glaube, dass wir in einer Zukunft leben können, die voll von vielseitigen und lebenswerten Möglichkeiten ist, wenn wir nur die Weichen schon heute richtig stellen. Das heißt, uns weniger auf den Staat verlassen und dafür mehr als bisher für uns selbst sorgen.

1. Finanzkrise, Schuldenabbau und Globalisierung zwingen zum Umdenken

Es ist die Ballung von dramatischen Veränderungen, die in wenigen Jahrzehnten – wie im Zeitraffer – stattgefunden haben, die bei vielen zu einer tief sitzenden Existenzangst geführt haben. Von dem griechischen Philosophen Heraklit stammt der oft zitierte Spruch: »Panta rhei« (»Alles fließt«). Heraklit lebte etwa 500 Jahre vor

Christus, also vor mehr als 2500 Jahren. Ja, damals konnte man Geschichte noch als einen gleichmäßig dahinfließenden Strom betrachten.

Aber heute leben wir in einer Zeit, in der sich die Geschichte abrupt beschleunigt hat. Umbrüche, die niemand für möglich gehalten hätte, geschehen innerhalb weniger Monate oder gar Wochen: So geschehen mit dem Fall der Berliner Mauer 1989, mit dem anschließenden Verfall der Sowjetunion, und ganz aktuell mit dem »arabischen Frühling«, einem Aufstand, der in Tunesien begann und sich wie ein Lauffeuer über Ägypten und den Jemen bis nach Libyen und Syrien ausbreitete.

Ähnliches geschah in der Finanzwelt. Nach einer hemmungslosen Spekulation an der Wall Street platzte die Immobilienblase 2008 in Amerika und führte die ganze Welt an den Rand des Abgrunds. Kaum war die drohende Katastrophe gebannt, folgte die europäische Staatsschuldenkrise, die seit 2010 Europa in Atem hält und die ganze Welt in Mitleidenschaft zieht.

Ein Krisengipfel jagt mittlerweile den anderen und die Rettungsfonds, die zur Abwendung einer Staatspleite Griechenlands, Irlands und Portugals aufgelegt werden, nehmen inzwischen astronomische Dimensionen an. Nicht genug damit, musste auch der Staat mit Milliardensummen einspringen, um Banken und das ganze Finanzsystem vor dem Kollaps zu bewahren. Aber letztlich sind es die Bürger, die Steuerzahler, die ungefragt in die Haftung genommen werden. Sie wissen, dass sie es sind, die über ihre Steuern für die Schulden geradestehen müssen. Kein Wunder, dass sich nicht nur Unmut breitmacht, sondern pure Angst um die Zukunft. Es breitet sich ein ungutes Gefühl aus, dass unsichtbare Gefahren lauern, ähnlich der Situation, wenn man nachts allein durch einen finsteren Wald geht.

Der Sozialstaat, so, wie wir ihn bisher erlebten, ist im Abbau. Nicht nur Deutschland, alle Industieländer sind an ihrer Schuldenobergrenze angelangt, nicht zuletzt auch als Folge der gigantischen staatlichen Rettungsaktionen zur Abwendung von Pleiten. Japan hat eine Schuldenquote von über 200 Prozent bezogen auf das Bruttosozialprodukt, die USA sind bei 100 Prozent angelangt und Deutschland bei 80 Prozent Es heißt, dass eine Verschuldung in Höhe von etwa 80 Prozent die Schwelle sei, bei der ein Staat die Zinszahlungen noch leisten kann, ohne das Wachstum zu gefährden.

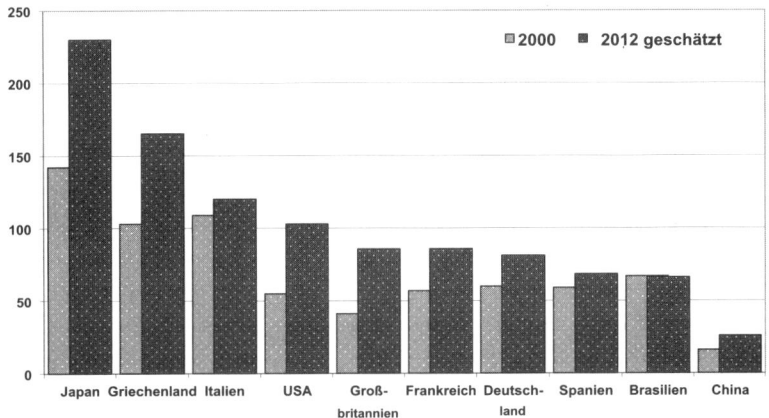

Staatsverschuldung verschiedener Länder 2000 und 2012
in Prozent des Bruttoinlandsprodukts

Quellen: IWF Economic Outlook; Eurostat; Deutsche Bundesbank.

Die krisenhaften Ereignisse der letzten Jahre haben das Sicherheitsgefühl der Bürger beschädigt und den Glauben an eine gute Zukunft erschüttert. Die Grundlagen ihrer Lebensplanung sind ins Wanken geraten. Besonders im Euroraum breitet sich wegen der bedrohlichen Lage der Staatsfinanzen in den südeuropäischen Ländern eine wachsende Unsicherheit, aber auch ein hohes Maß an Unzufriedenheit, aus. Die deutschen Anleger sind alarmiert und fürchten um ihr Geld. Sie fragen sich, wie sie ihr Geld vor der Inflation oder gar vor dem Scheitern des Euro schützen können. Sie suchen einen sicheren Hafen und glauben ihn in Gold oder im Schweizer Franken gefunden zu haben. Um das Vertrauen der Bürger in den Staat und die Währung wiederherzustellen, werden nun in allen EU-Ländern Sparpakete geschnürt. Der sogenannte »Fiskalpakt«, dem sich 25 der 27 EU-Staaten angeschlossen haben, weist als wichtigste Elemente eine Schuldenbremse, die Kontrolle der Staatshaushalte und automatische Sanktionen für Sünder auf.

Der Euro hat aus der Eurozone eine Krisenzone gemacht. In der Vorstellung von Bundeskanzler Kohl sollte er als Klebstoff die europäischen Länder enger zusammenbinden. Nun erweist er sich stattdessen als Sprengstoff: Er entzweit die Geber- und Nehmerländer. Was aber gar nicht bedacht wurde in der berauschten Stimmung bei seiner Einführung, als man Beethovens 9. Sinfonie mit Schillers

»Ode an die Freude« intonierte, war, dass der Euro auch noch den Sozialstaat unterminieren würde.

Die Stunde der Wahrheit ist gekommen

Die Amerikaner mit ihrem rigorosen Wirtschaftssystem hatten schon immer neidvoll auf das europäische Sozialmodell mit langem Urlaub, kurzer Arbeitswoche, frühem Ruhestand, großzügigem Gesundheitswesen und fürsorglichem Wohlfahrtsstaat geblickt. Nun ist die Stunde der Wahrheit gekommen. Auch der letzte deutsche Bürger sieht es: Die Taschen von »Vater Staat« sind leer.

Der deutsche Sozialstaat wurde im Verlauf der letzten Jahre zunehmend auf Pump finanziert. Alle europäischen Staaten stecken – mit wenigen Ausnahmen – bis über den Hals in Schulden. Jetzt ist Sparen und Schulden abbauen angesagt. Der erste Sektor, den es trifft, ist der Sozialbereich. Der europäische Sozialstaat, den es in dieser ausgedehnten Form nirgendwo sonst in der Welt gibt, muss wegen Überschuldung zwangsweise zurückgestutzt werden. Unter »normalen« Umständen wäre dies politisch niemals durchsetzbar gewesen.

Aber auch die Europäer haben mit Staunen über den großen Teich geblickt und sich gefragt, wie sich die Amerikaner ihren hemmungslosen Konsum leisten können. Auch dort hat die Stunde der Wahrheit geschlagen: Sie finanzierten ihren Konsum nämlich damit, dass sie einfach bei jeder »Wertsteigerung« ihrer Wohnimmobilien die Hypotheken darauf erhöhten. Künstlich niedrig gehaltene Zinsen und eine Geldschwemme katapultierten die Immobilienpreise in astronomische Höhen. Auf den Immobilienmärkten entwickelte sich eine immer größere Preisblase. Die Banken vergaben freizügig – auch völlig unbesicherte – Kredite, sogenannte Subprime-Kredite, Hypotheken von minderwertiger Qualität, die dann als Subprime-Bonds an die Anleger weiterverkauft wurden.

Es war nur eine Frage der Zeit, bis die Blase platzte und der Schwindel auflog. Das brachte das gesamte Finanzsystem an den Rand des Kollapses: Viele Banken gingen pleite, einige große mussten mit Staatsgeldern gerettet werden. Die Weltwirtschaft stand vor dem Abgrund.

Dank dieser kontinuierlichen Aufstockung der Kredite wuchs die Weltwirtschaft über viele Jahre hinweg immer schneller – sozusagen mit Hebelwirkung. Jetzt ist Schuldenabbau angesagt, diesseits und jenseits des Atlantiks. Das ist der umgekehrte Prozess: »Enthebelung«. Als Folge daraus werden die Volkswirtschaften der Industrieländer langsamer wachsen. Das bedeutet höhere Arbeitslosigkeit, unterausgelastete Kapazitäten und harten Wettbewerb. Die Mehrheit der Industrieländer lebt im historischen und im internationalen Vergleich noch in großem Wohlstand. Aber schon bald werden viele härter und länger arbeiten müssen, um einen sinkenden Lebensstandard zu vermeiden.

Wir sind an einer Wegkreuzung, einer Zeitenwende, angelangt: Die riesigen Schuldenberge, der hohe Ressourcenverbrauch und die großen Umweltbelastungen drücken wie ein Bleigewicht auf den materiellen Lebensstandard. Er wird sinken, weil etwa die Hälfte unserer derzeitigen Produktivität auf dem Einsatz fossiler Energieträger, also Kohle und Öl, beruhen, diese Rohstoffe aber knapper und teurer werden. Der Umstieg auf ähnlich billige, alternative Energieträger wird nicht nahtlos geschehen. In absehbarer Zukunft wird auch der Anteil erwerbsfähiger Menschen schneller schrumpfen als die Bevölkerung insgesamt, weil die Rentner länger leben. Um den Lebensstandard aufrechtzuerhalten, müssen weniger Hände mehr arbeiten, um das gleiche Volkseinkommen zu erwirtschaften.

Ein weiterer Faktor: Mit der ungünstigen demografischen Entwicklung werden die Industrieländer ihre Wissens- und Erfahrungsvorsprünge, die ihnen jahrhundertelang ein angenehmes Leben bescherten, gegenüber den Entwicklungsländern einbüßen.

Sie können nicht mehr die Monopolpreise verlangen, weil sie jetzt im Wettbewerb mit über fünf Milliarden Menschen in den Schwellenländern stehen, von denen viele genauso qualifiziert sind wie wir, die aber bislang ihre Dienste und Produkte weit billiger anbieten.

Die Völker der Industrieländer erleben gerade das Ende eines materiell goldenen Zeitalters. Salopp gesagt, Schlaraffenland ist abgebrannt. Die heutige, nachwachsende Generation wird leider erleben, dass sie nicht den materiellen Lebensstandard ihrer Eltern aufrechterhalten kann.

Dem Generationenvertrag fehlt die Grundlage

Es fängt schon mit der gesetzlichen Rente an: Das heutige Rentensystem steht seit 1957 auf schwankendem Boden, seit der frühere Bundeskanzler Adenauer es auf das Umlageverfahren umstellte. Seine Entscheidung war hauptsächlich politisch motiviert, um die Wahlchancen der CDU zu verbessern. Bis dahin hatte die von Reichskanzler Bismarck 1889 eingeführte Altersversicherung nach dem Kapitaldeckungsprinzip gegolten, das unabhängig war von der wirtschaftlichen und demografischen Entwicklung.

Das Umlageverfahren basiert dagegen auf einem »Generationenvertrag«: Die Lohn- und Gehaltsempfänger der arbeitenden jungen Generation zahlen in das staatliche Rentensystem ein und bezahlen die Rente der Ruheständler. Das System hat leider einen Geburtsfehler: Es funktioniert nur, wenn die Zahl der Geburten etwa gleich groß ist wie die Zahl der Rentenbezieher. Es ist ein Schönwettermodell, das einem Sturm nicht lange standhält. Einem einfachen Handwerker, dessen Betrieb nur bei Hochkonjunktur existenzfähig wäre, würde keine Bank einen Kredit geben. Aber das deutsche Sozialsystem basiert auf der Prämisse von Idealbedingungen.

Bedenken von namhaften Fachleuten, wie etwa dem damaligen Wirtschaftsminister Ludwig Erhard, dass dieser »Generationenvertrag« nicht für immer und ewig funktionieren werde, wischte Adenauer mit dem Satz beiseite: »Kinder kriegen die Leute immer.«

Doch die Bedenkenträger behielten recht: Schon lange ist das System aus dem Gleichgewicht – die Zahl der Rentenbezieher nimmt zu und sie leben länger, und »die Leute« kriegen zu wenig Kinder. Schon seit Ende der 1970er-Jahre wurden immer wieder Einschnitte im Rentenprogramm gemacht. Während anfänglich ein Durchschnittsverdiener 70 Prozent seines früheren Nettolohns als Rente bekam, sind es seit 2010 nur noch knapp 52 Prozent und 2030 sollen es nur noch 43 Prozent sein.

Wir erinnern uns an den saloppen Spruch des ehemaligen Sozialministers Norbert Blüm: »Die Rente ist sicher.« Das mag sein, aber die Höhe der Rente ist es leider nicht. Kurz gesagt: Die Rente wird bei den meisten vorn und hinten nicht reichen.

Schon heute ist in der Presse immer häufiger über die drohende Altersarmut zu lesen. Wie konnte es nach über sechs Jahrzehnten Friedenszeit und Prosperität zu dieser beklemmenden Notlage kommen und wie können wir da wieder herauskommen? Etwa mehr sparen und länger arbeiten? Das ist ein hoffnungsloses Unterfangen, wenn Festgeld und Festverzinsliche nur noch mickrige Zinsen von weniger als 2 Prozent abwerfen und die Lebensversicherungen ihren Garantiezins auf 1,75 Prozent absenken. Der Ausweg aus der Sackgasse: Wir müssen unser Geld gescheiter anlegen. Die wichtigste Entscheidung, die wir heute treffen müssen, egal in welchem Alter und mit welchem Vermögen, ist heute, wie wir mehr aus unseren Ersparnissen machen.

Werfen wir einen Blick zurück auf das Ende des Zweiten Weltkriegs im Jahr 1945. Damals lagen, nach einem verheerenden Bombenkrieg, viele deutsche Städte in Schutt und Asche. Es hieß Ärmel aufkrempeln, anpacken und aufbauen.

Als 1948 die D-Mark eingeführt wurde, ging es wirtschaftlich von Tag zu Tag aufwärts. Die Kaufläden waren voller Waren. Die harte Zeit des Hungers und der Entbehrungen war vorbei. An die Stelle der Mangelwirtschaft setzte der erste deutsche Wirtschaftsminister, Ludwig Erhard, seine sogenannte »soziale Marktwirtschaft«. Schon in den 1950er-Jahren herrschte Vollbeschäftigung. Die Wirtschaft, angefeuert vom Export, boomte. Bald sprach man von Erhards »Wirtschaftswunder«.

Erinnerungen an die Inflationsjahre

Die 1970er- bis Anfang der 1980er-Jahre waren Inflationsjahre. Der Auslöser für diese Entwicklung war die drastische Erhöhung der Ölpreise durch die OPEC. Hinzu kam, dass die Amerikaner den kostspieligen Vietnamkrieg nicht mit höheren Steuern, sondern mit der Notenpresse finanzierten. Die Inflationsrate in den USA schnellte auf 15 Prozent hoch. In Europa übersprang sie in Italien, England und Frankreich sogar die 20-Prozent-Marke. Dank der strengen Geldpolitik der Bundesbank hielt sich in Westdeutschland die Inflation noch im einstelligen Bereich. Mit der zunehmenden Geldentwertung wurden auch die Gewerkschaften aggressiver. Sie verlangten – und bekamen – oft zweistellige Lohnzuschläge. Der erhöhte Wohlstand ermöglichte es den Deutschen,

Geld aufs Sparkonto zu legen, Lebensversicherungen abzuschließen und für
ein Haus zu sparen.

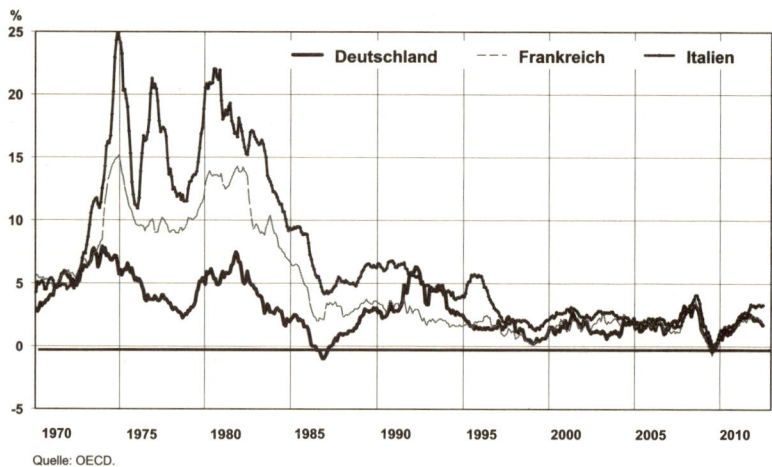

Inflationsraten in Deutschland, Frankreich und Italien seit 1970

Quelle: OECD.

Inzwischen hat die Bevölkerung in Deutschland gemäß einer Statistik der Bundesbank mehr als 10 Billionen Euro Vermögen angehäuft. Auf etwa diesen Wert
summiert sich derzeit das Geld- und Immobilienvermögen der privaten Haushalte. Zum Vergleich: Dieser Betrag entspricht etwa den gesamten Staatsschulden aller 27 EU-Mitglieder. Zieht man die 1,5 Billionen Euro Kreditschulden der Deutschen ab, so bleibt immer noch ein Nettovermögen von rund 8,6 Billionen Euro.
Der größte Teil davon (rund 4,7 Billionen Euro) entfällt auf Geldvermögen. Und
davon sind mehr als zwei Drittel auf Bargeld, Spar- und Festgeldkonten sowie in
Versicherungen angelegt. Nur 5 Prozent entfallen auf Aktien.

Diese Vermögensstruktur reflektiert die hohe Angst der deutschen Anleger. Sie
sehen ihre Ersparnisse in Gefahr und wollen einfach nur »sicher« anlegen. Schon
immer griffen Sparer, die nichts verlieren wollten, gern zu Staatsanleihen. Doch
was einst eine risikofreie Rendite abwarf, ist heute zum renditefreien Risiko geworden, denn zehnjährige Bundesanleihen bringen nicht einmal mehr 2 Prozent
Ertrag. Zieht man davon eine Inflationsrate von rund 2½ Prozent sowie Steuern

ab, kommt unter dem Strich ein Minus heraus. Die Anleger in Staatsanleihen zahlen also drauf: Die Kaufkraft des Ersparten schrumpft, der reale Wert des Vermögens sinkt.

Neue Trends und Entwicklungen bestimmen unsere Zukunft

Wir können zwar die Zukunft nicht voraussehen, aber wir können uns anhand von Fakten und Gegebenheiten über wahrscheinliche Trends und Entwicklungen ein Bild machen.

Blicken wir also einmal über das tägliche Tohuwabohu an den Finanzmärkten hinaus und machen wir uns ein Bild, wie die Welt im Allgemeinen und die Finanzwelt im Besonderen längerfristig aussehen könnte:

1. Das Wachstum der Weltwirtschaft dürfte sich verlangsamen. Die Hauptgründe hierfür sind:
   > Das stürmische Wachstum der Emerging Markets (Schwellenländer) lässt nach.
   > Die Industrieländer müssen Schulden abbauen und mehr sparen.
   > Die Ressourcen, besonders die fossilen Energieträger, werden knapper und teurer.
   > Die Weltbevölkerung altert, die Zahl der Ruheständler nimmt zu.
   > Die Arbeitslosigkeit bleibt relativ hoch.
2. Eine neue Finanzarchitektur entsteht und verleiht den Finanzmärkten mehr Stabilität. Auf die dramatischen Katastrophenjahre nach dem Millenniumswechsel folgt eine längere, weniger krisenhafte Periode, ähnlich wie nach der Weltwirtschaftskrise von 1929. Damals wurden Regulierungen und Institutionen geschaffen, die der Finanzwelt über 70 Jahre lang eine relative Stabilität bescherten.
3. Die Inflation wird wieder zunehmen. Der wesentliche Grund: Wegen der fragilen Verfassung der Wirtschaft und des Finanzsystems haben die Notenbanken seit 2008 die Zinsen auf nahezu null gesenkt und eine Geldflut in Gang gesetzt, wie es sie noch nie zuvor in der Welt gegeben hat! Die US-Notenbank Fed hat sich sogar festgelegt, ihre ultralockere Geldpolitik mit Niedrigzinsen bis 2014 beizubehalten. Ein geschichtlich einmaliger Vorgang.

Auch die Europäische Zentralbank (EZB) ist mittlerweile der Fed »gefolgt«: Sie hat den Banken über eine Billion Euro zur Verfügung gestellt – ebenfalls bis Ende 2014, mit einem Zinssatz von lediglich 1 Prozent. Die EZB hat zusätzlich noch ein besonders komplexes, fast unlösbares Problem: Sie muss wählen zwischen einer ihrem Mandat entsprechenden, konsequenten Geldpolitik, und das heißt: Geldwertstabilität mit Inflationsraten nicht über 2 Prozent, oder – mit Rücksicht auf die schwachen Südländer – einer zu lockeren Geldpolitik mit Inflationsraten von 4–5 Prozent. Da die Südländer im Euro nicht mehr wie früher die Möglichkeit haben, ihre Währungen abzuwerten, um wettbewerbsfähig zu bleiben, muss die EZB zu niedrige Zinsen beibehalten, um so deren Wirtschaft am Laufen und ihre Zinslast erträglich zu halten. Bei 4 Prozent Inflation und nur 2 Prozent Zinsen erleiden Ersparnisse jährlich ein Minus von 2 Prozent. Der Geldwert und die Kaufkraft des Vermögens schrumpfen. Wie Sie das verhindern können, lesen Sie in Kapitel I.5.

4. Ein 30 Jahre währender Trend sinkender Zinsen geht zu Ende. In den Jahren 1982 bis 2012 fiel die Rendite der 10-jährigen amerikanischen Staatsanleihen von 16 Prozent bis auf 1,6 Prozent. Dieser freundliche Zinstrend trug ganz wesentlich dazu bei, die Börsenkurse in ungeahnte Höhen zu hieven. Er hatte zuletzt aber auch eine verheerende Wirkung, weil die überaus niedrigen Zinsen die Spekulation anheizten. Dies führte ab 2000 zu schlimmen Exzessen und löste verheerende Krisen aus. Das internationale Finanzsystem stand schließlich vor dem Kollaps und die Weltwirtschaft am Rande des Abgrunds. Die Welt ist zwar – bildlich gesprochen – aus der Intensivstation heraus, aber sie wird noch längere Zeit in der Reha bleiben müssen. Es gibt zwei Gründe für die extrem niedrigen Zinsen bei lang laufenden Staatsanleihen in Deutschland und in den USA: Zum einen gelten sie als »sichere Häfen« für Anleger aus den europäischen Schuldnerstaaten, zum anderen werden die Staatsanleihen von den Notenbanken »manipuliert«. Sobald diese Phase endet, ist wieder mit »normalen« Zinsen von 5–6 Prozent zu rechnen. Die Kurse der lang laufenden Staatsanleihen würden dann Verluste von 25 Prozent und mehr erleiden.

5. Nach mehr als einem Jahrzehnt einer verlustreichen Börsenphase fängt jetzt wieder ein freundlicher Börsenzyklus an. Das können sich die meisten leidgeprüften Aktienanleger zwar nicht vorstellen, aber auf katastrophale Börsenphasen folgten in der Vergangenheit immer längere Phasen mit freundlichen

Börsen. Im Durchschnitt hielten diese Aufwärtstrends 25 Jahre an. Der US-Index Standard & Poor's 500 wies in der Periode von 2000 bis 2010 ein Minus auf. Das gab es das letzte Mal vor 80 Jahren – in der Dekade 1930 bis 1939! Die durchschnittliche, jährliche Rendite von Aktien lag in den vergangenen 10 Jahren so extrem unter den Ergebnissen von Anleihen wie noch nie in den vergangenen 100 Jahren. Noch nicht einmal in der Weltwirtschaftskrise schnitten Aktienanlagen – im Vergleich zu Investments in Anleihen – so ungünstig ab. Die Bewertung von Aktien auf Basis des Kurs-Gewinn-Verhältnisses (KGV) ist heute so günstig wie selten zuvor und die Dividendenrendite ist zwei- bis dreimal so hoch wie die Rendite von 10-jährigen deutschen und amerikanischen Staatsanleihen. Aktien sind heute, gemessen an ihren zukünftigen Gewinnen, etwa so »billig« wie zu Beginn der 1980er-Jahre. Damals startete ein rasanter Börsenaufschwung. Fazit: Bei so niedrigen Aktienbewertungen wie heute ist das mögliche Gewinnpotenzial deutlich größer als das Verlustrisiko. Dennoch ist die Skepsis der Anleger gegenüber Aktien groß. Die meisten – ob private oder institutionelle Anleger – sind in Aktien unterinvestiert. Doch die Weltwirtschaft bewegt sich nach den turbulenten Krisenjahren wieder in ruhigerem Fahrwasser. Das sind beste Voraussetzungen für die Aktienbörsen. Ihnen stehen wahrscheinlich – im biblischen Sinne – sieben fette Jahre bevor.

6. Die Gründung des Euro war eine politische Entscheidung. Ökonomisch machte sie keinen Sinn. Die Lebensdauer des Euro wird daher auch politisch bestimmt sein. Seit die Euro-Mitglieder 2010 und 2011 zur Abwendung der Insolvenz Griechenlands und Irlands mit Milliardenbeträgen einsprangen, wurde aus der Währungsgemeinschaft eine Transferunion. Das war ein Bruch des Maastricht-Vertrags, wonach kein Land der Eurozone für ein anderes haftet (No Bail-out). Auch wurde den Deutschen, die mehrheitlich gegen den Euro waren, versprochen, die Europäische Zentralbank (EZB) werde so unabhängig sein wie die Bundesbank, und das jährliche Budgetdefizit eines Mitgliedslands dürfe gemäß Stabilitätspakt nicht mehr als 3 Prozent betragen. Alle drei Versprechen wurden gebrochen. Die Währungsgemeinschaft ist zu einer Rechtsbruch-Gemeinschaft entartet. Das ist keine tragfähige Existenzgrundlage. Der Euro sollte die europäischen Staaten enger zusammenführen und Frieden stiften; stattdessen stiftet er jetzt Hass und Zwietracht. Der Euro war das falsche Mittel zur falschen Zeit mit den falschen Mitgliedern. Er war eine schöne, romantische Idee, aber sach-

lich eine Fehlentscheidung. Hält man stur daran fest, nur um nicht zugeben zu müssen, dass man sich geirrt hat, führt ein Fehler zum Verhängnis. Was alles passieren kann und wie lange die jetzige Währungsunion Bestand hat, bis es zum Knackpunkt kommt, weiß niemand. Euroland bleibt eine Problemzone.

7. Die Schwellenländer sind, sowohl in der Weltwirtschaft als auch in der Börsenwelt, zu einer immer wichtigeren Größe herangewachsen. Vereinfacht gesagt: Die Industrieländer sind im Abschwung, die Schwellenländer (Emerging Markets) sind im Aufschwung. Dies müssen wir auch bei unseren Geldanlagen berücksichtigen. In den Industrieländern blicken wir auf Schrumpfung, sei es bei der Bevölkerung oder beim Sozialstaat. Das Wirtschaftswachstum wird unterdurchschnittlich ausfallen, weil die meisten wegen Überschuldung mehr sparen und Schulden abbauen müssen, anstatt wie bisher auf Pump zu leben und zu konsumieren. Ganz anders bei den Emerging Markets: Dort nimmt die Bevölkerung noch zu, die Mehrzahl der Menschen ist jung, hungrig, voller Tatendrang und rücksichtslos im Wettbewerb. Sie sind aggressiv und machen sich ungerührt – wenn es sein muss auch auf unfaire Weise – das Know-how der Industrieländer zunutze, um deren technologischen Vorsprung möglichst rasch einzuholen. Sie sind nicht überschuldet und haben bisher keinen Sozialstaat aufgebaut. Mit dem Beispiel des jammerwürdigen Zustands der europäischen Sozialstaaten vor Augen werden sie ein so unkontrollierbares Monstrum auch nie entstehen lassen. In den Schwellenländern leben 80 Prozent der Weltbevölkerung auf 62 Prozent der Landmasse. Auch bei der Wirtschaftsleistung holen die Emerging Markets schnell auf. Schon heute liegt ihr Anteil am Weltbruttosozialprodukt bei 40 Prozent – gegenüber 60 Prozent der Industrieländer. Schon in weniger als fünf Jahren dürfte das Verhältnis 50 zu 50 Prozent betragen. Der Börsenindex der Schwellenländer ist in den letzten zehn Jahren bis dato – trotz drei schwerer Kurseinbrüche – im Durchschnitt pro Jahr um 6,9 Prozent gestiegen, während der Weltindex der Industrieländer durchschnittlich 3,4 Prozent pro Jahr verlor. Deutlicher lässt sich nicht demonstrieren, wo die Musik gespielt hat – und wo sie wohl auch weiterhin spielen wird. Langfristig gesehen winken bei Aktien der Schwellenländer, neben Kursgewinnen und Dividenden, sogar noch Währungsgewinne. So hat beispielsweise der chinesische Renminbi (Yuan) in den letzten sechs Jahren im Schnitt um 4,5 Prozent pro Jahr aufgewertet, der brasilianische Real um 1,7 Prozent.

Zu Beginn des neuen Millenniums ist die Welt von einer Krise in die andere getaumelt. Es scheint, als hätte man alle begangenen Untaten und Sünden und alle ungelösten Probleme aus dem alten Jahrhundert ins neue Jahrhundert verlagert, die dann schon bald eine Krise nach der anderen auslösten. Doch Krisen haben auch etwas Gutes. Wenn ein Mensch, der ungesund gelebt und Raubbau mit seinem Körper getrieben hat, beispielsweise einen Herzinfarkt erleidet, so ist das oft ein Warnsignal für ihn, sein Leben zu ändern und vernünftiger zu leben. Eine Krise ist oft wie ein Stoppschild, das uns zu Umkehr und der Einsicht bringt, von unseren Exzessen abzulassen und einen Neuanfang zu starten. Das gilt genauso auch für die krisengeschüttelten zurückliegenden Jahre.

Hinter der Krise erblicken wir eine großartige Welt

Krisen sind Chancen – in Arbeitskleidung. Sie geben den Anstoß, die Ursachen der Probleme grundsätzlich zu analysieren und neue Lösungen zu suchen, Altes durch Neues zu ersetzen, an der Stelle eines morschen Baums einen jungen Baum zu pflanzen. Wenn wir hinter den Vorhang blicken, der sich durch die Krise vor unsere Zukunft geschoben hat, sehen wir eine großartige Welt, die sich in den letzten Jahrzehnten rasend schnell verändert hat und die uns vielfältige Möglichkeiten bietet, die wir uns bis vor Kurzem nicht einmal vorstellen konnten. Beim Anblick der phänomenalen technischen Errungenschaften kommen uns die Worte von William Shakespeare geradezu prophetisch vor, der im *Hamlet* sagte: »Es gibt mehr Dinge im Himmel und auf Erden, als eure Vorstellung sich träumen lässt.« Allein in den letzten 20 Jahren haben Veränderungen bei technologischen Entwicklungen stattgefunden, die die Menschen zuvor nicht einmal in 200 Jahren erlebten:

➤ Wir können heute zu jeder Zeit und an fast jedem Ort erreichbar sein und andere erreichen – drahtlos!

➤ Wir schreiben heute statt Briefe »schnelle« E-Mails und SMS per Handy – und verschicken sie lediglich mit einem Knopfdruck.

➤ Wir können heute zu jeder Zeit und quasi an jedem Ort auf nahezu das gesamte Wissen der Welt über das Internet zugreifen. Das Internet ist die demokratischste Einrichtung der Welt. Es steht jedem – ob arm oder reich – offen, rund um die Uhr. Für den Verbraucher ist es ein Segen: Es schafft Transparenz und »verrät« ihm, wo beispielsweise ein Auto, das er kaufen will, am billigsten ist. Das Internet hat einen verbraucherfreundlichen, globalen »Supermarkt« geschaffen.

Die Investitionsentscheidungen von internationalen Großunternehmen – der »Multinationalen« – haben mittlerweile oft größere Auswirkungen als Entscheidungen von kleineren Staaten. Der globale Markt vermindert ganz allgemein den Einfluss der Staaten. Die Macht der Wirtschaft wächst, die der Staaten schrumpft.

»Vater Staat«, wie wir Deutsche gern unseren fürsorglichen Sozialstaat zu nennen pflegen, kann immer weniger für uns sorgen. Schon vor 60 Jahren hatte unser brillanter Wirtschaftsminister Ludwig Erhard die Deutschen davor gewarnt, sich allzu sehr in die Abhängigkeit vom Staat zu begeben, als er sagte: »Die zunehmende Abhängigkeit vom Staat muss die Folge dieses gefährlichen Weges hin zum Versorgungsstaat sein, an dessen Ende der soziale Untertan und die bevormundete Garantierung der materiellen Sicherheit stehen wird.« Er setzte dagegen die Freiheit des Einzelnen, für sich selbst zu sorgen.

Diese Denkweise fußt auf Erhards »sozialer Marktwirtschaft«. Sie besteht aus vier Elementen: Leistung, gesunder Wettbewerb, freies Unternehmertum und Profitsystem. Sie kann nur funktionieren, wenn Marktanteil und Staatsanteil in einem ausgewogenen Verhältnis zueinander stehen.

Dieses in der Welt einmalige deutsche Wirtschaftssystem, das in den 1950er- und 1960er-Jahren so überaus erfolgreich war, ist aber nach Erhards Abgang immer mehr aus den Fugen geraten: Das Wort »sozial« wurde immer größer und das Wort »Markt« immer kleiner geschrieben, sowohl unter SPD- als auch unter CDU-geführten Regierungen. Erhard hatte stets betont: »Auch muss auf die unlösbare Verbindung zwischen Wirtschafts- und Sozialpolitik aufmerksam gemacht werden. Tatsächlich sind umso weniger sozialpolitische Eingriffe und Hilfsmaßnahmen notwendig, je erfolgreicher die Wirtschaftspolitik gestaltet werden kann.«

Mit den mutigen Reformen der Agenda 2010 von Bundeskanzler Gerhard Schröder ist das Missverhältnis etwas geringer geworden, aber trotzdem müssen immer noch über 40 Prozent des Bundeshaushalts für Sozialausgaben aus Steuern finanziert werden.

Weitere mutige Reformschritte hat es seitdem nicht gegeben. Durchgreifende strukturelle Einschnitte hat Bundeskanzlerin Merkel bis jetzt nicht vorgenommen. Die unverhältnismäßig hohen staatlichen Subventionen wurden nicht gekürzt. Und Deutschland hat trotz der starken Wirtschaftsleistung und der sprudelnden Steuereinnahmen immer noch ein Haushaltsdefizit und höhere Schulden als jemals zuvor. Wir sind als Staat nur relativ ein wenig besser als die anderen, noch höher verschuldeten Staaten.

Lutz Göbel, der Präsident der mittelständischen Familienunternehmen, beklagt daher die unklaren Positionen von Kanzlerin Merkel und fordert, die CDU müsse wieder mehr zur sozialen Marktwirtschaft Ludwig Erhards zurückfinden. Sein Wunsch: Weniger Bürokratie, weniger Subventionen, keine immer größeren Rettungsschirme und Risiken für den Euro und kein Abwürgen des Wettbewerbs.

Deutsche Vermögenspolitik ist auf dem Irrweg

Auch die deutsche Sozial- und Vermögenspolitik ist leider seit 40 Jahren den entgegengesetzten Weg gegangen, den Erhard vorgegeben hatte. Schon 1957, zu einer Zeit als die deutsche Wirtschaft noch in Schutt und Asche lag, kündigte er auf dem CDU-Parteitag das politische Ziel einer breiten Streuung des Eigentums an: die Volksaktie.

1961 wurde dann VW als Volksaktie – breit gestreut und mit Rabatt für Kleinaktionäre – ans Volk gebracht. Später folgte Veba, die heutige E.ON.

Erhard sagte nach dem erfolgreichen Börsengang, »dass ein neues gesellschaftspolitisches Leitbild erkennbar wird: Wenn auch die Lohn- und Gehaltsempfänger und der kleine Sparer immer besser zu erkennen vermögen, dass ihr Schicksal, ihre soziale Sicherheit und die Zukunft ihrer Kinder von der Erhaltung unserer Produktiv- und Leistungskraft abhängen«.

Er wollte ein Volk von Teilhabern – »Volksaktionären« –, deren soziale Sicherheit und Altersvorsorge primär aus ihrer eigenen Leistung und ihrer Selbstvorsorge kommt.

Erhards großartiges gesellschafts- und vermögenspolitisches Vermächtnis wurde nicht angenommen und weitergeführt. Das Geldvermögen der Deutschen ist überwiegend in ertragsschwachen, inflationsgefährdeten Geldwerten – Sparbuch, Festgeld, Lebensversicherungen – angelegt.

Eine Studie von McKinsey, in der die Produktivität des Kapitals in Deutschland und in den USA verglichen wurde, ergab, dass die Amerikaner ihr Kapital »härter arbeiten« lassen. Die durchschnittliche jährliche Rendite war in den USA um 2 Prozentpunkte höher als in Deutschland. Würden die deutschen Anleger ihr Geld ebenso hart arbeiten lassen, sprich: einen größeren Anteil in ertragsstärkere Aktienanlagen stecken, dann würde sich ihr Geldvermögen im Jahr um zusätzliche rund 100 Milliarden Euro erhöhen. Das wären rund 1200 Euro pro Kopf der Bevölkerung.

In unserer heutigen prekären Lage sollten wir uns auf Erhards Erfolgsmodell, die soziale Marktwirtschaft, in ihrem wohlverstandenen Wortsinn zurückbesinnen. Als Rahmenordnung hat sie den Beweis geliefert, dass sie gleichzeitig Wohlstand, sozialen Ausgleich und Vollbeschäftigung schaffen kann. Sie ist zugleich ein erfolgreiches Wirtschafts- und Gesellschaftsmodell und immer zeitgemäß, weil sie sich neuen Verhältnissen anpassen kann. Das macht ihre Stärke und Überlegenheit gegenüber allen anderen Modellen aus und sie stellt, wenn richtig angewendet, einen erheblichen Wettbewerbsvorteil für Deutschland dar.

Auch in der Vermögensanlage ist für die deutschen Anleger ein grundlegendes Umdenken und Umsteuern von existenzieller Wichtigkeit.

Wie das ohne allzu große Risiken und ohne allzu viel Aufwand geht, erfahren Sie in diesem Buch.

2. Die Unternehmen sind für die neue Zukunft gut gerüstet

In unserer Welt findet bereits seit einigen Jahren ein rasanter Wandel statt, den das britische Wirtschaftsmagazin *The Economist* kürzlich als die dritte industrielle Revolution bezeichnete. Die erste begann 1769 mit der Erfindung der Dampfmaschine durch den Engländer James Watt. Die Anwendungen dieser neuen Technologie breiteten sich im späten 18. Jahrhundert in England, aber auch auf dem europäischen Kontinent in Belgien, Frankreich und Deutschland aus. Etwa zur gleichen Zeit erfolgte die Erfindung der Spinnmaschine. Das war der Schritt von der Handarbeit zur Maschinenarbeit.

Die zweite industrielle Revolution startete Anfang des 20. Jahrhunderts in den USA mit der Einführung des Fließbands bei der Autoherstellung durch Henry Ford. Das erste Automobil von Ford vom Fließband war der T104, von dem Spötter sagten, man könne dieses Fahrzeug in jeder Farbe haben, sofern sie schwarz sei. Das war der Schritt zur Massenproduktion.

Die dritte Industrierevolution ist die Digitalisierung in nahezu allen Bereichen. Nach den Printmedien, der Telekommunikation und dem Musiksektor hat sie mittlerweile auch den gesamten Bereich der Bilder eingenommen – von der Fotografie bis zum Film. Nun hält sie auch Einzug in der Fabrikation – mit noch gravierenderen Auswirkungen.

Natürlich geschehen Revolutionen in der Fabrikation nicht über Nacht. Die Anfänge der jetzigen datieren etwa 30 Jahre zurück, als in den Fabriken die computergestützte Herstellung (CAM = Computer Aided Manufacturing) sowie das computergestützte Design (CAD = Computer Aided Design) Einzug hielten. Die aktuelle Revolution geht aber weit über die Roboterisierung und Computerisierung der 1980/1990er-Jahre hinaus. Denn in den Fabriken der Zukunft wird intelligentere Software die Produktionsprozesse nahezu allein steuern. Daneben kommen auch viele neue Werkstoffe zum Einsatz. So werden beispielsweise neue Materialien wie Karbonfasern in der Automobil- oder Flugzeugindustrie zunehmend an Stelle von Stahl und Aluminium eingesetzt. Dank intelligenter und vielseitig einsetzbarer Roboter wird es möglich werden, Dinge selbst in kleinen Stückzahlen flexibler, schneller und mit geringeren Kosten zu produzieren. Auch Prototypen lassen sich dann weniger aufwendig herstellen. Diese Technik könnte bald auch für die Massenfertigung am Fließband zum Einsatz kommen. Aber auch in der Biologie oder der Nanotechnologie ist die Forschung schon so weit fortgeschritten, dass völlig neue Industriezweige daraus entstehen werden.

Nach gut 100 Jahren schließt sich der Kreis. Die mehr individualisierte Fertigung tritt wieder in den Vordergrund, die Massenproduktion verliert an Bedeutung. Ein sinkender Anteil des Faktors Arbeit an den Produktionskosten wird dazu führen, dass viele Jobs von den Schwellenländern abwandern und wieder in die alten Industrieländer zurückkehren. Die großen Gewinner dieser dritten industriellen Revolution werden kleine und mittelgroße Unternehmen sein, in besonderem Maß der starke deutsche Mittelstand.

Die Marktwirtschaft lebt – der Finanzkapitalismus ist gescheitert

Nach den schweren Finanzkrisen im neuen Jahrhundert sahen manche die Marktwirtschaft bereits als gescheitert an. Darunter waren sogar Manager und Wirtschaftswissenschaftler – ganz zu schweigen von linken Politikern und notorisch wirtschaftskritischen Nörglern in den Medien. Gescheitert ist jedoch einzig der Finanzkapitalismus angelsächsischer Prägung mit seinen hemmungslosen, unverantwortlichen Zockern und unersättlichen Gierhälsen, die aus den Börsen Spielkasinos und Wettbüros gemacht haben. Die Realwirtschaft, also der Sektor, der für die Bevölkerung nützliche und brauchbare Güter produziert und Dienste leistet, hat sich mehr als vorbildlich verhalten: Angesichts der Unzuverlässigkeit der Finanzwirtschaft – oder der »Irrealwirtschaft«, wie ich sie heute nennen würde – hat sie sich soweit es ging von den Banken unabhängig gemacht. Ein gutes Beispiel liefert die Firma Siemens, die eine eigene Bank gegründet hat.

Es war die Politik der Industrieländer – nicht die der Schwellenländer –, die es zugelassen hat, dass sich die Finanzmärkte zu gefährlichen Monstern entwickeln konnten. Sie muss – und wird – dieses Monster wieder auf ein angemessenes Maß zurückstutzen. Es wäre ja gelacht, wenn man zuließe, dass der Schwanz weiterhin den Hund wedelt!

Die reale Wirtschaft außerhalb des Banken- und Schattenbankensektors ist der beste Beweis dafür, dass die Marktwirtschaft funktioniert. Noch immer, oder vielleicht sogar immer besser. Denn die meisten Unternehmen haben das schon lange vor der Finanzkrise vorexerziert, was Banken, Versicherungen und die meisten Staaten erst unter dem Druck der Immobilien- und Staatsschuldenkrise eingeleitet haben: eine Zeitenwende im Denken und Handeln. Ich nenne das die Rückkehr des gesunden Menschenverstands. Diese Rückbesinnung auf kaufmännische Solidität ist übrigens für mich auch einer der Hauptgründe, warum ich den Aktienkursen in den nächsten Jahren viel zutraue.

Für die meisten Unternehmen waren die grausamen Folgen der 1990er-Boomjahre ein Wendepunkt. Aus Fehlern zu lernen, ist bekanntlich eine Kardinaltugend, zu der die Marktwirtschaft ihre Teilnehmer früher oder später zwingt. Das ist ja gerade die Stärke der Marktwirtschaft, dass sie ein lern- und anpassungsfähiges System ist. Als Anfang des Jahrtausends die Internetblase platzte, zeigte sich, dass die Sucht nach Größe, Profit und Wachstum – um jeden Preis – tödlich enden kann. Viele Firmen hatten in ihrem maßlosen Größenwahn ziellos Firmen übernommen, Joint Ventures gebildet, hemmungslos Kapazitäten aufgebaut und ihre Verschuldung in die Höhe getrieben. Dabei hatten sie ganz vergessen, dass die Konjunktur nie eine Einbahnstraße ist, sondern dass heftige Rückschläge dazugehören wie die Nacht zum Tag.

Für die konjunkturelle Eiszeit im Gefolge der Terrorangriffe auf die USA sowie die negativen Auswirkungen der Kriege in Afghanistan und im Irak waren diese auf grenzenloses Wachstum ausgerichteten Unternehmen überhaupt nicht gerüstet. Doch die meisten Unternehmen haben schnell gelernt. Notgedrungen. Da ihnen, anders als bei den Banken, nicht der Staat mit Milliarden zur Seite sprang, mussten sie sich selbst helfen. Und sie haben das in vielen Fällen in einer Art und Weise geschafft, die mir Respekt abverlangt. Als Vermögensverwalter und Fondsmanager habe ich in dieser Zeit hautnah verfolgen können, wie sich die Finanzstabilität der meisten von mir beobachteten Unternehmen Jahr für Jahr deutlich verbessert hat und wie sie ihre Strategien an die raueren Zeiten angepasst haben.

Den Lohn der guten Tat ernteten sie in der Finanzkrise etliche Jahre später. Die meisten Unternehmen, große wie kleine, kamen nämlich ausgesprochen gut durch diese Krise. Die oft herbeigeredete Kreditklemme trat auch deshalb nicht ein, weil viele Firmen nicht mehr so am Tropf der Geldinstitute hingen wie noch im Jahrzehnt zuvor. Sie hatten viel »Speck auf den Rippen« angesammelt, sodass die meisten die konjunkturelle Durststrecke ohne bleibende Schäden überstanden.

Dabei half ihnen noch etwas anderes: Nach dem Platzen der Hightech-Blase forcierten die Unternehmen weltweit ihre Globalisierungsstrategie. Diese bestand nicht nur darin, in die Emerging Markets zu exportieren, sondern dort auch Produktions- und teilweise auch Entwicklungskapazitäten aufzubauen. Dadurch profitierten sie nicht nur von deren Wachstumsdynamik, sondern auch von erheblichen Kostenvorteilen. Nur dadurch, dass sie die internationale Arbeitsteilung glänzend nutzten, konnten und können sie ihre Konkurrenzkraft erhalten. Deutschland war hier einer der Vorreiter, weil unsere Manager frühzeitig die Chancen in den aufstrebenden Märkten erkannt und auch richtig gehandelt haben. »Made in Germany« ist auch deshalb einer der großen Gewinner der tektonischen Verschiebung der Wachstumszentren. Natürlich gibt es Opfer des gnadenloser gewordenen internationalen Wettbewerbs – beispielsweise die gesamte Fotovoltaikindustrie oder die Windkraftanlagenbauer –, aber die Gewinner überwiegen in Deutschland doch bei Weitem.

Deutsche Unternehmen sind so gesund wie selten zuvor

Diese Neuorientierung – zusammen mit dem Schuldenabbau – hat dazu geführt, dass deutsche Unternehmen ein neues Kapitel aufgeschlagen haben, ein Kapitel, das allen Nutzen bringt: Arbeitnehmern, weil die Zahl der Arbeitsplätze schnell wächst und diese so sicher sind wie selten zuvor, Aktionären, die von steigenden Gewinnen und Dividenden profitieren, Banken, die weniger Kreditausfälle als früher erleiden, und nicht zuletzt dem Staat, der sich über wachsende Steuereinnahmen und geringere Sozialausgaben freut. Voller Bewunderung schrieb die *Los Angeles Times* im Januar 2012: »Deutschlands Wirtschaft gleicht der amerikanischen vor einer Generation.« Mit ihrer Industriebasis und Exportstärke huldige sie »genau den Prinzipien, die Amerikas Wirtschaft nach und nach verloren hat«.

Ein ganz wichtiges Element der unternehmerischen Zeitenwende ist zweifellos der Abbau der Verschuldung und die damit einhergehende Stärkung des Eigenkapitals. Das geschah zwar weltweit, aber in kaum einem Staat so ausgeprägt wie in Deutschland. Nach den Berechnungen der Bundesbank sind die Schulden der Firmen außerhalb des Finanzsektors zwischen 2000 und 2010 im Schnitt von fast 63 Prozent der Bilanzsumme auf gut 54 Prozent zurückgegangen. Spiegelbildlich dazu erhöhte sich die Eigenkapitalquote von reichlich 18 auf knapp 28 Prozent. Die Bundesbanker loben zu Recht: »Das die Unternehmenspolitik seit Jahren prägende Ziel der Eigenkapitalstärkung dokumentiert sich eindrucksvoll in der Bilanzentwicklung.« Eine einstige gravierende Schwäche der deutschen Unternehmen, ihre – im internationalen Vergleich – geringen Eigenmittel, ist damit wie weggeblasen. Da sie 2011 ihre solide Finanzpolitik fortgesetzt und gut verdient haben, dürfte sich die Eigenkapitalquote inzwischen weiter erhöht haben und sich 2012 oberhalb der 30-Prozent-Marke bewegen.

Mit diesen komfortablen Polstern können die Unternehmen künftigen Konjunkturstürmen besser trotzen als je zuvor. Und – das interessiert Aktionäre besonders – sie dürften angesichts der hohen Eigenmittel in Zukunft wieder mehr als die zuletzt durchschnittlich rund 40 Prozent der Erträge als Dividenden ausschütten. Die ohnehin stolze Dividendenrendite der meisten deutschen Aktien wird dadurch nach meinen Analysen einen zusätzlichen Schub erhalten, bzw. selbst dann relativ hoch bleiben, wenn die Aktienkurse in den nächsten Jahren kräftig zulegen werden – was ich erwarte. Im Gegensatz zu Festverzinslichen bieten Aktien somit langfristig eine doppelte Rendite: Gewinne aus Kurssteigerungen sowie eine Verzinsung aus »dynamischen« Dividenden, also Dividenden, die bei steigenden Gewinnen der Unternehmen angehoben werden können.

Zur Wiedererstarkung der deutschen Unternehmen haben nicht nur sie selbst beigetragen. Auch die staatliche Wirtschaftspolitik, insbesondere Gerhard Schröders Agenda 2010 sowie die umsichtige Lohnpolitik der Tarifpartner, hat ihnen massiv geholfen. Den deutschen Gewerkschaften muss ich ein großes Lob zollen. Sie haben, anders als in den meisten Euro-Nachbarländern, der langfristigen Sicherung und der Zunahme der Arbeitsplätze die höchste Priorität eingeräumt und Lohnerhöhungen einige Jahre lang nicht den größten Stellenwert beigemessen.

Deutschland hat nicht zuletzt dank der moderaten Lohnpolitik in den letzten Jahren eine überragende Spitzenstellung bei der internationalen Wettbewerbsfähigkeit errungen. Das gilt vor allem im Vergleich zu den Partnerländern im Euroraum, aber auch gegenüber dem »Rest der Welt«. Hervorragend illustriert das die Grafik auf Seite 38. Sie zeigt, dass in Deutschland die Lohnstückkosten von 1999 bis 2010 lediglich um 4,8 Prozent gestiegen sind und damit mit Abstand am geringsten. In Griechenland dagegen sind sie um 37,2 Prozent gestiegen – fast acht Mal mehr! Auch die übrigen Schuldnerstaaten – Spanien, Irland, Italien und Portugal – haben mit einer Steigerung der Lohnstückkosten von über 30 Prozent enorm an Wettbewerbsfähigkeit verloren.

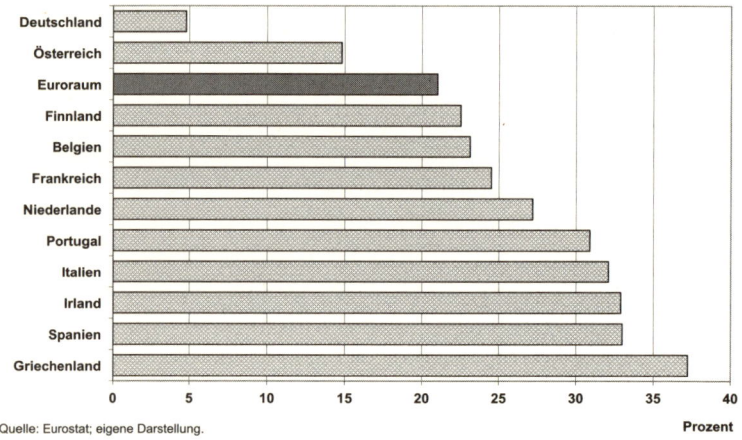

Steigerung der Lohnstückkosten von 1999 bis 2010

Quelle: Eurostat; eigene Darstellung.

Prozent

»Angela in Wonderland« – oder »die Chinesen Europas«

Die vier Trümpfe Eigenkapitalstärkung, Flexibilisierung der Arbeitsmärkte, zurückhaltende Lohnpolitik und Markterschließung der Schwellenländer haben zusammen mit Innovation, Rationalisierung und Produktionserweiterung diese starke Wettbewerbsfähigkeit ermöglicht. Viele deutsche Unternehmen, allen voran unsere Mittelständler, haben es geschafft, in vielen Branchen zu Weltmarktführern aufzusteigen. Sie haben es verstanden, ihre knappen Ressourcen klug einzusetzen, statt auf Massenprodukte und relativ leicht nachahmbare Güter zu setzen. Das gilt vor allem im Vergleich zu den übrigen europäischen Staaten, aber selbst gegenüber Japan und den Vereinigten Staaten. Das üblicherweise deutschlandkritische berühmte britische Wirtschaftsmagazin *The Economist* titelte deshalb kürzlich – mit Bezug auf unsere Kanzlerin – »Angela in Wonderland« und bezeichnete uns an anderer Stelle als »die Chinesen Europas«.

Dasselbe Magazin hatte im Juni 1999 in einer Titelgeschichte Deutschland als den Hauptverantwortlichen für den – damals – schwachen Euro und als den »kranken Mann Europas« bezeichnet. Ich hatte darauf in meiner Kolumne mit dem Titel »In den Stillstand-Standort Deutschland kommt Bewegung« in der *Welt* widersprochen und behauptet, dass in ein paar Jahren Deutschland erneut die Titelseite des *Economist* zieren könnte – als »der gesunde Mann Europas«. In einer Ausgabe im Frühjahr 2012 spricht der *Economist* in einer Sonderbeilage gar euphorisch vom »Modell Deutschland über alles«.

Das Erfolgsgeheimnis des Modells »Deutschland über alles«

Was ist also das Erfolgsgeheimnis des deutschen Wirtschaftsmodells, auf das viele Länder heute neidvoll blicken?

Bemerkenswert ist vor allem die Unternehmensstruktur mit einem ausgeprägten Mittelstand: Etwa 90 Prozent aller deutschen Firmen sind eigentümergeführte Familienunternehmen, die 51 Prozent des Umsatzes erwirtschaften. Sie stellen rund 60 Prozent der Arbeitsplätze und bilden 80 Prozent der Lehrlinge aus.

Das zweite besondere Merkmal ist unser duales Ausbildungssystem, das es in dieser Form weltweit nur noch in Österreich und der Schweiz gibt. Danach erfolgt die Ausbildung der Jugendlichen an zwei »Lernorten«: zu etwa zwei Drittel der Zeit in einem Ausbildungsbetrieb sowie zu etwa einem Drittel in einer Berufsschule. Nach den bestandenen Gesellenprüfungen weisen die Ausgebildeten im Allgemeinen sowohl fachlich als auch praktisch ein breites Spektrum an Kenntnissen bzw. Fähigkeiten auf. Das unterscheidet sie ganz wesentlich von den »Ausbildungen« in den meisten anderen Ländern. Dort werden fast ausschließlich nur speziell auf die einzelnen Unternehmensbedürfnisse ausgerichtete Techniken oder Arbeiten »trainiert«.

Nur wenige Jahre nach dem Beschluss der Sozialgesetze – der Kranken-, Unfall- und Rentenversicherung – in den 1880er-Jahren im Deutschen Reich wurde das duale Prinzip der Berufsausbildung in der Gewerbeordnungsnovelle von 1897 – praktische Ausbildung im Betrieb, theoretischer Unterricht in der Berufsschule – erstmals festgeschrieben. Es wurde geschaffen, um für die Industrie und das Handwerk auch praktisch befähigte Fachkräfte auszubilden.

Das Gegenbeispiel liefern die USA. Ein duales Bildungssystem gibt es dort nicht. Hinzu kommt, dass amerikanische Firmen heute die Lehrlingsausbildung und die Praktika für Trainees radikal beschnitten haben, weil viele der Meinung sind, dass sie nicht Leute ausbilden sollten, wenn diese danach zu einer anderen Firma, möglicherweise zur Konkurrenz, gehen.

Eine weitere Stärke der deutschen Wirtschaft ist, dass die Familienunternehmen auch langfristiger denken und handeln. Sie kümmern sich um den Erhalt ihrer Firmen und sie investieren, auch wenn es sich oft erst in acht oder zwölf Jahren rechnet. Dieses langfristige Denken und Handeln ist ein enormer Wettbewerbsvorteil gegenüber den börsennotierten Unternehmen, die – zumindest wenn sie in den Top-Indizes gelistet werden – jedes Quartal Geschäftsberichte vorlegen müssen. Es überrascht daher nicht, wenn Firmenlenker dann eher zu kurzfristiger Bilanzkosmetik als zu langfristigen Investitionen neigen.

Es ist ein Segen für die deutsche Wirtschaft, dass gerade der Mittelstand seine Geschäfte nicht mit der Hebelwirkung betreibt, die in der angelsächsischen Welt gang und gäbe waren und vielfach ins Verderben führten. Die deutschen Unternehmen sind nicht auf die Sirenen-Gesänge von jenseits des Atlantik hereingefallen, sich mehr auf Dienstleistungen zu konzentrieren und den sogenannten »Shareholder Value« zu maximieren.

Im Nachhinein betrachtet war es für die Unternehmen letztlich auch von Vorteil, dass die D-Mark mit einem überhöhten Wechselkurs in den Euro eingetreten ist. Das hat sie Anfang des Jahrtausends dazu gezwungen, alle Hebel in Bewegung zu setzen, um ihre Wettbewerbsfähigkeit zu steigern, ihre Kunden zu halten und neue zu gewinnen. Das ist ihnen glänzend gelungen. Jetzt zahlt es sich aus, dass in unserem Land die Industriefirmen – die während der HighTech-Blase noch als »Old Economy« verunglimpft worden waren – unbeirrt ihren Weg gegangen sind und sich von Unkenrufen nicht aus dem Konzept haben bringen lassen.

Über 1000 Weltmarktführer belegen die industrielle Stärke

Deutschland hat seinen Industrieanteil am Bruttoinlandsprodukt in den letzten 20 Jahren nahezu konstant bei rund 23 Prozent halten können. Gleichzeitig schrumpfte die Bedeutung der Industrie in Frankreich mit rund 12 Prozent auf nur noch die Hälfte des deutschen Werts. Auch die USA und Großbritannien weisen mit 11 bzw. 15 Prozent deutlich kleinere Werte auf. Diese Kontinuität konnte nur gelingen, weil hierzulande der Mittelstand gerade im Industriebereich eine viel stärkere Position einnimmt als in fast allen anderen Ländern. Die Harvard Business School stellte 2011 in einer Untersuchung fest, dass insgesamt 1107 deutsche Unternehmen auf ihren Gebieten Weltmarktführer sind, also zu den Top 3 ihres Teilsektors zählen. Dies sind so viele wie in keinem anderen Land der Welt. Und es überwiegen mittelständische, oft familiengeführte Unternehmen.

Sie sind in allen Branchen zu finden: im Maschinenbau und in der Automobilindustrie genauso wie in der Chemie und der Elektrotechnik. Und gerade sie sind die Träger des neuen deutschen Wirtschaftswunders, wie es in der Zwischenzeit vor allem angelsächsische Medien mit wachsendem Respekt formulieren. Diese Industriefirmen feiern die Triumphe auf den Exportmärkten – allen voran in den Wachstumsregionen Asiens und Lateinamerikas. Deutsche Unternehmen liefern genau das, was diese schnell wachsenden Staaten brauchen: technisch hochwertige Investitions- und Infrastrukturgüter sowie Konsumgüter in Topqualität.

Natürlich können wir hier in Deutschland nicht in allem mit Chinesen oder Indern mithalten. Dies betrifft im Wesentlichen die Bereiche, in denen in diesen Ländern bei Massenfertigung und niedrigen Löhnen konkurrenzlos billig produziert werden kann. Da aber derartige Branchen kaum noch in Deutschland präsent sind, leiden wir nicht so sehr unter den Billiganbietern aus Asien oder Osteuropa wie andere EU-Länder. Apropos Osteuropa. Auch der Einsatz der gut ausgebildeten Arbeitskräfte in diesen Ländern mit ihren niedrigen Löhnen als verlängerte industrielle Werkbank – wie es manche genannt haben – hat die Unternehmen gestärkt. Sie haben über viele Jahre hinweg Arbeiten, die in Ost- und Südosteuropa – bei ähnlicher Qualität – kostengünstiger als in Deutschland durchgeführt werden konnten, konsequent nach Polen, Tschechien, Ungarn oder in die Slowakei verlagert. Dieses osteuropäische Ventil hat die deutschen Gewerkschaften zum Maßhalten in der Lohnpolitik gezwungen.

Wo so viel Licht ist, muss es natürlich auch Schatten geben. Da ist zunächst einmal die starke Exportabhängigkeit, die die deutschen Unternehmen für weltwirtschaftliche Turbulenzen anfällig macht. Das zeigte sich 2008/2009 und danach erneut bei der europäischen Schuldenkrise. So ist zum einen die Produktpalette der Exporteure bedenklich schmal: Automobile sowie Investitionsgüter, wie etwa Werkzeugmaschinen, elektronische Güter und chemische Produkte, machen mehr als die Hälfte der deutschen Exporte aus. Zum anderen konzentrieren sich die Exporte immer mehr auf die aufstrebenden Schwellenländer. Eine stärkere konjunkturelle Abschwächung in diesen Regionen würde demzufolge zu empfindlichen Absatzeinbußen führen.

Im Übrigen müssen wir darauf achten, dass die Binnennachfrage nicht zu kurz kommt. Aber das wird sich meiner Ansicht nach mit der kräftigen Zunahme der Beschäftigung fast von selbst lösen. Wenn mehr Menschen in Lohn und Brot sind, steigen die Einkommen der privaten Haushalte und damit auch der Konsum. Auch die Unternehmen investieren wieder mehr im Inland und dies umso mehr, als sie mit ihren Investitionen in den südeuropäischen Euroländern oft keine guten Erfahrungen gemacht haben. Es ist im letzten Jahrzehnt schon zu viel Spar- und Investitionskapital in diese Länder geflossen, was oft Verluste gebracht hat.

Insgesamt hat sich die deutsche Industrie immer als flexibel und anpassungsfähig gezeigt. Daher ist sie in vielen Bereichen Weltspitze, die deutsche Politik ist es leider nicht. Die mutigsten Reformen hat die rot-grüne Koalition unter Bundeskanzler Schröder mit der Agenda 2010 gewagt. Ähnlich mutige Reformschritte hat es seitdem nicht gegeben.

All die strukturellen Hemmnisse von eh und je bestehen noch. Abgesehen von einigen kosmetischen Änderungen und kleinen Modifikationen ist die Renten- und Pflegeversicherung unbefriedigend gelöst, genauso wie das Gesundheits- und Steuersystem.

Nicht unerwähnt bleiben soll auch, dass es gerade bei den Familienunternehmen oft Probleme gibt, in der dritten oder vierten Generation nach der Gründung geeignete Nachfolger zu finden. Deshalb wird die Zahl der Firmenverkäufe noch zunehmen. Bei diesen haben oft ausländische Investoren die Nase vorn, seien es Private-Equity-Fonds – also die berüchtigten »Heuschrecken« – oder konkurrierende Unternehmen aus anderen Ländern, zunehmend auch aus Schwellenländern.

Bei einer gesünderen Aktienkultur wäre der Exodus der Firmenanteile ins Ausland sicherlich nicht so groß – aber um Aktien und andere Beteiligungsformen machen deutsche Groß- und Kleinanleger nun einmal einen weiten Bogen. Das zeigt sich bereits bei den Besitzverhältnissen der 30 DAX-Unternehmen. Sie können sich im Durchschnitt eigentlich nicht mehr als deutsche Unternehmen bezeichnen, weil nach einer Studie der Prüfungs- und Beratungsgesellschaft Ernst & Young mindestens 54 Prozent der Aktien in Auslandsbesitz sind. Zur Jahrtausendwende waren es erst gut 30 Prozent! Was für eine Verschwendung, die wir Deutschen da mit dem für unseren Wohlstand so wichtigen Gut, den Unternehmen, betreiben. Die Bundesbürger sparen in Festgeld und kaufen ausländische Anleihen – und machen dabei Verluste, während ausländische Staatsfonds und sonstige Großanleger sich die Filetstücke der deutschen Wirtschaft unter den Nagel reißen.

Wir sollten die sicherlich existierenden Probleme nicht überbewerten, denn es wird zu allen Zeiten welche geben. Sie werden meiner Meinung nach aber die Zeitenwende bei den Unternehmen – insbesondere bei den deutschen, aber auch bei vielen anderen aus den Industrie- und Schwellenländern – nicht aufhalten können. Das wird sich positiv auf die Unternehmenserträge auswirken, die Solidität der Firmen weiter fördern und zudem die Dynamik der Weltwirtschaft aufrechterhalten. Das alles spricht klar dafür, in den kommenden Jahren vermehrt auf Aktien zu setzen. Aktien kleiner und mittlerer Unternehmen werden die größten Gewinner sein. Wie Sie als Anleger davon profitieren können, ohne allzu große Risiken einzugehen, erfahren Sie in den nächsten Kapiteln.

3. Das Monster Finanzindustrie wird gebändigt

In meinem Berufs- und Börsenleben habe ich viele Crashs und Krisen miterlebt, aber keine mit der Dramatik der Immobilien- und Bankenkrise ab 2007. Die Pleiten und Beinahe-Pleiten von Geldinstituten, die Probleme von Versicherungen, Hedgefonds, Immobilien- und Geldmarktfonds – sowie in ihrem Schlepptau auch die Aktienmärkte – haben der Welt schmerzhaft bewusst gemacht, wie gewaltig sich die Risiken in unserem Finanzsystem aufgetürmt hatten und wie leichtfertig die Banken damit umgegangen sind, insbesondere die geldgierigen Banker in den Investmentbanken. Der frühere Bundespräsident Horst Köhler hat es völlig richtig ausgedrückt, als er die Finanzmärkte als »Monster« bezeichnete, das »in die Schranken gewiesen werden muss«.

Dieses Bewusstsein ist nach dem Ausbruch der europäischen Staatsschuldenkrise 2010 noch einmal erheblich gewachsen. Als nach der Aufdeckung der wahren Verschuldung Griechenlands die Märkte erneut dem Kollaps nahe waren, wurde auch dem letzten Befürworter möglichst wenig regulierter Finanzmärkte klar: Eine weitere Krise kann sich die Welt nicht leisten. Sonst bricht das gesamte System mitsamt den Staatshaushalten Eurolands und Nordamerikas wie ein Kartenhaus zusammen, und damit auch die globalisierte Weltwirtschaft.

Die Krise hat eine Kehrtwende bei den Aufsichtsbehörden und zuständigen Politikern und Notenbankern ausgelöst. Jahrzehntelang wurden die Märkte, ausgehend von Großbritannien und den USA, dereguliert, was den Spekulationswahnsinn und die rapide Ausbreitung der amerikanischen Bankenkrise erst möglich gemacht hatte. Nunmehr werden diese Auswüchse nach und nach wieder zurückgedreht. Das betrifft in erster Linie die Banken, die die Finanzkatastrophe ausgelöst hatten und die in ihrer unvorstellbaren Gier die Zockerei selbst nach der Pleite der US-Investmentbank Lehman Brothers nicht aufgeben wollten. Der Wall Street und der Londoner City – den bedeutendsten Finanz-Kasinos – gehen verständlicherweise die verschärften Regulierungen schon zu weit. Doch alle diese Regulierungen sind lebensnotwendig und werden eine neue Finanzwelt schaffen.

Das letzte Mal erfolgte eine so radikal neue Finanzmarktregulierung nach der Weltwirtschaftskrise 1929. Sie hielt im Großen und Ganzen bis 2007. Ich kann nicht sagen, wie lange die neue Architektur Bestand haben wird – aber ein paar Jahrzehnte könnte das neue Regelwerk schon für geordnetere Verhältnisse sorgen, zumal die Vorschriften diesmal umfassender und strenger sind. Angesichts der globalen Vernetzung und des Einfallsreichtums gieriger Investmentbanker, Hedgefonds und anderer Akteure, die jede Regulierungslücke gnadenlos ausnutzen, ist das auch nötig.

Gegen Ende der 1990er-Jahre zeigte sich die Bankenwelt bereits weitgehend losgelöst von der realen Wirtschaft, von ihren Privatkunden und Unternehmen. Die Investmentbanker, die Börsengänge organisierten und den Börsenhandel betrieben, gaben den Ton an. Die vorsichtigen Manager der Kreditabteilungen spielten dagegen, wie Randfiguren, nur noch eine untergeordnete Rolle. Denn die Investmentbanker, die an den Börsen das große Rad drehten, konnten groß auftrumpfen. Sie steuerten innerhalb der Bank mit ihrer Zockerei zeitweise 80 Prozent und mehr zum Gesamtergebnis bei: Das gelang ihnen, indem sie ihre Wetten oft mit nur mit 5 bis 10 Prozent Eigenkapital unterlegten; den »Rest« finanzierten sie mit einem Kredit. Ging die Wette auf, gewannen sie rund das 10- bis 20-Fache von dem, was sie ohne Krediteinsatz hätten erlösen können. Ging die Wette aber schief, hatten sie oft in Minuten ihr ganzes Eigenkapital verspielt und mussten Geld nachschießen.

Lange Zeit gingen die gefährlichen Spekulationen gut und die Herren Banker belohnten sich mit Gehältern und Boni in Millionenhöhe, oft sogar auch mit Milliarden von Euro bzw. US-Dollar. Die ganze fahrlässige, verantwortungslose Zockerei war volkswirtschaftlich völlig nutzlos, ja sogar schädlich. Am Ende, als alles schiefging, war eine Reihe von Banken pleite und musste vom Staat gerettet werden. Die Steuerzahler wurden zur Kasse gebeten. Die Investmentbanker haben weltweit einen unermesslichen Schaden angerichtet.

Unverschämte und unfähige Investmentbanker

Obwohl es ihre Schuld ist, dass die Arbeitslosigkeit in den USA so hoch ist wie seit Langem nicht mehr, und viele um ihren Job bangen, zahlten sich die Wall-Street-Banker im Jahr 2009 rund 140 Milliarden US-Dollar für das zurückliegende Katastrophenjahr aus, die höchsten Boni und Gehälter, die jemals an der Wall Street gezahlt wurden. Das erinnert mich an die Szene aus Goethes *Faust* in »Auerbachs Keller«: »Uns ist ganz kannibalisch wohl, als wie fünfhundert Säuen.«

Der frühere Chef der US-Notenbank Fed, Paul Volcker, sprach ein vernichtendes Urteil über sie aus: »Das einzig Nützliche, das die Banken in den letzten 25 Jahren zuwege gebracht haben, ist der Geldautomat gewesen.«

Zur Vorgeschichte: Kurz nach dem Millenniumswechsel platzte die Internetblase. Mit dem daraus resultierenden Börsencrash nahm das Debakel seinen Anfang. Zur Abwendung einer Rezession senkte der damalige Chef der US-Notenbank Fed, Alan Greenspan, die Zinsen innerhalb von nur zwölf Monaten von 6,5 Prozent auf 1,75 Prozent und bis Mitte 2003 weiter auf das Rekordtief von 1,0 Prozent.

Diese extrem expansive Geldpolitik ermunterte viele Amerikaner zum Kauf von Immobilien. Bald entwickelte sich eine überaus rege Nachfrage nach Wohnungen. Die Immobilienpreise stiegen deutlich. In manchen Gegenden – wie Arizona, Kalifornien, Nevada und Florida – lief die Spekulation heiß. Die Häuserpreise verdoppelten, ja verdreifachten sich in wenigen Jahren. Bei den kräftig gestiegenen Preisen sank der Anteil des aufgenommenen Kredits im Verhältnis zum »neuen« Wert spürbar. Wurde ein Haus beispielsweise zum Preis von 400 000 US-Dollar erworben und mit einer Hypothek in Höhe von 240 000 US-Dollar belastet, so betrug der Beleihungsgrad 60 Prozent. Verdoppelte sich der Preis der Immobilie jedoch auf 800 000 US-Dollar, dann lag die Hypothekenschuld nur noch bei 30 Prozent – selbst wenn bis dahin noch kein einziger Cent getilgt worden war.

So gut wie alle Banken empfahlen den Hausbesitzern daher, ihre Hypothek aufzustocken. Sie waren bereit, den Kredit wieder auf eine 60-prozentige Beleihung zu erhöhen. Das heißt, die Bank des Hausbesitzers gewährte ihm einen weiteren Kreditbetrag in Höhe von 240 000 US-Dollar. Und da die Finanzierungskosten so spottbillig waren wie noch nie, kam sich jeder, der da nicht mitmachte, dumm vor. Die Banken wurden nicht müde, ihren Kunden die verlockendsten Angebote zu machen. Und so nahm die wundersame Geldvermehrung ihren Lauf: Die Preise stiegen, die Beleihungen wurden erhöht. Den frei werdenden Kreditbetrag konnten die Hausbesitzer für neue Autos, Reisen oder anderweitig für einen komfortablen Lebensstil verwenden. Das war das Geheimnis hinter dem rätselhaften Konsumrausch der Amerikaner.

Gleichzeitig mit den kontinuierlich steigenden Preisen und dem heiß laufenden Immobilienmarkt entwickelte sich ein Bauboom, in dessen Verlauf sich krasse Auswüchse zeigten: Die Immobilienverkäufer von zahllosen Vertriebsgesellschaften lockten nämlich oft auch fast Mittellose zum Kauf einer Wohnung oder eines Hauses. Den Status dieser Käufer beschrieb man mit dem Akronym NINJAs, will heißen: No income, no job, no assets (zu Deutsch: kein Einkommen, kein Job, kein Vermögen). Beim Ausfüllen der Selbstauskunft für die Bank halfen die Vertriebsleute meist mit geschönten, oft sogar gefälschten Angaben aus oder führten bei der Unterschrift die Hand der Käufer. Das war der Beginn des Betrugssystems.

Dieses wurde fortgesetzt, indem die Bank den Hypothekenkredit der zweifelhaften Käufer nicht in ihre Bücher nahm, sondern an die Wall Street weiterreichte.

Nun kamen die sogenannten »Financial Engineers« ins Spiel. Sie vermischten die hereinkommenden Hypotheken aus unterschiedlichen Regionen der USA von Käufern mit höchst unterschiedlicher Kreditwürdigkeit zu einem Paket, das nun wenig gute und viel schlechte Ware enthielt. Eine ihrer Aufgaben bestand darin, die Wahrscheinlichkeit eines Kreditausfalls nach mathematischen Modellen zu errechnen. Ihre Rechenkünste brachten natürlich, im Sinne ihrer Auftraggeber, der smarten Investmentbanker, meist gute Benotungen. Sie dienten den Bankern als Aushängeschild, weil sie dem Produkt einen Anstrich von unfehlbarer Glaubwürdigkeit verliehen. In Wirklichkeit waren sie aber die nützlichen Idioten, mit deren Hilfe die smarten Banker Schrottware für gutes Geld verhökern und ihren dicken Reibach machen konnten.

Im Mittelalter saßen die Alchemisten rußverschmiert in dunklen Kellern und versuchten vergeblich, Gold aus Blei zu machen. Heute sitzen die Alchemisten – man nennt sie »Financial Engineers« – in feinen Anzügen in hellen Bürotürmen, auch in Deutschland. Im Gegensatz zu ihren erfolglosen Vorgängern gelingt es ihnen Tag für Tag, aus minderwertigem Papier Geld zu machen.

Von der Wall Street wurde das schön verschnürte Paket an eine Versicherung weitergereicht, die aufgrund der guten Benotung von Seiten der Mathematiker unbesehen eine Kreditausfallversicherung (Credit Default Swap, CDS) ausstellte. Solcherart »versichert« bot sich nun der Anschein einer »sicheren« Ware. Jetzt konnte die letzte Stelle, an die das Paket nun weitergereicht wurde, die Ratingagentur, unbesehen das höchste Rating – meist ein AAA – erteilen, was sie dann meist auch tat. Und nun war das Paket mit dem Giftmüll verkaufsfertig. Es war verführerisch attraktiv, denn die darin enthaltenen Hypotheken boten – mathematisch errechnet – eine Rendite, die oft um 3 bis 4 Prozentpunkte über der Rendite von 10-jährigen Staatsanleihen lag und dies beim gleichen Gütesiegel, einem Rating von AAA.

Nun konnte die Vermarktung beginnen. Doch die letztlich unbesicherten Subprime-Anleihen wurden nicht, wie üblich, über die Börse emittiert, sondern direkt an Banken, Versicherungen, Pensions- und Publikumsfonds verkauft. Es wurden unzählige Hedgefonds gegründet, die Milliardenbeträge einsammelten, um das Geld ausschließlich in Subprime-Anleihen zu investieren. Das war ein verhängnisvoller Schritt.

Denn als zwei dieser Fonds der Investmentbank Bear Stearns Anfang 2007 Anteile über die Börse verkauften, gingen sie nicht zum Kaufpreis von 100 Prozent an den Mann, sondern mit großen Kursabschlägen. Die Börse traute dem Schwindel nicht. Das war ein Alarmsignal. Von da an kam das Schneeballsystem ins Stocken. Etwa ein Jahr später flog der Schwindel auf. Ein Tsunami brauste über die Finanzwelt und begrub unter sich Geldhäuser, Versicherungen und Fonds und richtete einen Schaden in Billionenhöhe an.

Wie konnte das geschehen? Früher hielt die Bank die Hypothek des Hauskäufers in ihren Büchern. Bevor sie eine Hypothek ausstellte, prüfte sie – neben der Werthaltigkeit der Immobilie, die finanziert werden sollte – genau die Einkommens- und Vermögensverhältnisse sowie die Kreditwürdigkeit ihres Kunden, um sich vor einem Kreditausfall zu schützen. Bei der amerikanischen »Erfindung« der Immobilienfinanzierung gab es an keiner Stelle eine Prüfung der Kreditwürdigkeit des Schuldners. Das stellte für die kreditvergebende Bank kein Problem dar, denn sie hielt den Kredit anschließend nicht in ihren Büchern. Die zu Paketen gebündelten Kredite wurden weitergegeben, gehandelt und auch aus- und umgepackt. Von Station zu Station wurde damit auch die Verantwortung weitergereicht. Es war wie bei dem bekannten »Schwarzer Peter«-Spiel: Am Schluss hielt ein Käufer einen Hypothekenschrott von marginalem Wert, für den er keinen weiteren Käufer mehr fand: Er besaß den »Schwarzen Peter«.

Amerikas Wahnsinn löste den globalen Finanzinfarkt aus

Im Zuge der Globalisierung sind die Geschäftsbeziehungen der Geldinstitute heute so verflochten, dass die von den USA ausgehende Finanzkrise einen weltweiten Finanzinfarkt auslöste. Dies geschah vor allem auch deshalb, weil die eben beschriebenen Pakete, die Subprimes, vor allem an europäische Banken und Versicherungen verkauft worden waren. Der Geldkreislauf kam dadurch völlig zum Stillstand, weil sich die Banken untereinander nicht mehr trauten und Angst hatten, dass die andere Geschäftsbank das ihr geliehene Geld nicht zurückzahlen konnte.

Viele Staaten und Notenbanken mussten Banken und Versicherungen mit gewaltigen Rettungsprogrammen in Milliardenhöhe vor der Pleite retten. Auch viele deutsche Banken waren dem Schwindel mit den Schrottanleihen zum Opfer gefallen und hatten riesige Summen darin investiert. Dieser Giftmüll lagert noch heute in den Bankbilanzen oder in einer eigens als Müllhalde gegründeten »Bad Bank«.

Ich habe für unsere Kunden und Fonds nie so einen Schrott gekauft. In über 40 Jahren in der Vermögensverwaltung hatte ich natürlich auch mit der Wall Street zu tun. Die Erfahrungen, die ich dabei gesammelt habe, und mein gesunder Menschenverstand haben mich davor bewahrt, auf zweifelhafte oder betrügerische Angebote hereinzufallen.

Was ist nun geschehen, um die Bankenlandschaft so umzugestalten, dass die Notenbanken und Staaten nicht wieder mit Billionenhilfen einspringen müssen, damit Geldinstitute selbst bei einer großen Bankpleite, einem Staatskonkurs oder einem Auseinanderbrechen der Eurozone nicht reihenweise Bankrott gehen? Die Stabilisierungs- und Regulierungsmaßnahmen setzen an vier Punkten an:

➤ mehr Eigenkapital
➤ mehr Aufsicht und dadurch auch mehr Regulierung
➤ weniger riskante Bankgeschäfte
➤ mehr Transparenz

Mehr Eigenkapital bringt mehr Sicherheit: Basel III

Den stärksten Wandel werden die neuen Eigenkapital- und Liquiditätsvorschriften bewirken, die das Regelwerk mit dem Namen Basel III den Geldinstituten auferlegt. Die Regelwerke Basel III und seine Vorgänger sind nach der Stadt am Rhein benannt worden, weil dort die Bank für Internationalen Zahlungsausgleich sitzt, die BIZ, die sozusagen die Notenbank der nationalen Notenbanken ist. Ab 2013 soll Basel III schrittweise in Kraft treten und bis 2019 fertig installiert sein. Basel III ist als international einheitlicher Regulierungsrahmen nötig, weil sich Basel II, das heutige Rahmenwerk, als unfähig erwiesen hatte, im Ernstfall Bankkrisen zu verhindern. Nun sollen die Vorschriften vereinheitlicht, verschärft und präzisiert werden. Immerhin braucht die Bundesbank 62 Seiten, um die Details von Basel III darzulegen. Sie als Bankkunde und Anleger brauchen die Einzelheiten natürlich nicht zu kennen – aber die Quintessenz. Und die sieht so aus:

Kernpunkt ist die Stärkung des Eigenkapitals, das Banken vorhalten müssen, um in Krisenzeiten überleben zu können. Basel III schreibt eine gewaltige Aufstockung aller risikogewichteten Anlagen als Kernkapital in mehreren Schritten auf in der Regel 7 Prozent vor, zusätzlich kommen in bestimmten Situationen bis zu 2,5 Prozent hinzu, macht 9,5 Prozent. Damit aber nicht genug: Systemrelevante Banken, sogenannte »SiFis« , die wegen ihrer Größe und internationalen Vernetzung »too big to fail« sind, weil ihre Pleite das ganze Finanzsystem und vielleicht sogar ganze Staaten mit in die Tiefe reißen würde, müssen noch zusätzlich Eigenkapital bereitstellen. Zu diesen Instituten gehören in Deutschland die Deutsche Bank und die Commerzbank.

Der Begriff Risikogewichtung besagt, dass die Geschäfte der Banken unterschiedlich riskant sind. Je riskanter das Engagement, desto mehr Eigenkapital ist erforderlich, lautet die Formel. Wie riskant ein Kredit oder ein Wertpapier am Ende ist, lässt sich aber oft nur schwer feststellen. Banken müssen bei der Masse der Kredite das Risiko selbst einschätzen und liegen nicht selten daneben. Bei Anleihen dagegen gelten die Noten der Ratingagenturen. Was die aber wert sind, haben wir schmerzlich in der Finanzkrise erlebt, als sie Schrottpapieren Bestnoten erteilten. Staatsanleihen bergen laut Basel-Regeln weiterhin kein Risiko und müssen deshalb auch nicht mit Eigenkapital unterlegt werden – als gäbe es kein Griechenland, Portugal oder Spanien! Das ist weltfremder Unsinn, und ich hoffe, dass es hier noch Änderungen geben wird. Sichere Staatsanleihen: Das war einmal. Heute sind viele Unternehmensanleihen viel sicherer.

Aktien im Eigenbestand der Banken werden dagegen, auch wenn sie von ihnen langfristig gehalten werden, mit einem abschreckend hohen Satz an Eigenkapitalunterlegung bestraft. Langfristig gehaltene Aktien sind jedoch lange nicht so risikoreich wie Aktien, mit denen Geldinstitute im Eigenhandel zocken, oder wie Anleihen bei den jetzigen Tiefstzinsen. Hierauf bezieht sich auch mein weiterer Kritikpunkt an Basel III: Die Risikogewichtung für Wertpapiere wird von den Staaten festgelegt – und die bevorzugen Staatsanleihen. Das drückt einerseits ihre eigene Zinsbelastung und macht es andererseits den Banken schmackhaft, möglichst viel Staatspapiere zu kaufen anstatt beispielsweise Aktien. Denn es kostet ja kein teures Eigenkapital. Der Staat setzt damit ein falsches Signal, denn er bestraft damit letztlich langfristiges Aktiensparen. Er stellt den Staatsnutzen vor das Volkswohl!

Kritisch ist aus meiner Sicht auch, dass die Regulierung neue Finanzmarktprodukte nicht ausreichend erfasst. Gerade neue Produkte, vor allem im Derivatebereich, können extrem riskant sein, wie die Bankenkrise gezeigt hat. Hier müssten Vorschriften aufgenommen werden, die sofort greifen und nicht erst, wenn Erfahrungswerte über den Risikograd vorliegen. Dann kann es zu spät sein. An dieser Stelle muss nachgebessert werden.

Prinzipiell finde ich die erhebliche Aufstockung des Mindest-Eigenkapitals natürlich richtig. Sie war überfällig und kehrt endlich eine unselige Entwicklung um, die vor 20 Jahren eingesetzt hatte. Die Banken können künftig mit mehr Eigenkapital viel höhere Verluste absorbieren und werden krisenfester. Das Zocken wird für sie zudem teurer als in den Jahren zuvor. Ich gehe sogar davon aus, dass viele Geldinstitute versuchen werden, die Mindestanforderungen zu übertreffen, weil die Höhe des Eigenkapitals zum Wettbewerbsfaktor werden dürfte.

Die zweite Säule von Basel III, neben dem höheren Eigenkapital, ist die **bessere Ausstattung mit Liquidität**. Das finde ich richtig und wichtig, weil in der Finanzkrise so manche Bank nicht deshalb Probleme bekommen hat, weil sie zu viel Verluste gemacht hat, sondern weil ihr die Liquidität ausging – wegen des Zusammenbruchs des Interbankenmarkts. Geldinstitute müssen künftig Liquiditätspuffer aus hochliquiden Anlagen aufweisen, wie zum Beispiel Bargeld, Einlagen bei Notenbanken oder Staatsanleihen. Es gilt auch hier wieder das Gleiche wie beim Eigenkapital: Banken werden kraft Gesetzes in Staatspapiere getrieben. Immerhin wurden die Anforderungen im Lichte der Staatsschuldenkrise geändert. Jetzt dürfen auch private Schuldverschreibungen – wie beispielsweise Pfandbriefe – bis zu bestimmten Grenzen in den Liquiditätspuffer fließen.

Ergänzt wurden und werden die Basel-Vorschriften durch **Regulierungen auf internationaler und nationaler Ebene**. So haben die USA mit dem Dodd-Frank Act 2010 die Bankengesetzgebung radikal geändert – in 541 Gesetzesartikeln. Keine Sorge, ich werde nicht alle besprechen – für Sie ist vor allem wichtig, dass den US-Banken in vielen Bereichen Zügel angelegt werden:

➤ Die Regierung darf Finanzinstitute, die in existenzbedrohende Schieflage geraten sind, schließen oder zerschlagen. Eine Rettung um jeden Preis soll es nicht mehr geben.

➤ Eine neue Behörde überwacht den Finanzmarkt nach Systemrisiken und neuen riskanten Geschäftsfeldern, um frühzeitig Probleme zu erkennen.

➤ Eine Verbraucherschutzbehörde sorgt für mehr Transparenz und Verbraucherrechte.

➤ Der Derivatemarkt wird strenger beaufsichtigt und transparenter gemacht, weil hier die Gefahren besonders groß und unübersichtlich sind.

➤ Der hochriskante Eigenhandel wird eingeschränkt oder ganz verboten.

Ausgearbeitet hat diese »Volcker-Regeln« der frühere Notenbankchef Paul Volcker. Das hat Wall Street in Aufruhr versetzt.

Auch auf EU-Ebene und deutschlandweit gibt es gravierende Veränderungen in der Bankenregulierung. So müssen die Banken ihre Vergütungssysteme überarbeiten, damit sie transparenter werden und die Boni sich am langfristigen Erfolg statt am kurzfristigen Zockergewinn orientieren. Die Bankenaufsichtsbehörde BaFin hat zusätzliche Rechte bekommen, zum Beispiel Banken zu sanieren und in der Insolvenz zu verwalten. Und Geldinstitute müssen sich mit einer Bankenabgabe an den Kosten der Krisenbewältigung beteiligen.

Für Schlagzeilen hat freilich die 2011 gegründete Europäische Finanzaufsicht gesorgt, die eine übergreifende Überwachung gewährleisten soll. Mit ihren Stresstests hat sie den großen, international tätigen Euro-Banken ab Mitte 2012 eine deutlich höhere Eigenkapitalausstattung aufgezwungen und dabei sogar ein Tabu gebrochen: Staatsanleihen wurden nicht als risikolos betrachtet, sondern wurden in den Stresstests, in denen die Geldhäuser auch in Horror-Szenarien ihre Überlebensfähigkeit beweisen müssen, mit tatsächlichen oder noch tieferen Kursen bewertet. Die Folge waren massive Eigenkapitallücken einer Reihe von Instituten – und das hat Bankaktien zeitweise mächtig unter Druck gesetzt. Aber nun ist – zumindest bei den großen europäischen Instituten – aufgrund der erzwungenen Eigenkapitalzufuhr der Puffer sogar größer, als es Basel III vorschreibt.

Mein Fazit der Bankenregulierung

Die Richtung stimmt. Aber es gibt noch viel zu tun – insbesondere in den Bereichen Bonuszahlungen, Derivate-Wahnsinn und internationale Vereinheitlichung. Was nutzt es, wenn Banken in Frankfurt an die Kandare genommen werden, aber ihre riskanten Geschäfte an anderen Finanzplätzen abwickeln, die weniger reguliert sind? Meine Geschäftsfreunde aus den Banken verweisen vor allem darauf, dass Singapur und andere asiatische Länder die Zockergemeinde magisch anziehen. Hier muss ein Riegel vorgeschoben werden.

Auswirkungen hat die verstärkte Bankenregulierung in vielen Bereichen:

➤ Die Kreditvergabe – die eigentliche Aufgabe von Banken, nicht das Zocken –, die für die Gesamtwirtschaft eminent wichtig ist, wird kritischer erfolgen und teurer werden, da die Banken mehr Eigenkapital vorhalten müssen. Eine von den Banken an die Wand gemalte, gefährliche Kreditklemme sehe ich aber nicht.

➤ Bankaktien haben es weiter schwer. Da Eigenkapital wesentlich teurer ist als Fremdkapital, dürften die Margen der Banken sinken. Banken werden zudem bei den Dividenden knausern, weil sie den Großteil der Erträge lieber zur Aufstockung ihres knappen Eigenkapitals verwenden wollen. Hinzu kommen bis 2019 weitere Kapitalerhöhungen, um Basel III zu erfüllen. Bankaktien sind also für Anleger in den nächsten Jahren noch weniger attraktiv als in den letzten.

Schattenbanken müssen aus dem Schatten treten

Genauso wichtig, wie es ist, die Banken zu regulieren, ist es in meinen Augen, die Fluchtwege der Investmentbanker und sonstiger Zocker ähnlich stark zu kontrollieren. Ich meine damit das sogenannte Schattenbankensystem, zu dem Hedgefonds, Private-Equity-Fonds und Zweckgesellschaften gehören. Nach Schätzungen der EU-Kommission hielten diese Schattenbanken 2010 weltweit mit 46 Billionen Euro mehr als ein Viertel des Gesamtvolumens der Finanzmärkte. Deshalb kann und muss endlich die Aufsicht ähnlich eingreifen können wie bei Banken. Bisher ist hier zu wenig passiert. Dabei waren die ersten Institute, die im

Gefolge der US-Immobilienkrise pleite gegangen sind, Schattenbanken, nämlich einige Hedgefonds und Zweckgesellschaften. Schattenbanken sind Finanzunternehmen, die außerhalb des regulierten Bankensektors agieren, wie beispielsweise die wegen ihrer oft hochspekulativen Geschäfte in Verruf geratenen Hedgefonds, aber auch so konservative Einrichtungen wie Geldmarktfonds.

Hedgefonds beispielsweise arbeiten meistens mit hohen Kreditanteilen; Chancen und Risiken potenzieren sich dadurch. Die Boni und Gehälter von Investmentbankern und Hedgefonds-Managern haben mittlerweile zum Teil astronomische Dimensionen angenommen. So hat 2011 Ray Dalio, Chef von Bridgewater, 3,9 Milliarden US-Dollar abkassiert, zwei seiner Mitarbeiter jeweils eine halbe Milliarde. Ich finde das skandalös und vulgär. Da frage ich mich schon, was für die Kunden übrig bleibt. Dabei haben US-Hedgefonds 2011 im Schnitt 5 Prozent Verlust eingefahren.

Das erinnert mich an einen Witz, den mein Freund André Kostolany oft erzählte:

Ein vermögender Kunde ist zum Lunch im Direktorenkasino im 50. Stock einer vornehmen US-Investmentbank eingeladen. Stolz zeigt der Gastgeber den Blick auf den New Yorker Hafen: »Übrigens, dort liegt die Yacht des Vorstandsvorsitzenden von J. P. Morgan. Dort drüben, etwas weiter rechts, liegt die vom Chef der Citigroup. Und das riesige Schiff auf der anderen Seite gehört dem Vorstand von Goldman Sachs.«

»Und wo sind die Yachten der Kunden?«, fragt schließlich der Mittagsgast.

Leider gibt es bisher keine umfassende Lösung, die uns und das gesamte Finanz- und Wirtschaftssystem vor den Spekulationsorgien der Hedgefonds und teilweise auch der Private-Equity-Fonds schützt.

Auch wenn EU-Wettbewerbskommissar Michel Barnier als Ziel vorgibt: »Kein Finanzprodukt und kein Finanzakteur bleibt unreguliert.« Er hat richtig erkannt, dass »immer mehr riskante Geschäfte und Produkte aus dem immer stärker regulierten traditionellen Bankbereich abwandern«. Deshalb will er 2013 den EU-Regierungen einen Gesetzesentwurf zur umfassenden Regulierung der Schattenbanken – besser gesagt, Spielhöllen – vorlegen.

Börsen dürfen nicht länger Wettbüros sein

Die Wertpapierbörsen müssen wieder ihrer Doppelfunktion als Kapitalsammelstellen und effiziente Handelsplätze gerecht werden. In den letzten Jahrzehnten sind sie immer stärker zu Kasinos verkommen, die nur noch den Zockern eine gute Plattform bieten, aber langfristig orientierte Anleger zunehmend verprellen.

Die ersten Auswüchse hatte es mit der Neuen-Markt-Blase Ende der 1990er-Jahre gegeben, vor der ich immer wieder in unzähligen Kolumnen in den Medien gewarnt hatte. Aber aus deren Platzen, die deutsche Anleger Milliarden gekostet und ihnen die Aktie gründlich verleidet hat, haben Börsen, Banken, Großanleger und Aufseher nichts gelernt. Es war ein beschämendes Armutszeugnis, dass der volkswirtschaftlich eminent wichtige und nützliche »Neue Markt« der Spekulationswut und zahlreichen Betrügereien zum Opfer fiel und nach einem kurzen Leben zu Grabe getragen werden musste.

Dank der immer schnelleren und ausgetüftelteren Handelstechniken wird das Trading immer gefährlicher und wahnwitziger. Schätzungen zufolge macht der Hochfrequenzhandel, bei dem Wertpapiere binnen Bruchteilen von Sekunden, allein gesteuert von Computerprogrammen, zwischen Bankcomputern hin- und hergehandelt werden, inzwischen 70 bis 80 Prozent des gesamten Handelsvolumens aus. Wenn nicht mehr Menschen, sondern Millionen ähnlich programmierter Computer die Kursbildung bestimmen und gleichzeitig auf dieselben Verkaufssignale reagieren, werden Kaskaden von Verkäufen ausgelöst. Bei Käufen gilt das Gleiche.

Die Ausschläge an den Börsen werden größer und heftiger. Die Computer haben die Effizienz der Märkte nicht verbessert, sondern verschlechtert. Seriöse Anleger dürfen nicht länger Spielball des verrückten Hochfrequenzhandels von Banken und Hedgefonds werden, der nichts, aber auch gar nichts mit der sinnvollen und wichtigen Aufgabe von Börsen gemein hat: Unternehmen Kapital zur Verfügung zu stellen und Anlegern attraktive Anlagechancen zu bieten. Die Zockereien sind nicht nur volkswirtschaftlich nutzlos, sondern schädlich. Immerhin hat die Bundesregierung jetzt reagiert und einen Gesetzesentwurf zur Regulierung vorgelegt.

Eine andere Börsenperversion sind »nackte« Leerverkäufe, bei denen sich die Verkäufer nicht einmal die Aktien oder andere Wertpapiere vorher leihen müssen, be-

vor sie sie verkaufen. Das Ziel der Verkäufer bei diesen Aktionen ist, die verkauften Wertpapiere später billiger zu kaufen. Sie sind also daran interessiert, dass der
Kurs des betreffenden Wertpapiers sinkt. Inwieweit anschließend eventuell auch
mit unlauteren Methoden die Kurse »nach unten manipuliert« werden, ist in den
meisten Fällen kaum belegbar. Inzwischen hat die EU – aber auch Deutschland im
Alleingang – zwar Leerverkäufe eingeschränkt oder in bestimmten Fällen verboten. Aber hier müssten noch viel strengere Regeln eingeführt werden. Und zwar
weltweit.

Derivate sind Massenvernichtungswaffen

Derivate sind Finanzinstrumente, die aus anderen Anlageobjekten wie beispielsweise Aktien abgeleitet sind und deren Wertentwicklung sich an diesen Basiswer-
ten orientiert. Beispiele sind Swaps, Optionen, Futures und CFDs. In den letzten
beiden Jahrzehnten ist jedoch eine Derivate-Industrie entstanden, die mit dem ursprünglichen Zweck von Optionen und Termingeschäften nicht mehr viel zu tun
hat. Beide Aktionsmöglichkeiten haben ja zwei Seiten: Die eine Seite ist konservativ und dient der Absicherung gegen unerwartete Ereignisse; die andere ist speku-
lativ und ermöglicht mit kleinem Kapitaleinsatz große Gewinne, wenn die Wette
aufgeht. Wenn die Wette aber nicht aufgeht, kann im Extremfall der ganze Kapitaleinsatz futsch sein.

Börsenlegende Warren Buffett hat schon vor der Finanzkrise Derivate als »finanzielle Massenvernichtungswaffen« gebrandmarkt. Sie verstärken sowohl Auf- wie
Abschwünge ungeheuer stark. In besonderem Maße galt dies für die berüchtigten
CDS (Kreditausfallversicherungen), die sowohl die US-Immobilien- als auch die
europäische Staatsschuldenkrise noch viel gefährlicher gemacht haben, als sie es
ohnehin schon waren, ebenso wie bei Devisen, Rohstoffen und Wertpapierderiva-
ten. Und in besonderer Weise sollte endlich der Zertifikate-Unsinn, der die Banken reich und die Anleger, vor allem die Privatanleger, arm macht, eingedämmt
werden. Hier herrschen Gier und Abzocke noch in Reinkultur (s. auch Kapitel
III.1, Abschnitt »Zertifikate«).

Zur Untermalung meiner großen Vorbehalte gegenüber dem unregulierten Deriva-
te-Wahn will ich Ihnen ein paar unglaubliche Zahlen nennen: Laut EU-Kom-

missar Verheugen ist das Derivatevolumen, das so gut wie ausschließlich nur außerbörslich gehandelt wird, in den Jahren 1990 bis 2010 von 2 auf 601 Billionen Dollar gestiegen. Im gleichen Zeitraum nahm das weltweite Bruttoinlandsprodukt (BIP) »nur« von 22 auf 63 Billionen zu. 1990 machten also die Bestände in Derivaten ein Zehntel des BIP aus, 2010 das Zehnfache. Nach den Berechnungen der Citigroup hat das Volumen 2011 um weitere 18 Prozent auf 708 Billionen Dollar zugenommen. Hier wächst ein Monster in unkontrollierbare Dimensionen. Ihm müssen dringend Zügel angelegt werden. Die Citigroup schätzt, dass der außerbörsliche Derivatehandel weltweit den Banken jährlich 55 Milliarden US-Dollar Gewinn beschert – rund ein Drittel ihrer Gesamterträge!

Allein das Volumen an Kreditderivaten betrug laut BIZ, der Bank für Internationalen Zahlungsausgleich, 2010 fast 30 Billionen Dollar. Und das in einem völlig unreglementierten, nicht über Börsen laufenden Markt. Die CDS, Derivate, die den Ausfall von Anleihen absichern sollten, hatten bereits in der Finanzkrise die weltgrößte Versicherung AIG in den Ruin getrieben. AIG war bei den amerikanischen Subprime-Schrottanleihen der weltgrößte CDS-Anbieter. Mit 62 Milliarden US-Dollar verzeichnete dieses Unternehmen in einem einzigen Quartal den größten Verlust, den je ein Unternehmen gemeldet hat; es konnte nur überleben, weil die US-Regierung Hunderte Milliarden US-Dollar in das Institut pumpte. Die Aktionäre verloren fast alles, der Kurs stürzte innerhalb eines Jahres von gut 50 US-Dollar auf 40 Cents ab.

Die Umsätze im Devisenhandel sprengen alle Rekorde. Hier wird insbesondere im Hochfrequenzhandel binnen Millisekunden hin- und hergehandelt, und die Volumina werden mit Derivaten noch gehebelt. Nach seriösen Schätzungen wurden 2011 Transaktionen in Höhe von unvorstellbaren 1,2 Trillionen Euro gehandelt, ausgeschrieben 1 200 000 000 000 000 000 Euro. Das Welthandelsvolumen betrug 2011 rund 25 Billionen US-Dollar. Der Bedarf an Devisen war also in weniger als einem Handelstag gedeckt.

Über die Spekulation mit Derivaten auf Rohstoffe, insbesondere Nahrungsmittel wie Mais oder Weizen, haben Sie sicherlich schon viel gelesen, weil sie immer mehr an den Pranger gestellt wird. Zu Recht, denn es kann nicht angehen, dass Zocker zulasten von Armen und Hungernden ihre Geschäfte treiben. Hier ist der Aufschrei am größten, hier wird meines Erachtens auch am ehesten etwas passieren. So haben diverse Banken versprochen, künftig bestimmte Rohstoffderivate nur noch zu Absicherungszwecken zu handeln. Ich hoffe nur, dass anschließend nicht obskure Tochtergesellschaften gegründet werden, die dieses unsittliche, verwerfliche Geschäft dann übernehmen.

Der Zertifikate-Wahnsinn muss aufhören

Während die meisten der bisher geschilderten Derivate von Banken und institutionellen Anlegern gehandelt werden, sieht das bei den Zertifikaten anders aus. Ihre Kurse entstehen nicht im freien Handel an der Börse, sondern werden von den Emittenten, den Banken, festgesetzt. Das ist ein intransparentes, fragwürdiges Verfahren, das Tür und Tor für Manipulationen offen lässt.

Die Zielgruppe von Zertifikaten sind Privatanleger, und hier hat sich Deutschland zum Eldorado für die Banken entwickelt. Und das, obwohl die Pleite von Lehman Brothers, einem großen Anbieter von Zertifikaten, in Deutschland Zigtausende ins Unglück gestürzt hat, weil ihre Zertifikate plötzlich wertlos wurden. Denn Zertifikate sind nichts anderes als Schuldverschreibungen, bei denen statt der üblichen Zinsen auf Anleihen die Zahlungen an bestimmte Entwicklungen gebunden sind, wie beispielsweise den DAX-Verlauf oder den Ölpreis. Schuldverschreibungen sind, anders als Bankeinlagen oder Fonds, bei einer Bankpleite nicht geschützt! Ich erspare mir an dieser Stelle Einzelheiten, weil sie in Kapitel III.1 bei den Anlageformen ausführlicher angesprochen werden.

Der europäische Zertifikatemarkt umfasste 2011 – nach den Zahlen des Dachverbands EUSIPA – rund 880 000 an Börsen gehandelte Produkte. Davon entfielen rund 90 Prozent, nämlich 816 000, auf Deutschland, eine erschreckend hohe Zahl! Hinzu kommen noch die nur außerbörslich handelbaren Zertifikate. Fast 80 Prozent aller 2011 in Deutschland neu an den Markt gekommenen Zertifikate waren hochspekulative Hebelinstrumente. Ich sage Zockerpapiere dazu, also Optionsscheine und Knock-out-Zertifikate. Beim Anlagevolumen, das rund 100 Milliarden Euro betrug, überwogen dagegen Garantieprodukte bei Weitem. Darunter fallen Papiere mit vollem Kapitalschutz und mit Teilschutz. Schon mein Freund André Kostolany hat an Garantieprodukten kein gutes Haar gelassen – und ich stimme ihm da voll zu. Eine nennenswerte Rendite ist nicht möglich, wenn zu viel abgesichert wird. Denn das kostet alles Geld. Bestätigt fühle ich mich hier durch den von der Frankfurter Derivatebörse Scoach errechneten Kapitalschutz-Index. Danach brachten Garantie-Zertifikate in den sechs Jahren seit Beginn der Berechnungen im Januar 2006 im Durchschnitt gerade einmal 2½ Prozent Rendite. Wer anfangs 2006 eine zehnjährige Bundesanleihe gekauft hätte, wäre mit einer laufenden Verzinsung von 4 Prozent sehr viel besser gefahren – und hätte zusätzlich sogar noch Kursgewinne verbucht.

Der Bestand an Hebelprodukten ist viel kleiner als der Bestand der sogenannten Anlage-Zertifikate. Ein Hebelprodukt (engl. Leverage) ist so konstruiert, dass es um einen Faktor über 1 (2, 3 oder gar 10) stärker steigt oder fällt als das zugrunde liegende Anlagevehikel. Zum einen haben sie häufig kurze Laufzeiten, zum anderen werden diese Knock-out-Produkte – vor allem in schwankungsstarken Phasen, wie wir sie seit Jahren haben – laufend »ausgeknockt«. Sie »verfallen« also beim Erreichen einer bestimmten Kursmarke mehr oder weniger wertlos. Wetten kann man mit diesen Hebelprodukten nahezu auf alles, von der »Preisdifferenz des WTI-Brent-Spreads (Rohölpreis)« von Goldman Sachs bis zum »Schmetterlings-Optionsschein« von J. P. Morgan, der die Volatilitätsentwicklung im EuroStoxx 50 ins Visier nimmt.

Das alles braucht die Welt nicht und es hat nichts, aber auch gar nichts mit seriösem Anlegen zu tun. Aber weil es genügend Kunden gibt, die sich das aufschwatzen lassen, verdienen die Banken damit viel Geld. Und weil sie so viel Geld damit verdienen, können sie es sich leisten, in Zeitungen, Börsenmagazinen, im Börsenfernsehen und auf Messen massiv Reklame zu machen. Die Medien machen da natürlich mit, weil sie die Werbeeinnahmen gut gebrauchen können. Für Aktien schaltet dagegen keiner Werbung, weil die Geldinstitute damit bei Weitem nicht so viel verdienen wie mit den Zertifikaten. Die sind oft so komplex, dass nicht einmal Fachleute herausfinden können, wie hoch die versteckten Kosten für die Anleger tatsächlich sind. Je komplizierter ein Produkt ist, desto leichter lassen sich nämlich Kosten draufschlagen und desto höher ist natürlich der Gewinn der Bank. Hüten Sie sich deshalb, wenn Sie schon Zertifikate anlangen, vor den komplizierten Konstruktionen.

Besonders viel Schaden bei den Privatanlegern haben in den letzten Jahren neben den Hebelprodukten Bonus- und Express-Zertifikate angerichtet, die bei

Unterschreiten einer Kurs- oder Indexschwelle ihren Zusatznutzen verlieren. Je volatiler die Märkte, desto wahrscheinlicher ist das der Fall – und von Bankberatern weiß ich, dass hier in den unruhigen Märkten der letzten Jahren extrem viele Anleger herbe Verluste erlitten haben, insbesondere in der Finanzkrise und dann wieder in der Staatsschuldenkrise.

Im Bereich der Zertifikate müssen dringend strengere Regeln her, um insbesondere Privatanleger besser vor hohem Schaden zu bewahren. Belgien geht mit gutem Beispiel voran. Es hat als erstes EU-Land den Verkauf von Zertifikaten beschränkt und will dies europaweit durchsetzen. Bisher gibt es zwar kein offizielles Verbot, aber die Regierung in Brüssel hat die Banken dazu »überredet«, im Rahmen eines Moratoriums auf den Verkauf von besonders komplexen Finanzprodukten an Privatanleger zu verzichten. Deutschland als Weltmeister der Zertifikate sollte die belgische Initiative mit aller Macht unterstützen, statt – wie geschehen – die Gebühren für die Zulassung von Zertifikaten um fast 94 Prozent zu senken, wie das 2011 der Fall war. Für jede Neuauflage eines Zertifikats müssen die Emittenten nun nur noch 1,55 Euro an die Aufsichtsbehörde BaFin zahlen, nach zuvor 25 Euro. In meinen Augen ist das staatliche Anstiftung zum Zocken und widerspricht glatt dem, was der oberste Bankenaufseher im BaFin, Raimund Rösler, im Januar 2012 der Börsenzeitung erzählt hat: »Wir haben das Problem erkannt und überlegen jetzt, was wir zur Entschleunigung beitragen können.«

Aber immerhin hat die EU die Massenvernichtungswaffe Derivate im Visier. Sie hat eine Verordnung mit dem schönen Namen EMIR (Abkürzung für European Market Infrastructure Regulation) vorbereitet, die ab 2013 den Derivatehandel nur noch über Börsen oder börsenähnliche Plattformen zulassen und damit unter Aufsicht stellen würde. Das könnte dem Derivatemarkt, der bislang überwiegend außerbörslich stattfindet, wenigstens etwas von seiner Gefährlichkeit nehmen. Die Sache hat allerdings einen Haken: Die geplante Verordnung soll nur für standardisierte Produkte gelten, nicht aber für komplexe Finanzderivate. Und gerade da wird ja besonders viel Schindluder getrieben.

Seit der Finanzkrise wird also in allen Bereichen versucht, das Monster Finanzmarkt mitsamt seinen Akteuren zu bändigen. Es ist schon einiges erreicht worden. Für extrem wichtig halte ich vor allem, dass die Banken als Rückgrat der Geldwirtschaft sicherer geworden sind. Aber der Prozess ist bei Weitem noch nicht abgeschlossen. Insbesondere die bisher kaum regulierten Bereiche Schattenbanken, Derivate und Börsen müssen viel enger an die Kandare genommen werden. Ich bin zuversichtlich, dass dies einigermaßen gelingen wird. Absichtserklärungen gibt es ja genügend, aber die Umsetzung dauert viel zu lange. Als Optimist sehe ich aber, dass die Welt in puncto Finanzindustrie auf dem richtigen Weg ist – und dass eine Umkehr nicht mehr möglich ist. Das wird nach den üblichen Umstellungsproblemen auch dazu führen, dass die Weltwirtschaft ruhigere Zeiten als in den letzten 15 Jahren vor sich hat – und diese Normalisierung wiederum ist gut für die Finanzmärkte und uns Anleger.

Mein Fazit

Es ist für mich unbegreiflich und stimmt mich traurig, dass die Mehrzahl der Deutschen bedenkenlos Zertifikate kauft, deren Konstruktion und Kosten sie nicht durchschaut und versteht. Andererseits halten sie Aktien von Dividenden zahlenden Unternehmen wie Allianz, Bayer, BMW, Daimler oder Henkel – deren Produkte sie kennen und kaufen – für riskant, nur geeignet für Spekulanten oder Betuchte. Die traurige deutsche Anlageszene stellt sich etwa so dar: Auf der einen Seite des Spektrums stehen die Angsthasen, die auf Sparbuch, Festgeld und Garantie-Zertifikate setzen. Das andere Extrem des Spektrums sind die Zocker, die sich mit Aktien gar nicht erst aufhalten, sondern mithilfe von Hebelprodukten, zum Beispiel Turbo- oder Knock-out-Zertifikaten oder Optionen und Derivaten aller Art, waghalsige Spekulationen betreiben. In der breiten Mitte, zwischen den Extremen von Angsthasen und Zockern, herrscht in Deutschland eine große, gähnende Leere.

In den angelsächsischen Ländern befindet sich das Gros der Anleger – Anleger, die überwiegend in Aktien und Fonds investieren. Meine Hoffnung und mein Wunsch ist, mit diesem Buch die Leser darüber aufzuklären, wie falsch sie oft von den Banken beraten werden und wie falsch ihre eigene Vorstellung von sinnvollen Anlagen hinsichtlich Risiko und Rendite mitunter ist.

Mehr darüber erfahren Sie in Kapitel VI.

4. Die Notenbanken sind zum Büttel der Politik geworden

Der frühere EU-Kommissionspräsident, der Franzose Jacques Delors, hat einmal gesagt:»Nicht alle Deutsche glauben an Gott, aber alle glauben an die Bundesbank.« An dieser ironisch gemeinten Bemerkung ist etwas Wahres.

Nach dem verheerenden Zweiten Weltkrieg wollten die Deutschen nichts sehnlicher als Sicherheit und Stabilität: stabile Lebensverhältnisse, einen sicheren Arbeitsplatz, eine sichere Behausung und genug zu essen. Als 1948 die wertlos gewordene Reichsmark durch die Deutsche Mark (D-Mark) ersetzt wurde, war dies für die Deutschen die dritte Währungsreform innerhalb von 25 Jahren. Zuvor waren 1923 nach einer unbeschreiblichen Hyperinflation beim Wechsel von der Mark in die Rentenmark, dann in die Reichsmark und schließlich in die Deutsche Mark ihre Ersparnisse in kurzer Folge wertlos geworden. Kein Wunder, dass sich diese existenzbedrohenden Erlebnisse tief in das kollektive Bewusstsein der Deutschen eingebrannt haben. Kein anderes Industrieland hat je solche traumatischen Totalverluste erleiden müssen. Als Ludwig Erhard, der legendäre erste Wirtschaftsminister der Bundesrepublik, das wirtschaftspolitische institutionelle Gerüst etablierte, gehörten das Kartellamt und die Deutsche Bundesbank zu den zwei wichtigsten neuen Einrichtungen. Das Kartellamt sollte für einen freien und fairen Wettbewerb sorgen und die Bundesbank für einen stabilen Geldwert.

Daher war die Bundesbank von Anfang an als politisch unabhängiges Institut konzipiert. Sie war die unabhängigste Notenbank der Welt, politisch noch unabhängiger als die mächtige US-Notenbank Federal Reserve. Dagegen sind die Notenbanken aller Mitgliedsstaaten der Eurozone, darunter sogar auch Frankreich, erst Ende der 1980er- oder Anfang der 1990er-Jahre politisch unabhängig geworden. Ihre völlige Unabhängigkeit muss man sowieso mit einem Fragezeichen versehen. Aber jedenfalls haben sie keine lange Tradition in puncto Geldwertstabilität.

Die Deutsche Bundesbank hat stets das ihr zur Verfügung stehende Instrumentarium resolut genutzt und die Inflation im Zaum gehalten. Sie hat seit ihrem Bestehen einen von aller Welt bestaunten und beneideten Stabilitätsrekord aufgestellt. Wenn in den Inflationsjahren der 1970er-Jahre Italien, Frankreich und Großbritannien Inflationsraten über 20 Prozent aufwiesen und sogar die USA auf 15 Prozent kamen, schaffte es die Bundesbank, den Schaden auf 7 Prozent zu begrenzen.

Die Deutschen waren stolz auf ihre D-Mark. Sie verbanden mit ihr den wirtschaftlichen Aufstieg und gleichzeitig ihr wachsendes Ansehen in der Welt.

Die D-Mark war ihr Identifikationsobjekt. Doch diese innige Verbindung wurde nach 54 Jahren von der Politik gewaltsam getrennt. Die überwiegende deutsche Mehrheit sträubte sich gegen die Trennung. Doch Kanzler Kohl und sein Finanzminister Waigel versuchten mit allen Mitteln, den Deutschen den Euro schmackhaft zu machen: Das Haushaltsdefizit durfte nicht die 3-Prozent-Marke übersteigen, kein Land der Währungsgemeinschaft sollte für die Schuldner eines anderen Staates aufkommen müssen und die Europäische Zentralbank sollte nach dem Muster der Deutschen Bundesbank konzipiert und genauso unabhängig sein wie diese. Als sichtbares Zeichen wurde als Sitz Frankfurt bestimmt, gleich neben der Bundesbank.

Doch nichts davon wurde auch eingehalten. Alle Versprechen wurden gebrochen: »Alles, was man den Deutschen bei Abschluss der Verträge versprochen hat, wandert in den Papierkorb der Geschichte«, urteilte der Verfassungsrechtler Dietrich Murswiek.

Eine Notenbank muss ein Höchstmaß an politischer Unabhängigkeit besitzen. Sie muss in der Lage sein, sich politischer Einflussnahme zu widersetzen und wenn nötig auch unpopuläre Maßnahmen zu ergreifen. Nur wenn sie willens und fähig ist, ein hohes Maß an Geldwertstabilität zu sichern, bleibt sie glaubwürdig und handlungsfähig und erhält das Vertrauen in die Währung. Das einzige Kapital, das sie besitzt, ist das Vertrauen!

Ohne Vertrauen kann ein Geldwesen nicht existieren. Lenin, der Gründer der kommunistischen Partei in Russland, brachte das auf den Punkt: »Wer den Kapitalismus zerstören will, muss sein Geldwesen zerstören.«

Die Sündenfälle der Europäischen Zentralbank sind Todsünden

Während ihrer Zeit vor 2002 als Währungshüterin der D-Mark hat die Bundesbank keine derartigen Sündenfälle begangen wie die Europäische Zentralbank (EZB). Was bei der Konzeption der EZB sträflich vernachlässigt wurde, ist, die Stimmenverhältnisse im Zentralbankrat von vornherein so zu regeln, dass es ein dauerndes Übergewicht der südeuropäischen Schuldnerstaaten nicht hätte geben können. Heute ist die EZB voll in der Hand der Südeuropäer. Sie dominieren mit einem Stimmanteil von 70 Prozent den EZB-Rat, einschließlich des Präsidenten, des Italieners Mario Draghi.

Er ist nur zum Zug gekommen, weil der für den Posten vorgesehene Deutsche Axel Weber, einer der wenigen Stabilitätswächter, angesichts der einseitigen Mehrheitsverhältnisse in der EZB dauernd überstimmt wurde, sodass er frustriert das Handtuch warf. Kurz danach verabschiedete sich auch der EZB-Chefvolkswirt, Jürgen Stark, weil er die laxe Politik nicht mehr länger mittragen wollte. Dieser Exodus der deutschen EZB-Ratsmitglieder spricht Bände.

Beide Notenbanker haben mit ihrem Schritt gegen die politische Einflussnahme auf die laut Statut unabhängige Zentralbank protestiert – und dagegen, dass die EZB willfährig mit sogenannten unkonventionellen Maßnahmen eine Hauptrolle bei der Euro-Rettung übernommen hat.»Unkonventionelle Maßnahmen« ist eine vage, verharmlosende Umschreibung für Gesetzes- oder Vertragsverletzungen vonseiten der EZB. Weil die Staaten an der Grenze ihrer Verschuldung angelangt und ihre Hände gebunden sind, soll die EZB für sie in die Bresche springen und den Pleitestaaten und Banken unter die Arme greifen. Die Politik stiftet die EZB quasi zum Vertragsbruch an, macht sie zum Handlanger, zum Erfüllungsgehilfen.

Den ersten Sündenfall beging sie 2010 beim Kauf von Staatsanleihen aus Griechenland und später von anderen südeuropäischen Schuldnerstaaten. Bis März 2012 haben sich dadurch sagenhafte 218 Milliarden Euro an Griechen- und sonstigen Schrott-Bonds bei der EZB aufgetürmt. Die direkte Staatsfinanzierung ist der EZB zwar verboten – aber durch eine Lücke in den Statuten konnte sie es dennoch tun. Sie kaufte Anleihen nicht direkt von den Regierungen bei der Emission, sondern erwarb über die Börse früher aufgelegte Bonds, die sich schon im

Handel befanden. Ein weiterer, mehr als unkonventioneller Schritt war, dass die EZB im Dezember 2011 und Januar 2012 die gewaltige Summe von über 1 Billion Euro in den Bankenmarkt gepumpt hat. Dieses Geld sollte die Banken liquid halten. EZB-Chef Draghi hat diese geballte Ladung die »Dicke Berta« genannt, eine volkstümliche Bezeichnung für den im Ersten Weltkrieg eingesetzten, von Thyssen gebauten deutschen 42-cm-Mörser, das damals schwerste Geschütz im Landkampf.

Ein so riesiger Kredit an die Banken zum Niedrigstzins von 1 Prozent und einer Laufzeit von drei Jahren ist einmalig in der Geschichte. Den Löwenanteil der gigantischen Summe haben sich natürlich die klammen Banken der südeuropäischen Schuldnerländer genommen. Der Hintergedanke bei diesem Gewaltakt war, dass die Banken dafür die riesigen Neuemissionen von Staatsanleihen der südlichen Peripheriestaaten, hauptsächlich Italiens und Spaniens, kaufen und dadurch die Zinsen drücken würden.

Tatsächlich ging die Wette auf: Die Banken kauften Teile der neu emittierten Staatsanleihen und so konnten die Neuemissionen zu niedrigeren Zinsen platziert werden. Einen anderen Teil des Geldsegens der EZB verwendeten sie für die Begebung (Ausgabe) eigener Bankanleihen. Diese ließen sie staatlich garantieren und damit hatten sie ein Pfand, das sie bei der EZB einreichen konnten, um dafür weitere Kredite zu bekommen. Auf so eine hinterlistige Idee muss man erst mal kommen. Raffiniert!

Diese Anleihen sind aber trotz staatlicher Garantie (Was ist eine Garantie eines Pleitestaates wert?) minderer Qualität, ähnlich wie die Subprime-Bonds (Schrott-Papiere) in Amerika. Das ganze Spiel ist eine Mischung aus einem Schneeballsystem und sogenannten »In-sich-Geschäften«, die gesetzlich verboten sind, also gewissermaßen ein staatlich sanktionierter Betrug. Zu Recht hat sich Jens Weidmann, der neue Präsident der Deutschen Bundesbank, der an die Stelle von Axel Weber getreten ist, geweigert, diese dubiosen Pfänder noch in Zahlung zu nehmen. Es hakt im EZB-Getriebe!

Gelddruckmaschinen laufen heiß

Die EZB hat ihre Bilanzsumme nun sogar noch stärker aufgebläht als die amerikanische Fed – auf über drei Billionen Euro im März 2012. Das ist mehr als das Dreifache des Niveaus von 2007. Zur Bezahlung dieser Aufkäufe hat die EZB neues Geld gedruckt und in den Kapitalmarkt gepumpt. So irrsinnig viel Liquidität wirkt allerdings nicht inflationär, solange das Geld nicht überwiegend in die reale Wirtschaft fließt. Viele Banken haben ihre überschüssige Liquidität lieber bei der EZB geparkt, quasi weggesperrt, weil das sicherer ist, statt es anderen Geldhäusern zu leihen. Denn das Misstrauen der Banken vor allem gegenüber den Geldinstituten aus den Schuldnerstaaten lässt sich nicht so leicht beseitigen. Aber sobald sich die Wirtschaftslage und das Vertrauen der Banken untereinander normalisieren, kann aus dieser enormen Geldschwemme sehr schnell eine so stark überbordende Liquidität werden, dass die Inflation nicht mehr aufzuhalten ist.

Bundesbankpräsident Jens Weidmann hat denn auch schon immer wieder öffentlich über die Presse sein Missfallen über die vertragswidrigen Maßnahmen der EZB geäußert. Er hat sogar einen Brandbrief an die Öffentlichkeit lanciert, in dem er Draghi frontal angeht. Das war ein Affront. Es ist ungewöhnlich, dass ein Mitglied des ansonsten verschwiegenen Zirkels der Notenbanker öffentlich derart Kritik übt. Aber meinen Beifall hat er. Er mag zwar im EZB-Rat eine einsame Stimme sein, umso mehr Stimmen bekommt er dafür bei den Deutschen, die den Euro zunehmend als ein gefährliches Abenteuer empfinden.

Er sagt, das Euro-System sei gefährdet, die EZB sei mit ihren Rettungsmaßnahmen zu weit gegangen, zulasten des deutschen Steuerzahlers. Er verlangt auch bessere Sicherheiten (Pfänder) für die Forderungen, die die Bundesbank gegenüber Griechenland und anderen Südeuropäern hat. Er scheint eine Staatspleite nicht auszuschließen.

Funktionsbeschreibung einer Zentralbank

Die originären Aufgaben einer staatlichen Zentralbank bestehen darin, der Wirtschaft ausreichend Geld zur Verfügung zu stellen, den Geldwert stabil zu halten, für einen intakten Geldkreislauf und ein funktionsfähiges Bankensystem zu sorgen und in Zeiten der Krise als Geldgeber der letzten Instanz (»lender of last re-sort«) zu fungieren. Um die Geldentwertung in engen Grenzen zu halten, muss die Bank bei steigenden Inflationsraten auch zu unpopulären Maßnahmen grei-fen, will heißen, die Geldmenge verknappen und die Zinsen erhöhen. In Zei-ten, wenn die Inflation außer Rand und Band zu geraten droht, muss sie auch zu drakonischen Maßnahmen greifen und sogar eine Rezession und steigende Ar-beitslosigkeit in Kauf nehmen. Um solche radikalen Maßnahmen ohne politische Einflussnahme ergreifen zu können, wurde die Bundesbank per Gesetz als unab-hängige Einrichtung konzipiert, deren Ratsmitglieder frei und unabhängig ent-scheiden können und deren alleiniges Mandat darin besteht, die Geldwertstabi-lität sicherzustellen.

Die Demokratie hat nämlich einen eingebauten Hang zur Inflation. Politiker er-kaufen sich gern ihre Wahl und Wiederwahl mit allen möglichen finanziellen Ver-sprechen und Geschenken und geben meist mehr aus, als der Staat einnimmt. Der britische Premierminister Winston Churchill sagte einmal: »Die Demokratie ist die schlechteste aller Regierungsformen – außer allen anderen.«

Um den spendierfreudigen Politikern Einhalt zu gebieten, braucht es einen Re-genten, der sich nicht das Wohlwollen des Volkes erkaufen muss. Das ist eine unabhängige Zentralbank. Sie ist der kleine Diktator innerhalb der imperfekten Demokratie. »Der kleine Diktator« handelt nicht kriegerisch, benutzt keine zerstö-rerischen Bomben und Granaten, sondern »diktiert« weise und verantwortungs-voll die nötigen Maßnahmen zum Gemeinwohl des Volkes.

Doch es droht Gefahr für den »kleinen Diktator«: Zur Bewältigung der Finanz-katastrophe in den USA 2008 und der Staatsschuldenkrise in Europa 2010 wur-de die Unabhängigkeit der Notenbanken Stück für Stück beschnitten. Der Chef-volkswirt von Morgan Stanley, Joachim Fels, geht schon sogar so weit zu sagen: »Unabhängige Notenbanken sind eine historische Episode.« Die Geldpolitik der Notenbanken sei nicht mehr frei, ihre eigenen Ziele zu verfolgen, sondern sie wer-de gezwungen, die Haushaltsdefizite zu finanzieren und die Staatsverschuldung zu erleichtern – durch Inflation. Die Geldpolitik werde zum »Büttel« der Finanz-politik des Staates.

Die gottähnliche Macht, die aus dem Nichts Geld zaubert: die US-Fed

Die Notenbanken werden demnach als Gelddruckmaschine des Staates benutzt. Gefragt, wer denn dann dafür sorge, Inflation und Verschuldung unter Kontrolle zu halten, war seine Antwort, dafür müsste in einer Demokratie der Wähler sorgen, also die Politiker. Das hieße, den Bock zum Gärtner machen. In den dramatischen Krisenzeiten seit 2008 haben die Notenbanken der Industrieländer eine Rolle übernehmen müssen, die über ihren üblichen Auftrag weit hinausging. Sie mussten nicht nur Währungshüter sein und nicht nur Retter der Banken, sondern auch die des Staates. Das gilt für die Zentralbanken in den USA, in Japan und in Großbritannien.

Als 2008 in den USA reihum Investment- und Hypothekenbanken und Versicherungen vor der Pleite standen, musste die US-Fed eingreifen, um eilig übers Wochenende eine Zwangsfusion nach der anderen zu organisieren und anschließend auch noch bei der Finanzierung behilflich zu sein.

Als Fels in der Brandung und Retter in der Not tat sich der Fed-Chef, der Wirtschaftsprofessor Ben Bernanke, hervor. Das *Time Magazine* hat ihn dafür zum »Mann des Jahres 2009« gekürt. (Sein Großvater war übrigens österreichisch-ungarischer Offizier im Ersten Weltkrieg.) Er war zuvor Professor an der angesehenen Princeton University. Seine Doktorarbeit schrieb er über die große Depression 1929 bis 1932. Er weiß, welche verheerende Rolle der damals herrschende Goldstandard gespielt hatte, der hauptverantwortlich war für das passive Verhalten der damaligen Notenbanker.

Es gibt außer ihm kaum einen Wirtschaftswissenschaftler mit einem so profunden Wissen über das Funktionieren der Finanzmärkte und die Instrumente und Maßnahmen, die heute einer Zentralbank zur Abwendung eines Finanzkollapses zur Verfügung stehen. Er war der richtige Mann am richtigen Ort zur rechten Zeit. Und er ist es noch! Frei von den Fesseln eines stupiden Goldstandards konnte er frei schalten und walten und Geld drucken, so viel er wollte.

Fürwahr, eine gottähnliche Macht, aus dem Nichts Werte zu zaubern. Er pumpte Billionen Dollars in die Wirtschaft und organisierte massive staatliche Rettungsmaßnahmen, um Firmen und Geldhäuser zu retten. Er senkte die Zinsen auf null und verlieh Geld an in- und ausländische Banken, Industriefirmen und Versicherungen. Er gab riesige Summen aus für den Ankauf von Hypothekenanleihen – sogar von minderer Qualität, die Subprime-Bonds. Die Bilanz der Fed blähte sich dabei von 940 Milliarden auf 2,5 Billionen Dollar auf. Mit über 3 Billionen Euro ist die Bilanzsumme der EZB sogar noch viel höher.

Das *Time Magazine* begründete Bernankes Wahl damit, dass er nicht nur die Geldpolitik Amerikas radikal umgestaltet habe, sondern dass er auch die Führung zur Rettung der Weltwirtschaft übernommen und damit eine weltweite katastrophale Depression abgewendet habe. Obwohl er die Geldpolitik revolutionierte und neue Instrumente und Methoden einführte, ist sein Auftreten bescheiden und zurückhaltend – ein Revoluzzer mit Gentleman-Manieren. Von ihm wird folgende Geschichte erzählt: Anlässlich des 90. Geburtstags von Nobelpreisträger Milton Friedman, dem prominenten Monetaristen, hielt Bernanke eine Rede, in der er Friedman versprach, er werde nie wieder eine Depression wie 1929–1932 zulassen. Und Friedman scherzte, er solle sich im Falle einer Geldklemme einen Hubschrauber mieten, ihn mit Dollarnoten vollpacken und dann über New York die Dollars abwerfen. Seitdem trägt Bernanke den Spitznamen »Helicopter Ben«.

Im Gegensatz zur EZB, die ausschließlich für die Geldwertstabilität verantwortlich ist, hat die US-Fed ein Doppelmandat: Sie muss zusätzlich auch für einen hohen Beschäftigungsgrad und für ein angemessenes Wirtschaftswachstum sorgen. Sie ist daher auch mitverantwortlich für die Konjunkturentwicklung und somit dem politischen Einfluss von Seiten des Finanzministers und des Kongresses ausgesetzt. Sie ist also weniger unabhängig als die EZB, wenn die sich an ihre gesetzlichen Regeln hielte. Wenn also amerikanische Politiker wiederholt die EZB aufforderten, sie möge endlich die große Bazooka (Panzerfaust) herausholen und gegen die Finanzmärkte einsetzen, so verkennen sie, dass die EZB das nicht darf.

Auch die amerikanische Aufforderung, die EZB möge, ähnlich wie die Fed, die Staatsanleihen der Schuldnerstaaten aufkaufen, um dadurch die Kurse zu stützen und die Renditen zu drücken, darf die EZB nicht befolgen: Laut Statuten darf sie Staatsschulden nicht monetarisieren.

Im Übrigen ist festzuhalten, dass die US-Fed nur Schuldtitel aus den USA aufkauft, keineswegs aber beispielsweise Bonds aus Haiti, Jamaika oder Argentinien.

Sie kauft nicht einmal Anleihen von Kalifornien, das nahe der Pleite ist, obwohl dieser US-Staat Mitglied des Bundesstaats USA ist. Wenn die EZB minderwertige Staatsanleihen der maroden südeuropäischen Euro-Mitglieder aufkauft, ist dies ein glatter Gesetzesbruch. Abgesehen davon ist die EU kein Bundesstaat, wie die USA, sondern bestenfalls ein Staatenbund, in dem laut Maastricht-Vertrag jeder Staat für seine Schulden selbst aufkommen muss.

Es ist erstaunlich, dass die deutschen Steuerzahler nicht stärker aufmucken, wenn die Politik und die Notenbank vertragsbrüchig werden. Geradezu grotesk wird es, wenn wir zig Milliarden in die Schuldnerstaaten pumpen und uns dann von den Nehmerländern noch als Geizkragen beschimpfen lassen müssen.

Reparaturbetrieb für die Sünden von Politik und Banken

Die Industriestaaten sind fast alle schwer angeschlagen und bis zum Rand verschuldet. Die Notenbanken müssen daher die Rolle als Reparaturbetrieb übernehmen. Die US-Fed hat beispielsweise den größten Teil der Neuemissionen von US-Staatsanleihen aufgekauft – inzwischen ist die Summe auf sagenhafte 1,7 Billionen Dollar angeschwollen. Überdies hat die Fed auch noch die Zinsen manipuliert, indem sie 30-jährige Anleihen massiv aufkaufte und dafür kurz laufende Anleihen verkaufte. Dadurch konnte sie die langfristigen Zinsen auf ein extrem niedriges Niveau herunterdrücken. Eine Rendite von 1,5 Prozent für 10-jährige Staatsanleihen ist so niedrig, dass sie nicht einmal die Inflationsrate abdeckt. Die Fed verfolgt damit gleich drei Ziele: Sie will Geldanlagen in Festverzinsliche für die Anleger unattraktiv machen und sie zu riskanteren Anlagen animieren, wie etwa Aktien oder Immobilien. Anders ausgedrückt: Es ist die unsanfte Vertreibung aus dem Zinsparadies. Gleichzeitig verbilligt sie damit die Hypothekenzinsen, macht den Hauskauf erschwinglich und hilft dem Immobilienmarkt auf die Beine. Schließlich sind Niedrigzinsen auch starke Anreize für Investitionen der Industrie.

Die EZB hat gegenüber der US-Fed eine schwierigere, ja fast unlösbare Aufgabe. Sie muss eine Geldpolitik auf einem schmalen Grat machen: Für die kranken Schuldnerstaaten kann der Zins nicht tief genug, die Geldschwemme nicht groß genug und der Euro nicht billig genug sein. Für die Nordländer der Eurozone, wie etwa Deutschland, sind Zinsen und Euro dagegen zu niedrig.

Hätten wir noch die D-Mark, wäre ein angemessener Geldmarktzins bei 2 Prozent oder darüber und die D-Mark stünde gegenüber dem Dollar um 10 bis 20 Prozent höher. Das würde zwar unseren Export etwas bremsen, aber gleichzeitig auch die Inflation dämpfen. Wegen des billigen Euro müssen wir alle Importe, an erster Stelle Öl, teurer einkaufen. Wir importieren Inflation und wir spüren es schmerzlich an der Zapfsäule.

Solange die Eurozone noch dieselben Mitglieder an der Südflanke hat, wird die EZB gezwungen sein, eine eher zu laxe Geldpolitik zu betreiben. Die Folge wird sein, dass speziell in Deutschland die Inflation über dem Durchschnitt der Eurozone liegen wird.

Die deutschen Sparer werden folglich gleich doppelt bestraft: Einerseits durch die von der Notenbank manipulierten tiefen Zinsen bei Festgeld oder Festverzinslichen und andererseits durch eine mittelfristig höhere Inflation. Sie zahlen die Zeche für die Fehlleistungen der Politiker und die Missetaten der Investmentbanker. Wie man es dreht und wendet, die Deutschen sind mit dem ihnen wider Willen aufgezwungenen Euro nicht mehr Herr des Verfahrens, sondern Mitglied in einer Inflationsgemeinschaft, wie es die Mehrheit der Mitglieder der Eurozone will und gewohnt ist.

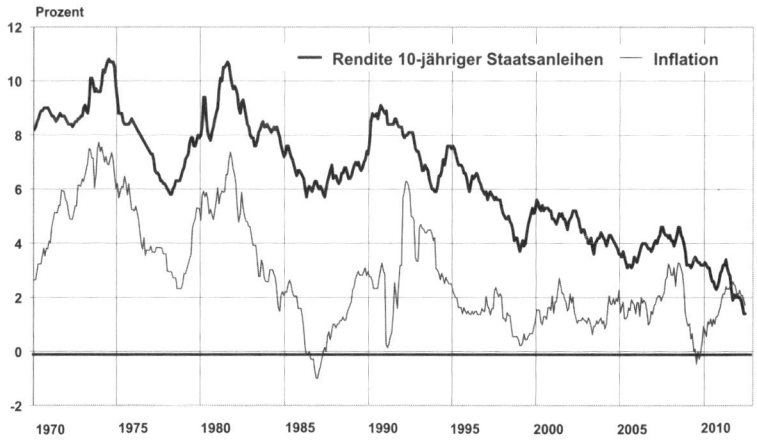

Anleiherendite und Inflation in Deutschland seit 1970

Quelle: Deutsche Bundesbank; Stat. Bundesamt; FIDUKA-Depotverwaltung.

Ludwig Erhard, der erste Wirtschaftsminister der Bundesrepublik Deutschlands, stellte schon damals fest:

»Die Inflation kommt nicht über uns als Fluch oder als tragisches Geschick, sie wird immer durch eine leichtfertige oder sogar verbrecherische Politik hervorgerufen.«

Es gibt keine Wahl: Die deutschen Anleger leben gefährlich, wenn sie ihre Anlagepolitik nicht ändern und vermehrt in Sachwerte investieren – hauptsächlich in Aktien –, die Schutz vor der Inflation bieten.

Wie Sie das mit überschaubarem Risiko und ohne viel Aufwand erreichen können, erfahren Sie in den nächsten Kapiteln.

5. Die Inflation kommt sicher – früher oder später

Wenn ich mir Umfragen von Meinungsforschern und Medien über die Erwartungen der Deutschen anschaue, sehe ich immer wieder ähnliche Ergebnisse: Die Angst vor steigender Inflation steht ganz oben auf der Liste der Ereignisse, die die Bundesbürger am meisten fürchten.

Viele Amerikaner und Europäer zeigen sich genervt von der »Inflationsneurose« der Deutschen, wie sie es nennen. Die lässt sich nur erklären mit der traumatischen Erinnerung an die Hyperinflation, die ihren Höhepunkt am 25. November 1923 erreichte. Damals hatte sich der Wert einer Goldmark auf eine Billion Reichsmark erhöht. Die Schulden des Reichs von ursprünglich 174 Milliarden Mark waren in Preisen von 1914 auf ganze 16,4 Pfennig geschrumpft. Resultat: totaler Verlust für die Anleger und komplette Entschuldung des Deutschen Reichs via Inflation. Auch der Außenwert der Mark hatte dramatisch an Wert verloren. Ein Dollar kostete sagenhafte 4,2 Billionen Mark.

Für den Monat September wurden die Lebenshaltungskosten für eine Person auf fantastische 15 Milliarden beziffert. Zum Bäcker ging man damals mit Rucksäcken voller Geld. Wenn man morgens den Lohn ausbezahlt bekam, ging man sofort zum Einkaufen, denn schon abends war das Geld weniger wert und man musste mehr für die Ware bezahlen.

Bis heute haben die Deutschen fünf verschiedene Währungen erlebt, genauer gesagt, erlitten: Bis 1923 galt die Mark, 1924 kam die Rentenmark. Sie entsprach einer Billion Mark. Im gleichen Jahr kam dann schon die Reichsmark. Nach dem Zweiten Weltkrieg hatte diese ihre Kaufkraft verloren und war praktisch wertlos geworden. Bei der Währungsreform 1948 wurde sie von der Deutschen Mark, im Sprachgebrauch D-Mark, ersetzt. Mit ihr verbinden die Deutschen einen phänomenalen wirtschaftlichen Aufstieg, viele nannten es ein »Wirtschaftswunder«.

Die neu geschaffene Deutsche Bundesbank war als politisch völlig unabhängiges Institut konzipiert (s. Seite 62). Sie war unabhängiger und strenger als alle Notenbanken in Europa und sogar in den USA. Ihre Bewährungsprobe bestand sie in den 1970er- und 1980er-Jahren, als die Inflation außer Rand und Band geriet. Damals hatten Italien, Frankreich und Großbritannien jährliche Inflationsraten von 20–25 Prozent und die USA 15 Prozent. Die Bundesbank schaffte es, dass sie in Deutschland zumindest einstellig blieben. Eine weitere Bewährungsprobe bestand sie nach der Wiedervereinigung nach 1990 mit Bravour.

Aber nach dem Erfolg und der Stabilität, mit der die Deutschen ihre D-Mark verbanden, wurde sie ihnen schon nach 54 Jahren im Jahr 2002 wieder weggenommen. Die Deutschen wurden mit der Gemeinschaftswährung Euro zusammen mit notorischen Inflationssündern, den Mittelmeerländern Italien, Portugal, Spanien und Griechenland, in ein Boot gezwungen. An der Stelle der Bundesbank steht die Europäische Zentralbank (EZB), deren Stabilitätskultur und politische Unabhängigkeit zweifelhaft ist. Kein Wunder, dass die in Sachen Währungen leidgeprüften Deutschen Angst haben.

Man muss sich diesen geschichtlichen Hintergrund vor Augen führen, um ihre Angst vor der Inflation zu verstehen. Die Erfahrungen mit den genannten unsicheren Kantonisten in den letzten Jahren gibt ihnen recht.

Die Inflation kommt. Sie ist ja schon da. Sie hat sich heimlich eingeschlichen. So musste der neue EZB-Präsident, Mario Draghi, schon eingestehen, dass im Jahr 2012 das angestrebte Inflationsziel von 2 Prozent erheblich verfehlt wird. Aber nur vorübergehend. Dieses »vorübergehend« wird sich bald dehnen auf »dauerhaft«.

Die Inflation ist nur scheintot

Ich kann nicht genau sagen, wann das passieren wird, ob schon 2013 oder erst 2014. Die Inflation war nur scheintot. Die Zeit der sogenannten Disinflation, also im Trend rückläufiger und niedriger Teuerungsraten, die Anfang der 1980er-Jahre begonnen hat, ist dann vorbei. Auch die Angst vor Deflation, also effektiv sinkenden Preisen, die vor allem die amerikanische Notenbank seit Jahren umtreibt und die sie zu ihrer Nullzinspolitik und der Flutung der Kapitalmärkte mit Liquidität getrieben hat, wird der Vergangenheit angehören.

Sie war ohnehin nur ein kurzlebiges Phänomen. Auf lange Sicht ist die Inflation so sicher wie das Amen in der Kirche. Denn worauf läuft es hinaus, wenn vor allem der Staat, aber auch das Volk ständig mehr Geld ausgeben, als sie gespart und erwirtschaftet haben, also fortwährend auf Pump leben? In den letzten 40 Jahren gab es nur 2 Jahre, in denen der Staatshaushalt einen Überschuss aufwies. In allen anderen Jahren, selbst in den besten Konjunkturphasen, gab es ein Haushaltsdefizit.

Die Politiker sind es, die sich mit ihrer Spendierfreudigkeit – sei es für soziale Zwecke oder für einflussreiche Interessensgruppen – Wählerstimmen kaufen und so ihre Wiederwahl sichern.

Die Inflation ist daher fester Bestandteil unseres Gesellschaftssystems, ist gewissermaßen der Preis der Demokratie. Weltweit steigende Teuerungsraten, die von steigenden Zinsen begleitet werden, sind ein Megatrend, mit dem wir im neuen Jahrhundert rechnen müssen. Das ist eine große Herausforderung, besonders für die Anleger.

Sechs Triebfedern für die Inflation

Es gibt sechs gewichtige Gründe für die kommende Inflation.

Der erste besonders schwerwiegende Grund ist die Geldflut, die von den Notenbanken der USA, Eurolands, Großbritanniens und Japans zur Bekämpfung der Banken- und Staatsschuldenkrise schon seit mehr als einem halben Jahrzehnt geschaffen haben. Die Liquidität ist heute so hoch, wie es sie in der Welt noch nie gegeben hat. Eine Überfülle von Geld hat schon immer, früher oder später, die Inflation angeheizt. Hinzu kommt, dass die Notenbanken heute frei schalten und walten und aus dem Nichts Geld kreieren, beim Einsammeln der Überliquidität aber keinen guten Ruf haben. Es ist daher zu befürchten, dass sie zu spät und halbherzig auf die steigende Inflation reagieren werden.

Der zweite Grund für steigende Inflationsraten ist die unmittelbar schädliche Nebenwirkung einer Überdosis an Geld. Sie kommt in Form einer Inflation bei den Vermögenswerten – bei den Rohstoffen wie Kupfer, Öl, Weizen, Mais – sobald die Konjunktur etwas stärker anzieht. Sichtbares Zeichen ist der steigende Benzin- und Heizölpreis. Preissteigerungen bei Rohstoffen schlagen sich schnell in höheren Lebenshaltungskosten nieder und sind oft Ausgangspunkt für steigende Inflationsraten. Aufgrund der Knappheit vieler Rohstoffe und des wachsenden Rohstoffhungers in China, Indien und anderen Schwellenländern sind Preiszuwächse in den kommenden Jahren vorprogrammiert.

Inflationstreiber Nummer drei ist die ungeheure Staatsverschuldung nahezu aller Industriestaaten. Wie aber können sich Regierungen dieser kaum tilgbaren Schulden elegant entledigen? Richtig, über Inflation, wie sie es in der Vergangenheit fast immer gemacht haben. Eine Milliarde Euro Schulden von heute schmelzen real, also preisbereinigt, bei einer Inflationsrate von 2 Prozent binnen fünf Jahren auf knapp 906 Millionen Euro. Bei 3 Prozent sind es nur noch gut 862 Millionen Euro und bei 5 Prozent mit 783 Millionen Euro nur noch gut drei Viertel des Ursprungsbetrags. Gerade wir Deutschen sind ja gebrannte Kinder, was Staatsschulden und Inflation angeht. Man sagt uns nach, wir hätten dafür ein kollektives Gedächtnis. Bereits zweimal hat sich unser »Vater Staat« mit Inflation und Währungsreform entschuldet. Besonders schmerzhaft war das 1923 nach der Hyperinflation. Damals verloren die Menschen fast ihr gesamtes verzinslich angelegtes Vermögen. Für Anleger war der Staat ein »Rabenvater«.

Der vierte Grund für die unausweichliche Inflation hängt mit den längerfristig zunehmenden Preissteigerungen in den Schwellenländern in Asien, vornehmlich in China und Indien, oder auch in Osteuropa zusammen. Steigende Löhne und Rohstoffkosten sowie Aufwertungen ihrer Währungen gegenüber Dollar, Euro und Yen werden ihre Exporte verteuern. Die Lohnkosten klettern zum Teil exorbitant – in China seit Jahren in zweistelligen Prozentsätzen. Die Billigeinfuhren aus China, Indien und Osteuropa haben seit den 1990er-Jahren die Teuerung in der industrialisierten Welt gedrückt. Die niedrigen Inflationsraten im Euroraum, womit der frühere EZB-Präsident Trichet sich brüstete, waren nicht ein Verdienst der Europäischen Zentralbank. Sie beruhten stattdessen zu einem wesentlichen Teil auf positiven äußeren Einflüssen. Es war nicht eine verdiente, sondern eine von den Schwellenländern geborgte Preisstabilität.

Ein fünfter Grund für mehr Inflation ist dem Euro geschuldet – in einer sogenannten »nicht optimalen Währungszone«. Sie kommt zustande, wenn Wachstums- und Kostentrends zwischen den Süd- und Nordländern stark divergieren. Wenn Deutschland boomt, dann wäre eine restriktivere Geldpolitik mit höheren Zinsen und einem teureren Euro angesagt. Wenn aber gleichzeitig in den Südländern das Wachstum schwach ist und Krise herrscht, werden die Zinsen niedrig bleiben müssen. Dadurch wird Deutschland eine höhere Inflation erleiden. Das ist der Fluch einer »nicht optimalen Währungszone«. Die Schuldenkrise wird noch lange andauern. So lange wird in den Nordländern tendenziell mehr Inflation herrschen, weil die EZB gezwungen ist, wegen der schwachen Südländer eine zu lockere Geldpolitik zu betreiben. Ich weiß nicht, wie lange die Deutschen sich das Märchen von der Unabhängigkeit der EZB noch aufbinden lassen oder wann es ihnen zu bunt wird und sie auf die Barrikaden gehen.

Ein sechster Grund, um das Maß voll zu machen: Die Gewerkschaften werden bei steigenden Inflationsraten entsprechend höhere Löhne fordern und durchsetzen. Der hohe Tarifabschluss im öffentlichen Dienst von 6,3 Prozent für die zwei Jahre 2012 und 2013 ist ein Vorbote dessen, was noch von den ausstehenden Lohnabschlüssen der Industrie zu erwarten ist.

Kurz zusammengefasst kehrt das Inflationsgespenst zurück über verschiedene Wege:

➤ Die Notenbanken bieten Geld quasi zum Nulltarif an und überschwemmen die Welt mit Geld. Das führt über kurz oder lang zu mehr Inflation.
➤ Die Geldflut schafft eine Inflation bei Rohstoffen und Immobilien, die sich auf die Lebenshaltungskosten auswirkt.

> Die ungeheure Staatsverschuldung der Industriestaaten fördert von Staats wegen eine laxe Haltung in Sachen Inflation zwecks schleichender Entwertung der Schulden.

> Der preisdämpfende Effekt durch die Billigeinfuhren aus den Schwellenländern nimmt ab und damit ihr Beitrag, die Inflation im Zaum zu halten.

> Die Staatsschuldenkrise in der Eurozone versetzt die EZB in eine Zwickmühle: Sie ist gezwungen, zugunsten der Krisenländer in Südeuropa eine lockere Geldpolitik zu betreiben, was bei den starken Nordländern zu mehr Inflation führt. Aus der von deutschen Politikern versprochenen Stabilitätsgemeinschaft wird letztlich eine Inflationsgemeinschaft.

> Wegen der zunehmenden inflationären Erwartungen setzen die Gewerkschaften höhere Löhne durch, die kurzfristig auf die Inflation durchschlagen.

Die Lebenshaltungskosten in den Industriestaaten werden steigen und die Inflation zu einem beherrschenden Thema für die Anleger machen.

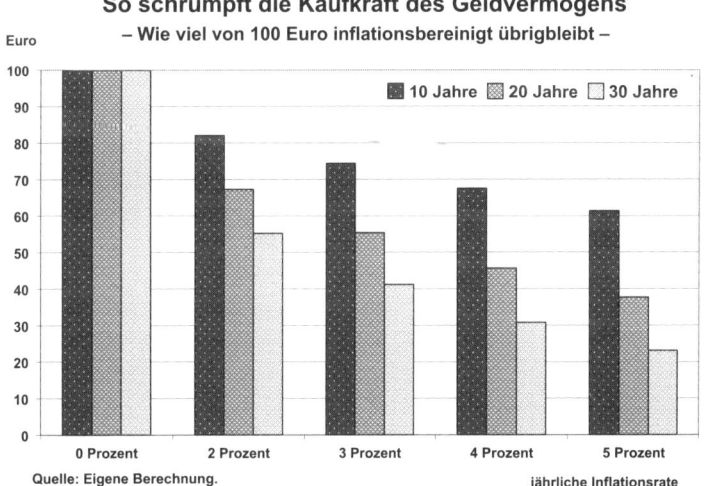

So schrumpft die Kaufkraft des Geldvermögens
– Wie viel von 100 Euro inflationsbereinigt übrigbleibt –

Euro

10 Jahre 20 Jahre 30 Jahre

0 Prozent · 2 Prozent · 3 Prozent · 4 Prozent · 5 Prozent

Quelle: Eigene Berechnung.

jährliche Inflationsrate

Vor einer längeren Phase der Geldentwertung schützen nur, das hat die Vergangenheit gezeigt, Investments in Sachwerte. Geldwerte, insbesondere Zinsprodukte, sind dagegen die natürlichen Verlierer. Warum? Weil bei Anleihe, Sparbuch oder Sparbrief nur der tatsächlich eingezahlte Geldbetrag zurückbezahlt wird, egal wie hoch die Inflation zwischenzeitlich ist. Die Inflation entwertet die Staatsschulden, macht also die Zinszahlungen und die Rückzahlung des Kapitals für den Schuldner, den Staat, billiger. Der Staat ist der Gewinner.

Mein Beispiel mit den Folgen der Inflation für die Staatsschulden wirkt bei uns Anlegern genau spiegelverkehrt. Wir bekommen inflationsbereinigt aus Geldvermögen weniger zurück, als wir angelegt haben. Bereits nach zehn Jahren ist bei einer Inflationsrate von 3 Prozent die Kaufkraft um rund ein Viertel geschrumpft, bei 4 Prozent Teuerung um rund ein Drittel. Bei 30 Jahren gehen bei 4 Prozent Inflation zwei Drittel der Kaufkraft verloren. Hinzu kommt: Auch die jährlichen Zinsen verlieren automatisch an Kaufkraft, weil wir Konsumenten mit 500 Euro Zinseinnahmen morgen nicht so viel kaufen können wie heute. Wir, die Anleger, als Gläubiger, sind die Verlierer.

Mein Freund Kostolany hat das treffend so formuliert: »Inflation ist die Hölle der Gläubiger und das Paradies der Schuldner.«

Wer in Phasen anziehender Inflation Zinsinvestments eingeht, sollte sich deshalb auf kurze Laufzeiten beschränken, um flexibel reagieren zu können, wenn die Zinsen klettern. Als Alternativen bieten sich inflationsindexierte Anleihen an, bei denen die Rendite mit der Inflation steigt, oder Floater, also Anleihen, deren Zinsen in vorher festgelegten Abständen an die aktuelle kurzfristige Zinsentwicklung angepasst werden. Länger laufende Anleihen sind dagegen das reine Gift. Denn sie verlieren zusätzlich zu den Kaufkrafteinbußen noch gewaltig an Wert, sobald die Renditen klettern. Wenn bei einer zehnjährigen Bundesanleihe die Rendite von 2 auf 4 Prozent steigt – was historisch immer noch extrem niedrig ist – sackt der Kurs der Anleihe um rund 15 Prozent ab! Der Coupon (Nominalzins) bleibt dagegen bei mageren 2 Prozent. Daran sehen Sie, wie gefährlich Anleihen in so extremen Tiefzinsphasen sind.

Warum schlagen Sachwerte in Zeiten steigender Inflation Geldwerte? Weil wir damit keine Schulden finanzieren (nichts anderes sind Zinsanlagen), sondern Beteiligungen an realen Gütern wie Unternehmen, Immobilien, Rohstoffen oder Gold. Dem Aktionär, Haus- oder Edelmetallbesitzer gehören mit dem Kauf echte, greifbare Werte. Ein Grundstück mit 1000 Quadratmetern bleibt auch bei 5 Prozent Inflation ein Grundstück mit 1000 Quadratmetern, eine Auto-Fertigungsstraße verliert nichts von ihrem Produktionspotenzial, egal wie hoch die Geldentwertung ist, und ein Goldbarren bleibt ein Goldbarren.

Aktien sind der beste Inflationsschutz

Den besten langfristigen Inflationsschutz bei moderat steigenden Inflationsraten – wie ich sie erwarte – bieten eindeutig Aktien. Meine Erfahrungen bestätigen das ebenso wie Langfriststudien. Hier sind Aktien besonders attraktiv, die eine hohe, gesicherte Dividendenrendite aufweisen. Das schützt doppelt vor inflationärer Geldauszehrung: Der Anleger hat die Chance auf einen Kursgewinn und darauf, dass die Dividende zulegt – in Inflationszeiten eher stärker als sonst. Im Gegensatz zu festen Zinsen bei Anleihen sind die Dividenden bei Aktien gewissermaßen inflationsindexiert. Der Vorteil der Aktie gilt so lange, bis die Notenbanken eine aus dem Ruder laufende Inflation mit massiven Zinssteigerungen bekämpfen. Darunter leiden mit Verzögerung Unternehmen und mit ihnen ihre Aktien. Anders gesagt: Die Inflation ist nicht schlecht für Aktien, nur der Kampf gegen die Inflation mit hohen Zinsen schadet ihnen in doppelter Hinsicht. Bei hohen Zinsen laufen die Geschäfte schlechter, die Unternehmensgewinne gehen zurück und die Anleihen werden attraktiv, sind also eine Konkurrenz zu Aktien.

Renditevergleich DAX mit Bundesanleihe seit 1997

Quelle: Bloomberg; FIDUKA-Depotverwaltung.

79

Ich habe in mehr als 40 Jahren Börsenerfahrung zwei extreme Börsenphasen erlebt: Die Jahre von 1970 bis 1982 waren Jahre extrem hoher Inflation. In den USA stieg die Inflation auf 15 Prozent. Diese hohe Inflation wurde mit drakonischen Geldmarktzinsen von 20 Prozent bekämpft. Als Folge ging die Bewertung der Aktien, ausgedrückt im Kurs-Gewinn-Verhältnis (KGV) von 20 auf 8 zurück. Anders ausgedrückt: Aktien wurden 1970 mit dem 20-Fachen ihres Gewinns bewertet, 1982 jedoch nur noch mit dem 8-Fachen. In den Jahren von 1983 bis 2010 war die Inflationsrate niedrig und die Geldmarktzinsen fielen von 15 Prozent auf nahe null. In dieser Phase gab es eine wilde Börseneuphorie, an deren Höhepunkt im Jahr 1999/2000 Aktien mit dem 30-Fachen ihres Gewinns bewertet wurden.

Im Frühjahr 2012 hat der renommierte Chefanalyst Sam Stovall vom Finanzdienstleister S&P Capital IQ die Kursentwicklung in den USA bis 1953 unter dem Inflations- und Zinsaspekt zurückverfolgt. Im Großen und Ganzen bestätigte er das, was an der Börse als Regel gilt, solange ich mich damit beschäftige: Erst bei Anleihezinsen oberhalb von 6 Prozent – was meistens der Fall ist, wenn die Inflationsrate der 4-Prozent-Marke zustrebt – leiden Aktien. Am besten sind – und das wird manchen wundern – nicht so extrem niedrige Zinsen wie in den letzten Jahren, sondern Renditen zwischen 3 und 4 Prozent. In solchen Phasen hat der US-Aktienindex im Jahresschnitt um gut 20 Prozent zugelegt, bei den jetzigen Zinsen von weniger als 3 Prozent dagegen »nur« um 14 Prozent. Das ist leicht zu erklären: Sind die Zinsen und mit ihnen die Inflation extrem niedrig, deutet das auf eine schwache Konjunktur hin. Steigen sie wieder Richtung Normalmaß, heißt das, dass die Wirtschaft Fahrt aufnimmt, die Unternehmensgewinne steigen und die Krisenängste abnehmen. Dann strömen die Anleger in Aktien.

Mein Fazit

Ich kann jedem Anleger angesichts der Preiserwartungen nur dazu raten, rechtzeitig zu agieren statt zu spät zu reagieren. Geldwerte abbauen und Sachwerte, insbesondere Aktien aufbauen, lautet deshalb das Gebot der nächsten Jahre.

KAPITEL II

DIE LEIDEN DER ANLEGER –
KEINE SICHERHEIT UND VERLÄSSLICHKEIT

»Sparer und Gläubiger werden übers Ohr gehauen – und zwar auf eine Weise, die selbst die ungeheuerlichsten historischen Beispiele in den Schatten stellt.«

Bill Gross, Chef des weltgrößten Rentenfonds Pimco Total Return

Natürlich kann es gar nicht ausbleiben, dass eine Zeitenwende, wie ich sie Ihnen in ihren vielen Facetten geschildert habe, auch gravierende Auswirkungen auf uns private Anleger hat. Ich gehe sogar so weit zu behaupten, dass wir Sparer die größten Leidtragenden sind, die Zahlmeister der Banken- und Eurokrise. Politik und Notenbanken haben die Anleger in den Industriestaaten regelrecht enteignet – nach der Devise, irgendjemand muss die Folgen der Krisen ja zahlen. Die Staatshaushalte können es nicht, weil sie viel zu viele Schulden angehäuft haben, die Banken können es nicht, weil der Aufbau einer breiteren Eigenkapitalbasis als Schutzschild vor weiteren Finanzhurrikanen absoluten Vorrang hat, und die Unternehmen sollen es nicht, weil nur sie als einzig verbliebenes stabiles Element in der Lage sind, die Wirtschaft in Europa und Amerika über Wasser zu halten.

Also bleibt nur der wehrlose Sparer. Die amerikanische Wirtschaftsprofessorin Carmen Reinhart nennt das »Financial Repression«, finanzielle Unterdrückung. Wobei es deutsche Anleger besonders hart trifft. Sie haben seit der Jahrtausendwende schwere Zeiten durchlitten, und ich prophezeie, dass sie noch viele schwierige Jahre vor sich haben – falls sie im alten Trott weitermachen und ihre Spargewohnheiten nicht über Bord werfen. Die Anleger sind gefangen in einem Labyrinth tiefer Verunsicherung. Es ist geprägt von schlechten Erfahrungen, berechtigten und übertriebenen Ängsten, von Untergangspropheten und Panikmachern, und vor allem von einem Anlagenotstand, wie ihn noch niemand seit dem

Ende des Zweiten Weltkriegs je mitgemacht hat. Die Leiden der Anleger sind also vielfältiger Natur.

1. Das Crash-Trauma vertreibt Aktienanleger

Fangen wir mit den schlechten Börsenerfahrungen an. Dreimal hat es in den letzten zwölf Jahren an den Aktienmärkten gekracht – so häufig und so desaströs wie nicht mehr seit 1929. Es fing mit dem Platzen der Internetblase im Frühjahr 2000 an. Gerade, als die Deutschen drauf und dran waren, Aktien und Aktienfonds als wichtige Teile ihrer Geldanlage zu entdecken, folgte die brutale Ernüchterung. Ich hatte in meinen Kolumnen im Anlegermagazin *Börse Online* und in der Tageszeitung *Die Welt* ebenso wie mein Kompagnon und Freund André Kostolany lange vor dem Zusammenbruch immer und immer wieder vor dem Wahnsinn am Neuen Markt gewarnt. Wir beide haben die Anleger vor Scharlatanen und Glücksrittern am Neuen Markt gewarnt und sie – und vor allem auch die Banken – zu verantwortungsvollem Investieren statt zu ungehemmtem Zocken aufgerufen. Kostolany hat sogar seinen Freunden verboten, Aktien vom Neuen Markt zu kaufen.

Als ich Kostolany Mitte Juni 1999 in seiner Wohnung in Paris besuchte, war er schon sehr gebrechlich und saß im Rollstuhl. Damals war die wilde Spekulation am Neuen Markt in vollem Gang. Fast täglich gab es Neuemissionen. Die Anleger rissen sich buchstäblich um die Papiere. Kein Wunder, denn die Nachwuchsbörse erwies sich als Gewinnautomat nach dem Schema: Man werfe oben Geld hinein und ziehe unten prompt den Gewinn heraus. Das war sogar viel besser als Lotto. Goldgräberstimmung machte sich breit. Die schnelle Mark am Neuen Markt wurde Stammtischthema.

Ich hatte in *Börse Online* schon 1998 in einer Kolumne mit dem Titel »Wehe, wehe, wenn ich auf das Ende sehe« gewarnt mit den Worten:

> »Die Goldgräberstimmung … lässt Schlimmes befürchten. Die Gefahr ist groß, dass einige blindgläubige Zocker zu Opfern ihrer Spielwut werden und der Neue Markt das Image eines Spielkasinos bekommt. Denn, sollte es eines Tages zu dramatischen Kurseinbrüchen kommen, wäre dies nicht nur ein Schaden für die betroffenen Unternehmen, sondern auch für die deutsche Aktienkultur und damit für das ganze Land.«

Seitdem war das Spiel noch heftiger geworden. Ich fragte also Kostolany, was er von dem wilden Treiben halte. Er richtete sich auf und sagte mit drohender Stimme:»Es wird ein Blutbad geben.«

Drei Monate später verstarb er. Nur fünf Monate nach seinem Tod traf seine Prophezeiung ein. Die wilde Party war zu Ende. Der Neue Markt verlor bis Ende 2002 über 90 Prozent seines Wertes und wurde wenige Jahre danach zu Grabe getragen. Viele Anleger mussten die bittere Erfahrung machen:»Wie gewonnen, so zerronnen.«

Nach dem Debakel am Neuen Markt erwischte es auch die gesunden Dividendenwerte der Old Economy, obwohl sie damals alles andere als überbewertet waren. Der DAX – zusätzlich gedrückt durch die Terroranschläge in den USA und Panikverkäufe von Banken und Versicherungen – sackte binnen drei Jahren um 73 Prozent ab. Klar, dass auch die vielen soliden Anleger, die sich von überbewerteten Technologie-, Internet-, Telekom- und Medienaktien weitgehend ferngehalten hatten, dadurch unter die Räder gerieten und einen großen Teil ihres Aktienvermögens einbüßten. Allerdings nur auf dem Papier, sofern sie nicht in Panik verkauft hatten.

DAX-Entwicklung der vergangenen 30 Jahre

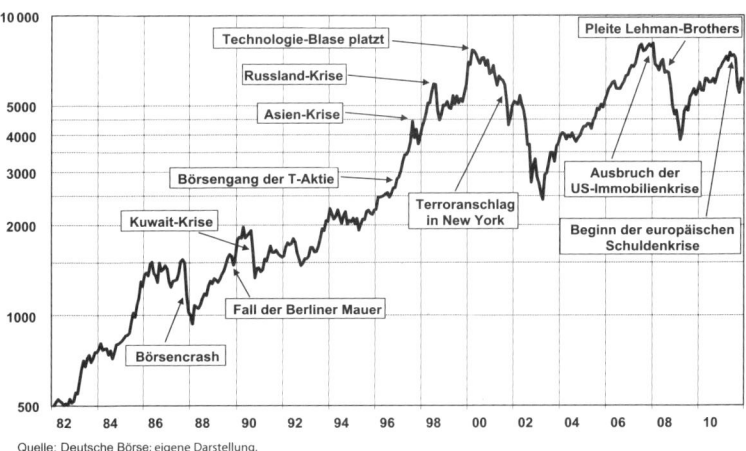

Quelle: Deutsche Börse; eigene Darstellung.

Hohe Kurseinbußen erlitten insbesondere Anleger, die erst in der Übertreibungs-phase auf den Zug aufgesprungen waren. Wer dagegen vor 1998 eingestiegen war, als der DAX unter 5000 Punkten notierte, war gar nicht so übel dran, zumal die Aktienmärkte ab März 2003 vehement nach oben drehten. Bis zum Ausbruch der US-Immobilienkrise gewann der DAX beeindruckende 270 Prozent und übertraf das frühere Hoch von 8136 Punkten.

Zu viele Börsencrashs in zu kurzer Zeit

Just in der Phase, in der viele Anleger das Trauma des Internet-Crashs überwun-den und neuen Mut gefasst hatten, brach 2008 die Immobilien- und Bankenkri-se über die Börsen herein. Die rasante Talfahrt, beschleunigt durch die Pleite der US-Investmentbank Lehman Brothers, dauerte diesmal zwar nur 15 Mona-te, aber die reichten, um den DAX um 55 Prozent abstürzen zu lassen. In den folgenden zwei Jahren kletterte er wieder um 110 Prozent. Erneut kehrten die Anleger zögernd an den Aktienmarkt zurück – aber dann spitzte sich 2011 die Euro-Schuldenkrise so zu, dass der DAX innerhalb knapp eines halben Jahres um fast 35 Prozent in die Tiefe rauschte. Es folgte ein wechselvolles Halbjahr 2012, das die unübersichtliche Anlageszene widerspiegelte. Am Anfang hatten die Börsen starken Auftrieb. Bis Mitte März legte der DAX um 21 Prozent zu, mehr als alle anderen Indizes. Dann ging es wieder talwärts. Ende Juni stand bei den meisten Börsen gerade noch ein mageres Plus zu Buche, die südeuropäischen Börsen waren im Minus.

Betrachten wir einmal das Gute an dieser Crash-Orgie: Die Zeiträume, in denen die Kurse gefallen sind, wurden immer kürzer, und das Ausmaß des Desasters nahm deutlich ab. Das könnte auf eine Normalisierung hindeuten. Ansonsten aber hatten die Jahre seit 2000 schlimme Folgen für das Anlageverhalten: Die Abkehr der Privatanleger von der Aktie dokumentiert das Deutsche Aktieninstitut (DAI) regelmäßig. Danach ist die Zahl der Direktaktionäre seit dem Hoch von 6,2 Milli-onen im Jahr 2000 auf bis zu 3,6 Millionen 2008 und 2009 gefallen, erholte sich aber 2011 leicht auf 3,9 Millionen. In zwölf Jahren wandten sich 2,3 Millionen Deutsche entnervt von der Aktie ab. Nimmt man die Aktienfondsbesitzer dazu, sieht es noch schlimmer aus: 2001 besaßen 7,1 Millionen Deutsche über 14 Jah-ren Aktienfonds, 2011 waren es noch 3,9 Millionen, also 3,2 Millionen weniger.

Insgesamt verfügten lediglich 13,4 Prozent der Gesamtbevölkerung direkt oder indirekt über Aktienbesitz.

Im Vergleich zu anderen Industriestaaten ist das beschämend wenig. Laut DAI liegt der Anteil dort beim bis zu Dreifachen! Das mag auch daran liegen, dass mit der Einführung der Abgeltungssteuer ab 2009 Aktionäre steuerlich wesentlich schlechter gestellt wurden als fast alle anderen Anlageformen. Der Gewinn »ihrer« Unternehmen wird doppelt besteuert, bei der Aktiengesellschaft und dann nochmals beim Anleger. Das ist nicht nur ungerecht, sondern auch dumm. Weil Deutschland Privatanleger als Aktionäre dringend braucht. So aber verscheuchte sie sie ein weiteres Mal. Eine Shell-Studie von 2011 brachte es – in Bezug auf junge Menschen – auf den Punkt: »Wenn etwas out ist neben Drogen, dann sind das Aktien.« Und das Investmentbarometer der Marktforscher von der GfK kommt im Mai 2012 zu dem niederschmetternden Ergebnis, dass in Deutschland nur 8 Prozent der Anleger Aktien beim Vermögensaufbau für attraktiv halten, in den USA, Polen oder Schweden dagegen 25 Prozent und mehr! Übrigens: Immobilien bekommen in Deutschland mit 77 Prozent Zustimmung den höchsten Wert, der Bausparvertrag erhält 41 Prozent und Gold 37 Prozent. Das zeigt, wie frustriert die Bundesbürger in puncto Aktien sind.

Ich habe, dies nur am Rande, vor der Einführung der Abgeltungssteuer bei einer Aktion von *Börse Online* mitgemacht, um den Unsinn zu stoppen. Wir haben die Leser des Magazins zu Protestschreiben an ihre Bundestagsabgeordnete aufgerufen und sind zusammen mit dem Deutschen Aktieninstitut und den Anlegerschützern von DSW und SdK im Finanzministerium in Berlin aufgekreuzt. Dort haben wir Tausende von Protestschreiben von Kleinanlegern übergeben. Leider ohne Erfolg.

Unser wichtigstes Anliegen war, dass die Spekulationsfrist beibehalten werde, was bedeutet, dass der Gewinn beim Verkauf einer Aktie nach einer gewissen Haltefrist – sagen wir zwölf Monate – steuerfrei ist. Die jetzige Regelung sieht vor, dass der Gewinn beim Verkauf einer Aktie immer zu versteuern ist, egal wie lange die Aktie im Bestand war. Das ist eine schreiende Ungerechtigkeit, vor allem gegenüber jungen Menschen, die fürs Alter sparen. Wenn sie Aktien oder Aktienfonds, die nach 20 oder 30 Jahren einen stattlichen Gewinn angehäuft haben, verkaufen, knöpft ihnen der Staat ein Viertel davon ab. Wer das tut, ist nicht ein fürsorglicher »Vater Staat«, sondern ein unverschämter »Rabenvater Staat«!

Die Leiden der Anleger beschränkten sich im Gefolge der Börsen- und Finanzkrisen aber nicht auf Aktien. Bei anderen Anlageformen ging die Leidenszeit vor einigen Jahren richtig los, und zwar bei Anlageformen, bei denen es die meisten Sparer nie und nimmer erwartet hätten: bei Bank- und Versicherungsanlagen, also dort, wo sie das meiste Geld angelegt haben.

2. Das Zins-Trauma führt zur Enteignung der Sparer

Banken und Sparkassen hatten zur Jahrtausendwende mit geliehenem Geld massiv Aktien auch aus dem Internetsektor und anderen Modebranchen gekauft, und erlitten im Crash hohe Verluste. Das ging an ihre Substanz, sodass die Notenbanken weltweit die Leitzinsen kräftig senken mussten, um die Finanzinstitute über Wasser zu halten. Die EZB drückte ihren Leitsatz von 4,25 Prozent auf 2,0 Prozent – und das ließ die Zinsen für Sparer entsprechend einbrechen. Das war erst der Anfang der Niedrigzinsphase, die immer schlimmer wurde und aus der wir so schnell nicht wieder herauskommen werden.

Bereits vor den Finanzkrisen der Jahre 2008/2009 und ab 2011 wurden also von Politik und Notenbanken Entwicklungen eingeleitet, die nach und nach zur Enteignung der Sparer geführt haben, der wir uns heute weltweit gegenübersehen. Jede der beiden Krisen verstärkte den Trend. In der Immobilien- und Bankenkrise setzte US-Notenbankchef Ben Bernanke den Leitzins auf 0,0–0,25 Prozent und die EZB auf 1,0 Prozent. Und als es Anfang 2011 so aussah, als gehe die Nullzinspolitik zu Ende, schlug die Staatsschuldenkrise ins Kontor und führte schnurstracks zur Eurokrise, die ich unter Punkt 4 dieses Kapitels ausführlich behandle. Das verlängerte die Zeit des kostenlosen Geldes von den Notenbanken nochmals. Bernanke hat versprochen, die Nullzinspolitik mindestens bis 2014 durchzuhalten, und die EZB, die im Juli den Leitzins auf 0,75 Prozent senkte, kann angesichts der schwachen Konjunktur der südlichen Schuldnerstaaten und der anhaltenden Probleme griechischer, spanischer, italienischer und französischer Banken gar nicht anders, als diesem Beispiel zu folgen.

Für die Anleger bedeutet das: Anleger erhalten auch in den nächsten Jahren beschämend wenig für alle Zinsanlagen, so wenig, dass sie damit erhebliche reale Vermögensverluste erleiden. Bei einer Inflationsrate um die 2,5 bedeuten die im Durchschnitt von der Bundesbank für Juni 2012 errechneten Zinsen:

> 0,8 Prozent für täglich fällige Einlagen (worunter Tagesgeld fällt),
> 1,2 Prozent für Festgeld mit bis zu einem Jahr Laufzeit und
> 1,2 Prozent für Spareinlagen mit bis zu drei Monaten Kündigungsfrist, also das Sparbuch.

Das ist eine beängstigende Sparer-Enteignung. Ich habe mir die Mühe gemacht und aus den offiziellen Bundesbank-Daten den Durchschnittszins auf alle Bankeinlagen der Privatanleger berechnet. Das Ergebnis ist niederschmetternd: Es sind mickrige 1,2 Prozent. Mit anderen Worten: Aus den knapp 1,9 Billionen Euro bei den Geldinstituten erlösen die Sparer pro Jahr nur 22,5 Milliarden Euro. Gleichzeitig nehmen diese 1,9 Billionen bei 2,5 Prozent Geldentwertung pro Jahr preisbereinigt um 47,5 Milliarden ab. Real schmilzt also das Vermögen um sage und schreibe 25 Milliarden Euro (47,5 – 22,5) pro Jahr! Das ist der Betrag, um den die Sparer mindestens enteignet werden. Wer von diesen Mickerzinsen noch Abgeltungssteuer von 25 Prozent plus Soli-Zuschlag abführen muss, behält nicht einmal 0,9 Prozent Durchschnittsrendite. Für den ist der Enteignungseffekt schon fast kriminell.

Bei Anleihen ist das Bild nicht anders. Wer sein Erspartes in fünfjährigen Bundesanleihen anlegte, bekam im Juli 2012 nur 0,3 Prozent Rendite, bei zehn Jahren Laufzeit 1,3 Prozent pro Jahr. Für andere Festverzinsliche gibt es zwar etwas mehr – aber zum Preis eines erhöhten Risikos. Auch bei Rentenwerten erfolgt also eine reale Enteignung der Sparer. Damit aber nicht genug: Die Enteignung über die Minizinsen trifft auch die Versicherungssparer immer härter.

3. Das Versicherungs-Trauma gefährdet die Altersvorsorge

Die Lebensversicherer, die lange Zeit übervorsichtig beim Aktienkauf waren, hatte in der Euphorie-Phase der Börsen ab 1998 der Wahnsinn gepackt und sie kauften wie die Wilden. Die Aktienquote (der Anteil von Aktien am gesamten Anlagebestand) der deutschen Versicherer erreichte im Jahr 2000, kurz vor dem Platzen der Spekulationsblase, 26,4 Prozent. In den folgenden zwei Jahren sackte sie auf 9,4 Prozent ab, durch Kursverluste und massive Verkäufe. Die Lebensversicherer warfen innerhalb von drei Jahren Aktien für über 100 Milliarden Euro auf den Markt, zum Teil gezwungenermaßen, weil die Versicherungsaufsicht eine höhere Eigenkapitalunterlegung forderte.

Dass das die Kurse in einem hochnervösen Markt zum Absturz bringen musste, ist klar, und in der Tat ist in keinem anderen Industrieland der Crash nach der Internetblase so dramatisch ausgefallen wie in Deutschland. Das ist vor allem den Panikverkäufen der Versicherer und den übertriebenen Stresstests der Börsenaufsicht zuzuschreiben. Die Verluste tragen überwiegend die Versicherungskunden.

Zu allem Unglück hatte die Assekuranz traditionell riesige Bestände an Bankaktien (weil eine Zeit lang Allfinanz modern war, also die Verbindung von Bank- und Versicherungsgeschäft). Da Bankaktien besonders stark fielen, potenzierte das ihre Verluste so existenzgefährdend, dass der damalige Bundesfinanzminister Hans Eichel Ende 2001 in aller Eile die Bilanzierungsregeln für die Versicherer ändern musste, um die Branche vor dem Kollaps und die Kunden der Lebensversicherungen vor existenziellen Verlusten zu bewahren. Seither sind die Gesellschaften nicht mehr dazu verpflichtet, Verluste nach dem Vorsichtsprinzip zum nächsten Bilanzstichtag abzuschreiben, sofern die Wertminderung »vorübergehender Natur« ist. Vorübergehend ist natürlich so schwammig, dass die Bilanzierungsfreiheiten stark gewachsen sind. 2009 wurden die Regeln übrigens nochmals aufgeweicht.

Eichels Schnellhilfe konnte nicht verhindern, dass die Überschüsse, die Lebensversicherer ihren Kunden gutschreiben, in den Folgejahren tiefer und tiefer gesunken sind, ebenso wie die Aktienquoten und der Mindestzins. 1,75 Prozent Mindestverzinsung seit 2012, und das oft bei 30 und mehr Jahren Laufzeit, sind ja an sich schon ein Witz. Aber da dieser Magerzins nur auf den Sparanteil von höchstens 80 Prozent der Einzahlungen bezahlt wird, also abzüglich der fürstlichen Abschluss- und Verwaltungskosten sowie des Risikoschutzes, bleiben gerade einmal 1,4 Prozent sicher übrig. Und das bei 2,5 Prozent Inflation. Natürlich gibt es zum Garantiezins – der im Übrigen, was kaum jemand weiß, im Notfall sogar nach einer Genehmigung durch die Aufsichtsbehörde verringert werden kann – noch eine Überschussbeteiligung, die vom Anlagegeschick der Versicherer abhängt, jedoch nicht garantiert ist. Ob da in den nächsten Jahren viel rauskommt? Ich würde jedenfalls mein Erspartes nicht darauf verwetten. Aber genau das tun Sparer, die jetzt noch eine Lebensversicherung abschließen.

Ein langer Niedergang ist noch nicht zu Ende

Denn die Gesamtverzinsung (die natürlich ebenfalls nur auf den Sparanteil gezahlt wird), also Mindestverzinsung plus Überschussbeteiligung, ist seit der Jahrtausendwende kontinuierlich gefallen. In der zweiten Hälfte der 1990er-Jahre lag sie noch stetig über 7 Prozent, rutschte dann nach dem Internet-Crash schlagartig auf Werte leicht über 4 Prozent ab und sackte 2012 mit 3,85 Prozent erstmals in der Geschichte unter die magische Renditemarke für Versicherer. Warum magisch? Weil sie denjenigen Kunden, die zwischen Juli 1994 und Juli 2000 ihre Verträge abschlossen, noch 4,0 Prozent garantiert hatten. Diese Mindestverzinsung muss aus den Kapitalerträgen zuerst bedient werden, sodass erstmals nicht mehr alle Kunden die gleiche Gesamtverzinsung erhalten. Wer später kam, muss auch noch etwas an die frühen LV-Kunden abtreten!

Ich bin mir sicher, dass die Gesamtverzinsung weiter zurückgehen wird. Und zwar deutlich. Das liegt vor allem an der Übergewichtung von Zinspapieren in den Versicherungsdepots. Sie machten Ende 2011 im Schnitt 89,3 Prozent aus – und da sagt mir der gesunde Menschenverstand, dass man bei laufenden Zinsen und Renditen für sichere Rentenwerte von bestenfalls gut 2 Prozent auf Dauer keine 3,x Prozent erwirtschaften kann. Da müssen schon besser rentierliche Anlagen her. Übrigens: Die Aktienquote ist auf lächerliche 2,9 Prozent zusammengeschmolzen. Dazu später mehr.

Selbst 3,85 Prozent Verzinsung bedeuten ja nicht, dass so viel beim Kunden ankommt. Da bestenfalls 80 Prozent der Beiträge für die Kapitalanlage zur Verfügung stehen, reduziert sich dieser Wert auf rund 3 Prozent. Wer seinen Vertrag nach 2004 abgeschlossen hat, ihn mindestens 12 Jahre behält und nicht vor dem 60. Lebensjahr (bei Verträgen ab 2012 ist es das 62. Lebensjahr) ausbezahlt bekommt, muss die Hälfte der Erträge zudem noch versteuern. Nur Altverträge vor 2005 sind steuerbefreit.

Diese Steuervorteile aber waren und sind es, die Anleger millionenfach in Lebensversicherungen getrieben haben. Der Staat hat hier ein Anreizsystem für ein teures und undurchsichtiges Produkt geschaffen, er hat die Sparer regelrecht hineingetrieben – und jetzt wird immer deutlicher, dass die Anleger trotz der Steuervorteile kräftig draufzahlen. Zumindest real. Mit der Krise des Modells Lebensversicherung aber gerät die gesamte Altersvorsorge in Gefahr. Man kann es drehen und wenden, wie man will: In der heutigen Form ist die Lebensversicherung deutscher Bauart eine Fehlkonstruktion. Sie werden sich sicher fragen, wie ich die Lebensversicherung, der nahezu jeder Haushalt einen erheblichen Teil seiner Ersparnisse anvertraut, die von der Politik stets gefördert worden ist und die rund 94 Millionen Verträge umfasst, so scharf kritisieren kann. Ich werde es Ihnen erklären.

Die Konstruktionsfehler der Lebensversicherung

Mit der privaten Altersvorsorge sollen, darüber sind sich alle einig, die Bundesbürger so früh wie möglich beginnen, um die Segnungen des Zinseszinseffekts zu ernten. Entsprechend werden Lebensversicherungspolicen oft im Alter von 20 + x Jahren abgeschlossen und laufen bis zur geplanten Rente – also bis zu 40 Jahre. Die Versicherungen haben also viel Zeit, um das Geld ihrer Kunden zu mehren. Die Lebensversicherung ist die langfristigste Anlageform überhaupt. Die damit verbundenen Chancen aber nutzt sie einfach nicht. Zum Teil liegt das am Management der Assekuranz, zum Teil auch an gesetzlichen und regulatorischen Vorgaben, die zu einem Anlagestil zwingt, der den Kunden schadet. Und das sind ihre größten Konstruktionsfehler:

Fehler 1: Bei einem extrem langen Anlagehorizont sind Versicherer geradezu prädestiniert, diejenigen Investments auszuwählen, die langfristig die beste Entwicklung aufweisen. Denn sie können kurzfristige Schwankungen problemlos wegstecken. Man muss ja nicht verkaufen, man kann Krisen aussitzen. Dafür sind Sachwerte ideal, und hier vor allem Aktien, wie nahezu alle Langfriststudien belegen. Aber was tun Versicherungsmanager? Obwohl sie bis zu 35 Prozent der Kapitalanlagen in Aktien halten dürfen, belief sich die Aktienquote Ende 2011 nach Berechnungen des Branchenverbands GDV mit 2,9 Prozent auf weniger als ein Zehntel des zulässigen Quantums. Sie erinnern sich – 2000 waren es noch 26,4 Prozent. Hätten die Versicherer das gemacht, was ich Ihnen, liebe Leserinnen und Leser in diesem Buch ans Herz lege, nämlich Aktien nicht als Tradinginstrument, sondern als Langfristanlage zu betrachten, hätte die Assekuranz nicht massiv am Hoch im Jahr 2000 gekauft und am Tief 2002/2003 verkauft – und Wahnsinnsverluste erlitten. Bereits 2007/2008 hatten die meisten Börsen, auch der DAX, ja bereits wieder ihren Spitzenstand erreicht. Dieses Gezocke hat die Versicherungskunden zig Milliarden gekostet.

Versicherer agieren angesichts der langen Zeit, die sie zur Verfügung haben, viel zu kurzsichtig, anstatt Panikattacken auszusitzen und zu Käufen zu nutzen. Der Hauptbestandteil ihrer Vermögensanlagen besteht aus Rentenwerten mit mittleren Laufzeiten. Dazu brauche ich keinen teuren Vertrag mit schier unendlicher Laufzeit. Das kann ich bei jeder Sparkasse oder Volksbank selbst machen. Man handle wie »Lieschen Müller«, sagt man etwas abschätzig über die, die sich an der Börse wie Amateure verhalten. Doch in Deutschland steht Lieschen Müller nicht am heimischen Herd, sondern sitzt in den Vorstandsetagen – so scheint es.

Fehler 2: Jeder Azubi in einer Bank und erst recht jeder Geldmanager lernt es am ersten Tag: Streuung ist die wichtigste Regel in der Kapitalanlage. Das verringert die Risiken und schafft Chancen. Die Assekuranz aber kennt anscheinend das Anleger-Einmaleins nicht. Wenn 89,3 Prozent aller Gelder in einer einzigen Anlageklasse stecken, nämlich in Rentenwerten, und das bei den tiefsten Zinsen, zeugt das von bodenloser Dummheit und Fahrlässigkeit. Außer Rentenwerten und mickrigen 2,9 Prozent Aktien besitzen die Versicherer noch 2,4 Prozent Beteiligungen, 3,7 Prozent Immobilien und 1,7 Prozent »Sonstiges«. Damit lässt sich die Zeitenwende in der Geldanlage sicher nicht bewerkstelligen. Vor allem nicht, wenn am Rentenmarkt wieder normale Verhältnisse eintreten. Dann verlieren die Anleihen im Versicherungsbestand schnell und stark an Wert, und damit das gesamte Kundenvermögen. Dieses Risiko kennen die meisten nicht – und die Versicherungsvertreter sagen es ihnen sicher nicht.

Fehler 3: Fast 90 Prozent in Zinsanlagen zu stecken ist auch unter dem Aspekt der Geldentwertung grundverkehrt. 0,3 Prozent für fünfjährige Staatsanleihen bedeuten bei 2,5 Prozent Inflation und steigender Teuerungstendenz eine extreme reale Geldvernichtung. Zum Glück setzen Versicherer inzwischen wenigsten vermehrt auf sichere Pfandbriefe, die bei fünf Jahren Laufzeit mit 1,4 Prozent einen Prozentpunkt mehr bringen. Aber eben immer noch viel zu wenig, um die Inflation auszugleichen. In den nächsten Jahren wird es sich rächen, dass Versicherer bei Sachwerten heillos unterinvestiert sind. Ein so langfristig angelegter Sparvertrag wie eine Lebensversicherung muss die Kunden vor Inflation schützen. Sonst ergibt es keinen Sinn.

Fehler 4: Während der Gesetzgeber bei Finanzdienstleistern überall auf Transparenz pocht, hält er sich gegenüber Versicherern damit zurück. Kein Kunde weiß, welcher Anteil seiner Beiträge wirklich für die Geldanlage zur Verfügung steht und welcher Teil für Vertreter- und Verwaltungskosten abgezweigt wird. Noch schlimmer: Auch um ihre Geldanlagen machen die Versicherer ein Riesengeheimnis. Kein Außenstehender weiß, in welchen Festverzinslichen, Aktien, Immobilien oder Fonds die Assekuranzmanager das Geld genau angelegt haben. Sie geben nur Auskunft über die Aufteilung nach Anlageformen. Deshalb weiß heute niemand genau, wie viel »seine« Versicherung mit Griechenland-Anleihen und sonstigen Südeuropa-Bonds oder durch überstürzte Aktienverkäufe verloren hat. Ich würde nie ein Investment tätigen, und dazu noch ein so langfristiges und für meine Altersvorsorge so entscheidendes, ohne zu wissen, wie meine Ersparnisse angelegt werden.

Fehler 5: Es ist in meinen Augen überhaupt ein Unding, einen Sparvertrag wie die Lebensversicherung über 30 oder 40 Jahre abzuschließen, ohne dass ihn die Verbraucher mit wenig Kosten kündigen können. Egal was passiert, ob die Versicherung besonders schlecht wirtschaftet, ob ich wegen einer Notlage oder wegen veränderter Familienverhältnisse das Geld früher benötige als vorgesehen oder ob sich das Geschäftsmodell seit Vertragsabschluss gravierend geändert hat – als Versicherungskunde komme ich nur durch eine sündteure vorzeitige Kündigung aus dem Vertrag heraus. Und eine Kündigung ist leider die Regel und nicht die Ausnahme. Nach den Angaben der Verbraucherzentralen führen mehr als 75 Prozent der Kunden ihre auf 30 Jahre abgeschlossenen Verträge nicht zu Ende, bei 20-jähriger Laufzeit sind es immer noch 55 Prozent. Es darf nicht sein, dass das Anlageinstrument, das mit Abstand am häufigsten der Altersvorsorge dient, eine Einbahnstraße ist. Und zwar eine extrem kostspielige.

Der Bamberger Wirtschaftsprofessor Andreas Oehler hat gemeinsam mit der Verbraucherzentrale Hamburg in einer Studie festgestellt, dass von 2001 bis 2010 die Kunden zwischen 100 und 160 Milliarden Euro durch vorzeitige Kündigung ihrer Lebensversicherungen verloren haben – im Vergleich zu sicheren Investments. Insbesondere in den ersten Jahren nach Vertragsabschluss gehen die Beitragszahlungen vorwiegend für die Provision des Versicherungsvertreters und Verwaltungskosten drauf, sodass bei einer Kündigung der Rückkaufswert gering ausfällt. Ich plädiere dafür, dass der Gesetzgeber die Vorschriften so verändert, dass Sparer leichter aus den Verträgen aussteigen können, ohne finanziellen Schiffbruch zu erleiden. Die meisten Ehen halten keine 30 Jahre – und ein Vertrag zwischen Sparer und Versicherung soll so lange Bestand haben?

Fehler 6: Die Regulierung der Lebensversicherung hat mit den internationalen Regelwerken Solvency I und voraussichtlich ab 2013 Solvency II ein Maß erreicht, mit dem der Zweck dieser Sparform zunehmend ad absurdum geführt wird. Während die Versicherer Zinsanlagen selbst auf jetzigem Niveau, das inflationsbereinigt Verluste garantiert, nur mit geringem Eigenkapital unterlegen müssen und Staatsanleihen sogar überhaupt nicht, fallen auf Sachwerte enorme Eigenkapitalkosten an. Das gilt vor allem für Aktien, aber auch für Immobilien. Da Eigenkapital teuer und knapp ist, wählen die Versicherer den Weg des geringsten Widerstands und häufen Milliarden über Milliarden an Zinspapieren an. Das widerspricht, wie ich vorhin beschrieben habe, den Grundregeln der Anlagestreuung und des Inflationsschutzes. Die Regierungen sollten deshalb vor der Einführung von Solvency II ihren Verstand einschalten und die einseitige Bevorzugung von Zinsanlagen überprüfen. Es schädigt die Verbraucher ungemein, die Manager eines langfristigen Sparvertrags wie der Lebensversicherung zu einem widersinnigen Anlageverhalten zu zwingen.

Der Hintergedanke bei der Bevorzugung von Staatsanleihen ist, dass der Staat es Banken und Versicherungen schmackhaft machen will, ihnen ihre Neuemissionen von Staatsanleihen abzunehmen. Das geschieht wiederum zum Nachteil der Versicherten und der Aktienanlage. Auch hier spielt Rabenvater Staat ein unfaires Spiel zulasten seiner Bürger.

Der »normale« Versicherungskunde bekommt zwar von all diesen Konstruktions- und Bedienungsfehlern wenig mit, weil sie in den Medien kaum dargestellt werden. Aber weil er in seinen jährlichen Mitteilungen seiner Versicherungsgesellschaft erfährt, dass seine Ansprüche von Jahr zu Jahr weiter zurückgeschraubt werden, wird er allmählich unruhig. Ja er leidet, weil ihm nach und nach bewusst wird, dass seine auf die Lebensversicherung aufgebaute private Altersvorsorge bei Weitem nicht die finanzielle Sicherheit bringt, die ihm bei Vertragsabschluss vorgerechnet worden ist. Übrigens: Sogar die Versicherungsexperten, die es am besten wissen müssen, zweifeln am alten Modell: Die Deutsche Aktuar-Vereinigung DAV, der die führenden Versicherungsmathematiker angehören, schlagen vor, den klassischen Garantiezins ganz abzuschaffen und durch ein flexibleres Instrument zu ersetzen. Ich kann das nur unterstützen.

Fazit: Die Anlagepolitik ändern

Der Anlagenotstand nimmt schlimme Züge an, weil mit Bank- und Versicherungsprodukten sowie mit Anleihen nicht einmal ein Inflationsausgleich mehr wahrscheinlich ist. Zudem schlummern in einem Teil dieser Produkte ungeahnte Gefahren. Deshalb ist es Zeit für eine Zeitenwende in der Geldanlage, nämlich für eine Änderung der Anlagepolitik. Nur sie kann die Leiden der Anleger mildern und ihnen zu einer produktiveren und erfolgreicheren Vermögensbildung verhelfen.

Um die dringend nötige Umorientierung in der Geldanlage bewerkstelligen zu können, sollten Anleger aber zuerst die Vor- und Nachteile aller wichtigen Sparformen kennenlernen. Nur dann sind sie in der Lage, eigenständig zu entscheiden. Genaueres hierzu erfahren Sie im 3. Kapitel

4. Der Euro – vom Traum zum Albtraum

»Wenn ich Deutsche wäre, würde ich die Bundesbank und die D-Mark auf alle Fälle behalten.« Das sagte Margaret Thatcher, ehemalige Premierministerin Großbritanniens. Ausgerechnet sie gab den deutschen Politikern diesen wertvollen Rat, den sie besser befolgt hätten. Ansonsten war die »Eiserne Lady« uns Deutschen nicht besonders gewogen. Das lässt sich an diesen wenig schmeichelhaften Kommentaren ablesen:

> »Deutschland wird sehr beherrschend in Europa sein. Darum liegt es bei uns anderen, nicht zu dulden, dass es dominiert.« Und weiter: »Es ist doch klar: Ihr Deutschen wollt nicht Deutschland in Europa verankern. Ihr wollt den Rest Europas in Deutschland verankern.«

Wäre da nicht der US-Präsident George H. Bush senior gewesen, hätten Margaret Thatcher und der damalige französische Präsident François Mitterand die deutsche Wiedervereinigung am liebsten verhindert. Mitterand fuhr sogar in die Sowjetunion zu Michael Gorbatschow und in die DDR zu Erich Honecker, um die Wiedervereinigung zu hintertreiben.

Während Thatcher einlenkte mit den Worten: »Wir müssen uns an die Vorstellung gewöhnen, dass es in Europa künftig ein Land geben wird, das stärker ist als alle andere«, verlangte Mitterand einen Preis: Die Abschaffung der D-Mark und die Entmachtung der Bundesbank. An deren Stelle sollte eine Gemeinschaftswährung und eine europäische Zentralbank gesetzt werden.

Der Euro – eine Kreation der Machtpolitiker

Beim EG-Gipfeltreffen vom 9. bis 11. Dezember 1991 lag Bundeskanzler Helmut Kohl sehr daran, durch eine starke Einbindung und Verankerung Deutschlands in Europa alte Ängste der Nachbarländer zu dämpfen. Er drängte also auf eine Beschleunigung der Vorhaben, die schließlich zu einer Etablierung der »Europäischen Union« führen sollten. Am Ende des Verhandlungsmarathons sprach er von einem »Durchbruch« zur Union – der Weg dahin sei jetzt »unumkehrbar« und »die Macht des Faktischen« könne sich nun entfalten.

Er hatte wohl in letzter Minute einem Zeitplan zugestimmt, den der französische Präsident Mitterand und der italienische Ministerpräsident Giulio Andreotti zu nächtlicher Stunde ausgeheckt hatten, nämlich der Bildung einer »Europäischen Wirtschafts- und Währungsunion« (EWWU). Sie sollte spätestens im Jahr 1999 ihre Arbeit aufnehmen. Auf Kohls Hauptanliegen, verbindliche, vertragliche Regelungen zu einer politischen Union, gingen sie gar nicht ein.

Die beiden raffinierten Romanen hatten den biederen Germanen über den Tisch gezogen. Mitterand hatte seinen Preis bekommen: die Abschaffung der D-Mark. Genau das schrieb am 12. Dezember 1991 die englische *Financial Times* über das Treffen in Maastricht: »Bonn liefert die D-Mark aus.« Der Euro war also von Anfang an eine Fehlkonstruktion, wie wenn man beim Hausbau das Dach vor dem Fundament errichten würde.

In einem Leitartikel von Franz Thoma in der *Süddeutschen Zeitung* vom 14. Dezember 1991 mit der Überschrift »Die D-Mark in der Falle« hieß es: »Ist die Entwicklung zur Währungsunion wirklich unumkehrbar, wie der Bundeskanzler so seltsam eifrig betont, so kann sich der Bürger nicht mehr lange bei einer vergleichsweise sicheren Mark geborgen fühlen.« Gut 20 Jahre danach hören sich diese Worte geradezu prophetisch an.

Wieder einmal ein entscheidendes Gipfeltreffen – diesmal in Brüssel – am 28. Juni 2012, wieder einmal spät in der Nacht schicksalhafte Beschlüsse und wieder einmal dieselben Hauptakteure: Deutschland, Frankreich, Italien, nur dass deren Wortführer andere Namen tragen: Bundeskanzlerin Angela Merkel, Präsident François Hollande und Ministerpräsident Mario Monti. Und wieder einmal versuchen zwei raffinierte Romanen die bemühte Germanin über den Tisch zu ziehen.

Frankreichs Ziel – die Wirtschaftskraft Deutschlands bändigen

Der dauerhafte Rettungsfonds ESM soll Milliardenbeträge direkt an Not leidende – hauptsächlich südeuropäische – Banken vergeben, nicht wie bisher vorgesehen an Staaten, die anschließend auch dafür haften. Der Eintritt in eine Bankenunion: Deutsche Steuerzahler haften nun auch noch für die Schulden ausländischer Banken! Jetzt fehlt nur noch die Einführung von Eurobonds, die der neue französische Präsident Hollande so lauthals fordert.

Dann wäre Frankreich am Ziel seines jahrzehntelangen Strebens: dass die »Grande Nation« wieder groß wirkt, nicht durch mehr eigene Anstrengung, sondern durch die Schwächung des wirtschaftlich dominanten deutschen Nachbarn. Es hat sich nämlich seit De Gaulle an der französischen Außenpolitik nichts geändert: Der sprach nie von einem Bundesstaat Europa, sondern von einem »Europa der Vaterländer«, einem lockeren Staatenverbund, natürlich unter französischer Führung. Kurz: Frankreich will »Grandeur« in erster Linie für sich selbst, nicht für Europa. Es will seine volle nationale Souveränität behalten, aber alle Vorteile aus einer Staatengemeinschaft genießen, mit Deutschland als Hauptzahlmeister.

Frankreich sorgte schon bei der Auswahl der Beitrittskandidaten dafür, dass die Machtverhältnisse zu seinen Gunsten geregelt waren, indem es sich dafür einsetzte, dass gleich gesinnte Bundesgenossen mit im Boot waren. Es gab Einwände gegen die Aufnahme der südeuropäischen Staaten, weil sie nicht alle Kriterien erfüllten. Eine davon war, dass die Schuldenquote bezogen auf das

Bruttoinlandsprodukt 60 Prozent nicht übersteigen durfte. Aber die Schuldenquote Italiens war mit 120 Prozent doppelt so hoch und daher war die Deutsche Bundesbank gegen seine Aufnahme. Doch der französische Präsident Jacques Chirac bestand darauf und drohte sogar damit, dass auch Frankreich nicht beitrete, falls man Italien ausschließe.

Und wieder gab Bundeskanzler Kohl nach, denn auch er wollte den Euro dringend haben, jedoch aus ganz anderen Gründen als Chirac: Kohl wollte den Euro als Bindemittel, der die europäischen Staaten näher zusammenführen sollte, hin zu einer politischen Union. Es waren ganz grundverschiedene Ziele: Kohl wollte ein mächtiges, vereintes Europa schaffen, Chirac wollte das starke Deutschland bändigen.

Die Deutschen waren mehrheitlich gegen den Euro. Um den Widerstand der Deutschen zu brechen und ihre Bedenken zu zerstreuen, wurde ihnen versichert, dass

1. kein Land für die Schulden anderer Länder hafte (No-bail-out-Klausel),
2. die Europäische Zentralbank (EZB) so unabhängig sei, wie die Deutsche Bundesbank, und
3. das Budgetdefizit 3 Prozent der Wirtschaftsleistung nicht übersteigen dürfte (eine Art Schuldenbremse).

Der FDP-Bundestagsabgeordnete Frank Schäffler sagt, Anfang 2010 hätten sich die EU-Regierungschefs zur Rettung Griechenlands »zum kollektiven Rechtsbruch verabredet«. Er sieht die Europa-Politik von Angela Merkel als Weg in die Katastrophe.

Den krassen Unterschied zwischen der Lebensart in Deutschland und Frankreich hat mein verstorbener Partner André Kostolany so beschrieben: »Die Deutschen leben, um zu arbeiten, die Franzosen arbeiten, um zu leben.«

Nicolas Sarkozy verlor die Präsidentschaftswahl, weil er Frankreich etwas deutscher machen und überfällige Reformen anstoßen wollte. François Hollande gewann die Wahl, weil er den Franzosen weismachen konnte, alles könne so bleiben, wie es ist.

Gemessen an der Wettbewerbsfähigkeit steht jedoch kein großes Land Europas auf so wackeligen Beinen wie Frankreich: Der öffentliche Dienst ist aufgebläht, der Arbeitsmarkt verkrustet, der Kündigungsschutz rigide, die 35-Stunden-Woche und die Rente mit 60 unter globalen Bedingungen absurd. Der Export schrumpft laufend. Es zeigt sich, dass alle südeuropäischen Staaten und Frankreich nicht wettbewerbsfähig sind. Sie haben, seit sie den Euro haben, nicht viel getan, um ihre Wettbewerbsfähigkeit zu verbessern. Vor dem Beitritt zur Währungsunion mussten die südeuropäischen Staaten für zehnjährige Staatsanleihen 12 bis 15 Prozent bezahlen, während Deutschland zur selben Zeit nur 5 Prozent zahlen musste. Nach dem Beitritt bekamen sie die gute Bonität Deutschlands geschenkt und mussten nur so geringe Zinsen zahlen wie Deutschland. Ihre Zinslast hatte sich ohne jegliche Anstrengung über Nacht gedrittelt. Das war ein Geschenk des Himmels. Sie hatten aber nicht begriffen, dass man sich die Bestnote jeden Tag erarbeiten muss.

Gefahr für Deutschland: Verlust der Bestnote wegen Überforderung

Nun fordern sie ein zweites Geschenk: Die gute Bonität Deutschlands soll ihnen durch gemeinschaftliche Euro-Anleihen wieder zu niedrigen Zinsen verhelfen. Ähnlich wie Präsident Hollande in Frankreich stellt jetzt der italienische Ministerpräsident Mario Monti geradezu dreiste Forderungen: Südeuropa müsse von Deutschland gerettet werden mit Euro-Anleihen, Konjunkturprogrammen und einer deutschen Schuldengarantie. Darüber hinaus solle die EZB die Staatsschulden garantieren und mit noch mehr Geld höhere Inflationsraten generieren, um so die Schuldenlast zu lindern. Da sträuben sich einem die Haare, nicht nur weil das ein unverschämtes Ansinnen ist, sondern auch, weil Italien sich zu den ungezwungenen Verhältnissen zurücksehnt, um weiterzuwursteln wie zuvor – aber mit deutscher Schuldenübernahme.

Und Frankreich hat sich mit dem neuen Präsidenten Hollande auf die Seite der Südeuropäer geschlagen. Diese Ländergruppe hat heute eine überwältigende Mehrheit in allen europäischen Gremien.

Die von allen Schuldensündern geforderten Euro-Anleihen hätten die gleiche Konstruktion wie die minderwertigen US-Anleihen, die »Subprime Bonds«. Sie enthielten ein wenig gute und viel schlechte Ware.

Für die schwachen Südländer würden mit diesen Gemeinschaftsanleihen die Zinsen billiger, für Deutschland dagegen teurer. Überdies würde Deutschland für deren Kreditausfälle haften: ein völlig unübersehbares finanzielles Risiko. Die große Gefahr besteht daher darin, dass auch Deutschland als Hauptzahlmeister der Eurozone infolge der finanziellen Überbelastung seine Bestnote verlieren würde. Wir sollten die Warnung des ehemaligen US-Präsidenten Abraham Lincoln beherzigen und entsprechend handeln:

>»Ihr werdet die Schwachen nicht stärken, in dem Ihr die Starken schwächt. Ihr könnt den Menschen nie auf Dauer helfen, wenn Ihr für sie tut, was sie für sich selber tun sollten und könnten.«

Für die Südeuropäer heißt das, ihre Wirtschaft so fit zu machen, dass sie im Euroklub wie Gleiche unter Gleichen leistungs- und wettbewerbsfähig sind. Und für Deutschland und die wenigen Gleichgesinnten wie die Niederlande, Finnland und Österreich darf die Spendenbereitschaft nur als Hilfe zur Selbsthilfe für eine begrenzte Zeit gelten.

Der von Angela Merkel vorgeschlagene Fiskalpakt sieht Haushaltskontrollen, eine Schuldenbremse und Sanktionen vor. Es darf aufgrund bisheriger Erfahrungen bezweifelt werden, dass er von allen dann auch wirklich regelgerecht praktiziert wird. Und ob er überhaupt in einem überschaubaren Zeitraum zu den erhofften Ergebnissen führt, ist fraglich.

Es ist auch unwahrscheinlich, dass Griechenland, das sich mit Lug und Trug in den Euro hineingedrängt hat, sich so radikal ändert, dass es ohne fortlaufende Hilfszahlungen auskommt. Der französische Schriftsteller Edmond About schildert 1858 die Zustände in Griechenland folgendermaßen: »Griechenland ist das einzige bekannte Beispiel eines Landes, das seit dem Tag seiner Geburt im totalen Bankrott lebt.« Die drei Schutzmächte mussten schon damals Zinsen und Tilgung der Auslandsschulden bezahlen. Die Griechen haben eine lange Tradition im Pleitemachen: Seit ihrer Unabhängigkeit 1822 erlitt das Land sechsmal einen Staatsbankrott. In anderen Worten: Das Land war im Durchschnitt alle 30 Jahre pleite. Nach dem diesjährigen Schuldenschnitt wird Griechenland auf viele Jahre hinaus keine Anleihen am freien Kapitalmarkt platzieren können und somit als Pflegefall am Finanztropf der Euroländer hängen.

Wir könnten uns ein Beispiel an den Amerikanern nehmen. Obwohl die USA ein Bundesstaat sind, fließt kein Cent an ein insolventes »Familienmitglied« wie Kalifornien. Ist es nicht grotesk, dass wir in Europa noch ein loser Staatenbund sind, aber trotzdem gegenüber den insolventen »Nachbarn« immer größere Zahlungen übernehmen?

Amerika hat nur ein einziges Mal den bankrotten Bundesstaaten unter die Arme gegriffen: Das war 1789, als Entschädigung für die Kriegskosten, die sie im Kampf um die Unabhängigkeit gegen Großbritannien erlitten hatten. Die damals 13 Staaten mussten jedoch einen Preis dafür zahlen: die Übertragung von größeren Rechten an den Bundesstaat USA, einschließlich der Erhebung von Steuern. Als die Staaten 1840 wieder pleite waren und um Hilfe baten, weigerte sich Washington und dabei ist es bis heute geblieben.

Es führt kein Weg daran vorbei, dass einige Staaten an der südeuropäischen Peripherie, an erster Stelle Griechenland, aus der Eurozone austreten. Es wäre besser, ihnen einen Teil ihrer Schulden zu erlassen, als unablässig Geld in ein Fass ohne Boden zu werfen. Dann wären sie wieder Herr ihrer eigenen Geschicke und sie wären nach einer Abwertung ihrer Währungen – beispielsweise der griechischen Drachme um 40 bis 50 Prozent – wieder konkurrenzfähig. Um zu verhindern, dass Funken auf dem Finanzsektor überspringen und die Wirtschaft in Brand setzen, müssten die Banken rekapitalisiert – zur Not sogar vorübergehend verstaatlicht werden. Dass dies ein gangbarer Weg ist, haben in den letzten Jahren die USA und Schweden erfolgreich vorexerziert. Ein Austritt Griechenlands würde die Geberländer kein neues Geld kosten, denn das gezahlte Geld ist längst verloren. Je länger man wartet, desto größer werden die Verluste.

Der Publizist Henryk M. Broder hat in einem Essay in der *Welt am Sonntag* das Dilemma des Hinauszögerns mit folgendem Scherz illustriert:

> Ein Mann, der mit der Eisenbahn unterwegs ist, bricht an jeder Station in lautes Jammern aus. Gefragt, was er denn habe, antwortet er: »Ich sitze im falschen Zug und mit jedem Halt wird die Rückreise teurer.«

Die fatalen Irrtümer der Väter des Euro

Ich fürchte, dass wir noch eine Zeit lang in die falsche Richtung weiterfahren, denn die Politiker in Berlin werden versuchen, den Euro auf Biegen und Brechen zu erhalten und sich von Krise zu Krise durchzuwursteln. Es sind gleich mehrere Irrtümer, denen sie vor 20 Jahren aufgesessen sind: Zum einen, dass man eine so schwerwiegende Entscheidung wie die Einführung einer Gemeinschaftswährung von oben herab einfach verfügen könne, und zum andern, dass man Völker, die grundverschieden sind in Mentalität, Lebensart und Arbeitseinstellung, problemlos zusammen in ein Boot nehmen könne. Die Mehrheit der Deutschen wollte die D-Mark behalten. Kanzler Kohl hätte die Warnung von Ludwig Erhard beherzigen sollen: »Europäische Integration ohne entsprechenden Widerhall in der Öffentlichkeit verwirklichen zu wollen, ist ein Unding.«

Der Euro sollte in der romantischen Vorstellung von Kanzler Kohl als Klebstoff die europäischen Staaten enger zusammenbinden. Nun erweist er sich stattdessen als Sprengstoff. Er entzweit die Geber- und Nehmerländer. Anstatt Harmonie und Freundschaft herrschen Hass und Zwietracht. Die Geberländer fühlen sich ausgenommen und die Nehmerländer – Griechenland, Italien, Spanien – fühlen sich unter einem »Diktat« der Deutschen schlecht behandelt.

Die Franzosen saßen ebenfalls einem Irrtum auf: In ihrer Vorstellung sollte der Euro die Wirtschaft Deutschlands und seine politische Stärke »eingrenzen«. Dass aber Deutschland als »Exportnation« mehr davon profitieren würde als sie und dass sie überdies jetzt auch noch zur Rettung der Südeuropäer zur Kasse gebeten werden, damit hatten sie nicht gerechnet. Hinzu kommt jetzt auch noch, dass sie gezwungen sind, schon seit Langem fällige Reformen im Eiltempo durchzuführen und dabei auch ihren komfortablen Sozialstaat zu beschneiden.

In einer Kolumne in der *Financial Times* vom 5. November 2010 schrieb Samuel Brittan:

»Ich kann nicht im Namen Frankreichs sprechen. Aber sicher werden eines Tages seine Regierenden feststellen, dass keiner ihrer erfindungsreichen Währungspläne, die sie in den letzten Jahrzehnten entworfen haben, ihnen die Oberhand über Deutschland geben wird, die sie sich so ersehnt haben.«

Auch für die Südländer ist die einstige Attraktion des Euro verflogen. Vorbei sind die schönen Jahre, in denen sie dieselben niedrigen Zinsen wie Deutschland zahlen mussten. Heute ist der Zinssatz, den Italien oder Spanien für 10-jährige Staatsanleihen bieten muss, vier- bis fünfmal höher als für Deutschland. Griechenland kann sich am Kapitalmarkt überhaupt kein Geld mehr besorgen. Die Griechen hängen am Tropf der anderen Euroländer.

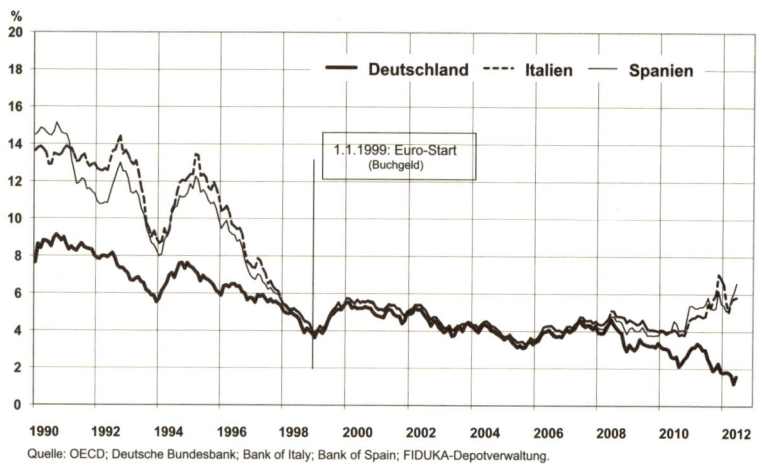

Rendite 10-jähriger Staatsanleihen vor und nach Euro-Eintritt

Quelle: OECD; Deutsche Bundesbank; Bank of Italy; Bank of Spain; FIDUKA-Depotverwaltung.

Es scheint, dass die Eurokrise einem Höhepunkt zustrebt. Das zeigt der neue »Deutschlandtrend« der ARD vom Juli 2012: Die Sorge ist groß, dass die Krise sich ausweitet; 85 Prozent der Befragten denken, »der schlimmste Teil der Euro- und Schuldenkrise steht uns noch bevor«. Dies ist der bisher höchste Wert für diese Aussage. Die Alarmzeichen häufen sich.

In einem Protestaufruf schreiben über 200 Wirtschaftswissenschaftler unter der Federführung von Walter Krämer und Hans Werner Sinn, dass sie »den Schritt in die Bankenunion, die eine kollektive Haftung für die Schulden der Banken des Eurosystems bedeutet, mit großer Sorge« sehen. Auch der Präsident der Deutschen Bundesbank, Jens Weidmann, zeigte sich in seiner Dankesrede anlässlich der Verleihung des Ludwig-Erhard-Preises am 5. Juli 2012 in Berlin besorgt:

»In Europa gerät die Balance zwischen Haftung und Kontrolle aus dem Lot. Immer mehr unkonditionierte Hilfen werden gewährt.«

Die Pro-Euro-Front der Großindustrie bröckelt

Inzwischen bröckelt auch die Front der Großindustrie, die seit der Einführung des Euro bis heute wie ein Mann für den Euro plädiert hatte. Inzwischen gibt es einzelne Abweichler. Dazu zählt der Linde-Chef Wolfgang Reitzle. Er ist nicht der Meinung, dass die Gemeinschaftswährung um jeden Preis gerettet werden muss. Er ging sogar so weit zu sagen, falls es nicht gelinge, die Krisenländer zu disziplinieren, müsse Deutschland aus dem Euroraum austreten. Das würde dann zwar zu einer Aufwertung »der D-Mark, des Euro-Nord – oder welche Währung wir dann hätten« – führen. Deshalb würde in den ersten Jahren die Arbeitslosigkeit steigen, weil der Export stark sinken werde. Das würde den Druck erhöhen, noch wettbewerbsfähiger zu werden. Schon fünf Jahre später könnte Deutschland im Vergleich zu den asiatischen Wettbewerbern noch stärker dastehen« (*FAZ* vom 15. Januar 2012).

Reitzle sprach auch das Problem an, dass letztlich der deutsche Steuerzahler den Export in die südeuropäischen Krisenländer bezahle: Die Handelsbilanzdefizite würden von der Bundesbank garantiert. »Damit finanzieren wir deutsche Automobile und Werkzeugmaschinen, die nach Spanien oder Italien geliefert werden, im Prinzip selbst.«

Stefan Quandt, BMW-Großaktionär, sagte in einer Rede anlässlich der Verleihung des Herbert-Quandt-Medienpreises, ein Zerbrechen der Währungsunion müsse nicht automatisch den Untergang des Abendlandes nach sich ziehen. Er wandte sich gegen die überzogene Rhetorik der Euro-Retter, wonach der Euro über Krieg und Frieden in Europa entscheide. Er bemängelte die mehrfach gebrauchte Redewendung von Kanzlerin Angela Merkel, wenn der Euro scheitere, scheitere Europa, die eine konstruktive Diskussion über Lösungsansätze erschwert habe. »Sogar ein Europa ohne Euro ist denkbar.« Sollte Deutschlands Position geschädigt werden, schade es am Ende allen EU-Staaten. »Jede Partnerschaft kann auf Dauer nur funktionieren, wenn alle dazu bereit sind, ihr Bestes zu geben – und nicht das Beste von anderen zu nehmen!« (*F.A.S.* vom 24. Juni 2012)

Auch der Chef von Bosch, Franz Fehrenbach, äußert sich kritisch über die Eurozone und sagt kurz und bündig in der SZ vom 15. Februar 2012: »Griechenland hat in der EU nichts zu suchen.« Wohl aber solle die EU den Griechen den Ausstieg mit Strukturhilfen in einer Art Marshallplan erleichtern. Wirtschaftlich schwächere Länder sollten zunächst außen vor bleiben. »Wir kommen um ein Europa der zwei Geschwindigkeiten nicht herum.«

Ich darf hier anmerken, dass ich zu dieser Ansicht schon vor 20 Jahren gelangt war. In meinem 1992 erschienenen Buch *Die Wohlstandsrevolution* schrieb ich:

> »Um Schaden von Europa – aber vor allem von den deutschen Anlegern – abzuwenden, darf die Währungsunion mit einer einheitlichen Währung erst am Schluss des ganzen Anpassungsprozesses kommen – ohne Zeitdruck und ohne Manipulationen. Sie muss Belohnung und Krönung sein, nachdem alle EG-Mitglieder einheitliche marktwirtschaftliche und ordnungspolitische Verhältnisses geschaffen haben.«

Das war zehn Jahre bevor es den Euro 2002 als Währung gab.

Zunehmend macht sich in der Bevölkerung ein ungutes, mulmiges Gefühl breit, dass es so wie bisher nicht weitergehen kann – dass wir heute an einer Wegscheide stehen. Wenn Europa immer tiefer im Schuldensumpf versinkt, werden wir im globalen Wettbewerb nicht aufholen, sondern hoffnungslos zurückfallen.

In einer Kolumne im *Handelsblatt* vom 2. Juli 2012 kritisiert Hans-Olaf Henkel, früher Präsident des Bundesverbands der Industrie (BDI), den heutigen Präsidenten Hans-Peter Keitel, der in einem Plädoyer den Eindruck erweckt hatte, die Vertreter der Großindustrie seien für die Euro-Rettungspolitik der Bundesregierung. Henkel selbst bekannte, er habe damals als Präsident des BDI für den Euro geworben, was er heute bedaure. Er bezweifelte, dass Keitel wissen könne, ob er für die Mehrheit der über 100 000 Mitgliedsfirmen spreche. Keitel setzt sich vehement für den dauerhaften Rettungsschirm ESM ein und befürwortet zur Kontrolle den Fiskalpakt mit Schuldenbremse. Schließlich fordert er eine politische Union und eine Angleichung der Wettbewerbsfähigkeit innerhalb der Eurozone mittels einer zentralisierten Wirtschafts- und Finanzpolitik. Das liest sich wie der Wunschzettel des kleinen Moritzle an den Weihnachtsmann.

Keitel merkt offenbar nicht, dass er damit die wichtigsten ordnungspolitischen Grundsätze der deutschen Wirtschaftsverfassung und die des BDI über Bord wirft. Stattdessen soll der Wettbewerb harmonisiert werden. Wenn das geschähe, würde die ganze Eurozone zum »Club-Med-Land« – eine Armutszone, die sich aus dem globalen Wettbewerb verabschiedet.

Und wer will denn heute noch einen Bundesstaat? In Großbritannien denkt man sogar darüber nach, sich mehr von der EU zu distanzieren. In Schweden wollen 73 Prozent der Unternehmer vom Euro nichts mehr wissen. Und hierzulande sagt Hans-Werner Sinn:

> »Statt den Austritt mit dem Weltuntergang gleichzusetzen, sollte die Politik lieber nach Wegen suchen, ihn geordnet und verträglich zu gestalten.«

Die Wahl zwischen den Entbehrungen der Südländer oder der höheren Inflation der Nordländer

Euroland ist zu einer großen Reformbaustelle geworden. Den Schuldnerländern im Süden wurden drakonische Spar- und Reformprogramme verordnet. Aber es ist fraglich, ob sie die Rosskur lange durchhalten und ob sie bereit sind, ihre Lebensart zu »germanisieren«. Um wettbewerbsfähig zu werden, müssten die Löhne gekürzt und Kosten gesenkt werden, denn den früher so bequemen Weg über eine Abwertung seiner Währung gibt es im Euro nicht mehr. Ein Land, das zu teuer geworden ist, muss billiger werden. Laut dem Ifo-Institut müssten Portugal und Griechenland 35 Prozent billiger werden. Spanien und Frankreich müssten ihre Preise um 20 Prozent senken und Italien bräuchte eine Abwertung um 15 Prozent. Das ist nicht zu schaffen – nicht in absehbarer Zeit.

Da aber in Deutschland der Mut fehlt, harte Entschlüsse zu fassen, ist etwa folgende Entwicklung wahrscheinlich: Deutschland und die wenigen anderen Nordländer werden über alle möglichen Kanäle, die die erfinderischen Südländer aushecken, immer mehr zu Kasse gebeten. Die EZB setzt ihre lockere Geldpolitik fort, um mit extrem niedrigen Zinsen die Haushaltsdefizite der Südländer und deren Konsum mit der Notenpresse zu finanzieren. Letztlich führt dies zu deutlich höherer Inflation.

Es gibt zwei Alternativen zur Angleichung des Preisniveaus zwischen Nord und Süd: Bei unverändert moderater Inflation in der Nordregion muss die Südregion über Jahre hinweg den Gürtel enger schnallen und eine schmerzhafte Deflationspolitik betreiben. Das bedeutet: schwache Konjunktur und relativ hohe Arbeitslosigkeit, zunehmende Insolvenzen und sinkende Realeinkommen. Dieses Szenario ist schlicht nicht realistisch, weil es die Demokratie untergraben und zu einer Radikalisierung der Gesellschaft führen würde. Anmerkung zur Erinnerung: Als Reichskanzler Brüning in den Katastrophenjahren 1929–1932 diese Politik betrieb, kamen Hitler und die Nazis in Deutschland an die Macht.

Die andere Alternative lautet: Die Nordländer nehmen über Jahre hinaus deutlich mehr Inflation in Kauf, mit Inflationsraten von 4 bis 5 Prozent. Der Wertverlust der Währung beträgt bei 5 Prozent in zehn Jahren 40 Prozent! In anderen Worten: Sie müssten für ihren Lebensunterhalt 67 Prozent mehr ausgeben; für 100 Euro bräuchten sie zehn Jahre später 167 Euro, um den gleichen Warenkorb einzukaufen. Der deutsche Sparer würde durch die Entwertung seiner Geldvermögen die wirtschaftliche Anpassung und den Konsum der Südländer bezahlen.

Um sein Vermögen vor Inflation zu schützen, gibt es, Gott sei Dank, eine gute Lösung: Das Vermögen sollte von Geldanlagen in Sachwerte – in erster Linie Aktien – umgeschichtet werden. Aktien bringen langfristig die höchsten Erträge, durch steigende Kurse und steigende Dividenden. Außerdem sind Aktien wie eine internationale Währung: Wenn eine IBM-Aktie 200 Dollar kostet, so ist sie immer das Gleiche wert, einerlei, ob man sie in russischen Rubel oder griechischen Drachmen bewertet: Umgerechnet in Dollar kommt immer 200 heraus.

Das gilt auch für deutsche Aktien: Firmen wie BASF, Bayer, BMW, Daimler, Linde oder Siemens, die wesentliche Umsätze und Gewinne im Ausland erwirtschaften, sind keine rein deutschen Unternehmen, sondern multinationale. Wie sie ein international diversifiziertes Depot mit guter Rendite und überschaubarem Risiko gestalten können, erfahren Sie in Kapitel VII.

Fazit:

Mit einem internationalen Wertpapierdepot schlagen Sie gleich zwei Fliegen mit einer Klappe: Mit einem Übergewicht an Aktien schützen Sie Ihr Vermögen vor der Inflation und mit einem Übergewicht an Aktien und Anleihen außerhalb der Eurozone schützen Sie es vor einer von vielen befürchteten Währungsreform.

Kapitel III

Anlagenotstand wie noch nie –
die Konsequenzen für Sparer

*»Das Geld der Sparer wird täglich weniger wert. Das ist eine schleichende
Enteignung.«*

Rolf-Peter Hoenen, Chef des Versicherungsverbandes GDV

Das nenne ich verkehrte Welt: Je weniger Ertrag eine Anlage bringt, desto beliebter ist sie bei den Bundesbürgern. Dieser Eindruck drängt sich auf, wenn ich die Statistiken der Bundesbank anschaue, in denen aufgelistet ist, wie Privatanleger ihr Geld anlegen. Da dominieren klar Bankeinlagen wie Sparbuch, Festgeld oder Sparbrief, die zurzeit zu wenig Zinsen abwerfen, um die Inflation auszugleichen, gefolgt von Lebensversicherungen, die seit Jahren enttäuschende Erträge bringen. Diese Anlageformen mit Minirenditen machen immerhin zusammen über 70 Prozent des Finanzvermögens der Deutschen von 4,7 Billionen Euro Ende 2011 aus, nämlich 3,3 Billionen Euro. Da bleibt für den Rest nicht mehr viel übrig. Aktien führen mit einem mageren 5-Prozent-Anteil ein beschämendes, kümmerliches Dasein. Investmentfonds haben in den letzten Jahren sogar Anteile am Sparkuchen verloren. Selbst Festverzinsliche Wertpapiere, die in der Regel die höchsten Renditen aller Zinsanlagen bieten, sind nur mit einem kleinen Anteil vertreten.

Weshalb haben die Deutschen, die in der Wirtschaft tüchtiger sind als die meisten in den anderen Industriestaaten, eine so ertragsschwache und inflationsgefährdete Vermögensstruktur? Leider liegen hierzu bis heute keine verlässlichen Studienergebnisse vor. Aber ich glaube, dass die Ursache hierfür – zumindest teilweise – mit der unglückseligen deutschen Geschichte zu erklären ist (s. Kapitel I.4). Denn das deutsche Sparverhalten ist, wie in keinem anderen Land, geprägt von der Erfahrung totaler Geldentwertungen, jeweils nach verlorenen Weltkriegen. Ich kann mir sehr gut vorstellen, dass viele Deutsche heute bei der Eurokrise sogleich wieder Angst vor einer erneuten

Währungsreform haben. Damit dürfte auch die Flucht vieler deutscher Sparer in den Schweizer Franken, den Dollar oder in andere Währungen auf Konten ausländischer Banken zu erklären sein. Die wiederholt erlittene Existenzgefährdung, die Entbehrungen und der Schmerz über die immensen Verluste haben sich tief in die deutsche Seele eingebrannt. Das Motto, zumindest der Älteren, ist deshalb weiterhin »auf Nummer sicher« zu gehen. Und was war und ist in ihren Augen sicher? Das eigene Haus, die Versicherung, das Sparbuch – und allenfalls noch Staatsanleihen.

Dieses unbedarfte, ja sogar völlig widersinnige Sparverhalten ist nach meiner Ansicht größtenteils darin begründet, dass die meisten Bundesbürger in Gelddingen wenig aufgeklärt sind. Sie werden von Bank- und Versicherungsberatern, die in Wirklichkeit Verkäufer sind, zu oft nicht richtig informiert und beraten. Das zeigen diverse Untersuchungen von Verbraucherschützern. Natürlich verkaufen Banken, Sparkassen und Versicherungen ihren Kunden am liebsten das, womit sie selbst am meisten verdienen. Also die Produkte, bei denen ihre Zinsspannen oder ihre Provisionseinnahmen am größten sind. Das aber können sie nur, wenn die Kunden nicht Bescheid wissen.

1. Streifzug durch den Anlagedschungel – Sparformen im Aktualitätscheck

Ich kann die verbreitete Unsicherheit über Vor- und Nachteile der wichtigsten Anlageformen natürlich in diesem Buch nicht wegzaubern, aber einen kurzen Überblick über die wichtigsten Sparformen halte ich für unverzichtbar – vor allem, damit Sie meine Überlegungen in den folgenden Kapiteln besser nachvollziehen können. Alle Sparformen beschreibe und analysiere ich und füge am Ende einen Kurzcheck an. Neben den Elementen des »magischen Dreiecks« Rendite, Sicherheit und Liquidität besteht dieser Check jeweils aus der Betrachtung der anfallenden Kosten und meiner Einschätzung, für welche Sparzwecke die Anlagen geeignet sind.

Die wichtigsten Bankangebote

Fangen wir mit den Bankangeboten an, die fast 41 Prozent des Geldvermögens der Deutschen ausmachen. Das sind 1,9 Billionen Euro. Alle weisen den Vorteil auf, dass sie durch die gesetzlich garantierte Einlagensicherung gegen eine Bankenpleite geschützt sind – zumindest bis zu einem Betrag von 100 000 Euro pro Person. Darüber hinaus greifen noch Sicherungssysteme der verschiedenen Bankengruppen, sodass Einlagen bei Banken und Sparkassen bestens geschützt sind. Gut aufpassen sollten Sie jedoch bei Angeboten von Geldinstituten, die ihren Hauptsitz nicht in der EU haben. Sie bieten oft hohe Zinsen, haben aber manchmal eine geringere Einlagensicherung. In Deutschland gibt es viele leidgeplagte Anleger, die – gelockt von hohen Zinsen – ihr Geld bei isländischen Banken anlegten und nach der Bankenpleite in Island ihr Geld erst nach zähem Ringen mit der isländischen Regierung und mit fast einem Jahr Verspätung wiedersahen.

Alle Bankanlagen sind zudem in der Regel provisionsfrei. Es gibt also keine Abschluss- oder Bestandsgebühren. Das heißt freilich nicht, dass die Anlage für Sie kostenlos ist. Banken und Sparkassen halten sich »schadlos«, indem sie von der Zinsspanne profitieren, also der Differenz zwischen den Zinsen, die sie für Einlagen zahlen, und den Zinsen, die sie für Kredite berechnen. Diese Zinsspanne kann insbesondere bei Instituten mit überdurchschnittlich vielen Kundeneinlagen, also Sparkassen und Genossenschaftsbanken, recht hoch ausfallen. Denn Zinserträge sind ihre Haupteinnahmequelle.

Tagesgeld hat sich zu einem der beliebtesten Bankangebote entwickelt. Zu Recht. Erstens ist es sehr liquide, das heißt, die Anleger können täglich über ihr Geld verfügen oder weiteres einzahlen. Zweitens gibt es – im Gegensatz zu den meisten Girokonten – dafür Zinsen. Mit durchschnittlich 0,8 Prozent lagen diese im Frühjahr 2012 laut Bundesbank zwar nicht überwältigend hoch – aber vor allem Direktbanken und Töchter ausländischer Geldinstitute boten deutlich mehr, bis zu 2,5 Prozent. Sie sollten aber jede Offerte prüfen. Denn das auf den ersten Blick so tolle Angebot dient nämlich meistens nur als Lockvogel. Banken und Sparkassen offerieren gern hohe Tagesgeldzinsen nur für kurze Zeit. Im Kleingedruckten steht dann, dass im Anschluss daran die normalen, deutlich ungünstigeren Konditionen gelten.

Kurzcheck Tagesgeld

➤ Sicherheit: sehr hoch dank Einlagensicherung

➤ Rendite: zurzeit niedrig, aber besser als Sparbuch

➤ Verfügbarkeit: jederzeit

➤ Kosten: keine direkten Gebühren

➤ Eignung: Liquiditätsreserve, Vermögensaufbau nur in Hochzinsphasen

---

Festgeld (auch Termineinlagen genannt) ist nicht so flexibel wie Tagesgeld, bringt aber mehr Zinsen. Meistens steigen sie mit der Höhe des Anlagebetrags und werden für eine bestimmte Zeit festgeschrieben, üblich sind ein Monat bis vier Jahre.

Eine Festgeldanlage eignet sich somit vor allem für Sparer, die genau wissen, wann sie ihr Geld wieder benötigen, zum Beispiel zum Autokauf in 18 Monaten oder für eine Reise in 6 Monaten. Dann können sie die Laufzeit passgenau wählen. Die Bank kann die Konditionen während der Laufzeit nicht verschlechtern, wenn das allgemeine Zinsniveau fällt. Die Kehrseite der Medaille: Sparer können bei steigenden Zinsen nicht umschichten. Im Frühjahr 2012 rentierte sich laut Bundesbank Festgeld mit bis zu einem Jahr Laufzeit im Schnitt mit 1,1 Prozent, bei mehr als zwei Jahren mit 2,2 Prozent. Nach Abzug der Inflationsrate ist das ein Verlustgeschäft. Wer sein Geld vorzeitig benötigt, muss in der Regel Auflösungsgebühren (eine sog. Vorfälligkeitsentschädigung) zahlen. Viele Banken verlangen bei Festgeld Mindestanlagesummen.

Kurzcheck Festgeld

➤ Sicherheit: sehr hoch dank Einlagensicherung

➤ Rendite: niedrig, aber in der Regel mehr als Tagesgeld

➤ Verfügbarkeit: stark eingeschränkt während der Festlegungsfrist

➤ Kosten: keine direkten Gebühren

➤ Eignung: Zielsparen für Anschaffungen, Vermögensaufbau nur in Hochzinsphasen

---

Das Sparbuch gilt als der Deutschen liebstes Buch. Das beginnt sich aber zu ändern, weil es zunehmend von Tages- und Festgeld verdrängt wird. Trotzdem ist es mit Einlagen von gut 500 Milliarden Euro immer noch weit verbreitet. Das »normale« Sparbuch hat eine Kündigungsfrist von drei Monaten. Aber bis zu 2000 Euro können Sparer pro Monat ohne Berechnung von »Strafzinsen« abheben.

Sparbücher sind ideale Vehikel, um auch kleinere Beträge anzusparen. Da es keine Mindestanlagesumme gibt, können jederzeit auch Minibeträge eingezahlt werden. Sobald das Sparbuch aber einen gewissen Kontostand erreicht hat, rate ich dazu, das Geld auf höher verzinste Anlageformen zu transferieren. Der Sparbuchzins ist variabel, kann also je nach Situation an den Finanzmärkten und je nach Leitzins der Notenbank angepasst werden. Vermögensaufbau lässt sich mit diesen mickrigen Zinsen selbst in Hochzinsphasen nicht betreiben.

Kurzcheck Sparbuch

➤ Sicherheit: sehr hoch dank Einlagensicherung

➤ Rendite: sehr niedrig

➤ Verfügbarkeit: bis 2000 Euro pro Monat ohne Kosten

➤ Kosten: keine direkten Gebühren

➤ Eignung: Liquiditätsreserve und Ansparen kleiner Beträge, ungeeignet für Vermögensaufbau

---

Sparbriefe sind Wertpapiere von Banken oder Sparkassen, die auf den Namen des Käufers ausgestellt sind. Nach der vereinbarten Laufzeit, die ein Jahr bis zehn Jahre beträgt – mit Schwerpunkt bei vier bis fünf Jahren – erhält der Sparer sein Geld zuzüglich der angesammelten Zinsen zurück. Es kann allerdings auch eine jährliche Auszahlung der Zinsen vereinbart werden. Insbesondere durch den Zinseszinseffekt ergeben sich dadurch bei einer Kumulierung der Zinsen bis zum Laufzeitende respektable Renditen. Ein Verkauf während der Laufzeit ist nicht möglich. Banken und Sparkassen nehmen sie jedoch in manchen Fällen aus Kulanz zurück. Im Frühjahr 2012 rentierten vierjährige Sparbriefe im Durchschnitt mit 1,9 Prozent und glichen damit nicht einmal die Inflation aus. Sparbriefe eignen sich somit nur in Hochzinsphasen zur Vermögensbildung, weil die Zinsen für mehrere Jahre festgeschrieben werden.

Kurzcheck Sparbrief

➤ Sicherheit: sehr hoch dank Einlagensicherung

➤ Rendite: niedrig, nur in Hochzinsphasen gute Verzinsung

➤ Verfügbarkeit: gar nicht, während der Laufzeit kein Verkauf möglich

➤ Kosten: keine direkten Gebühren

➤ Eignung: Nur zum Zielsparen für größere Anschaffungen, ungeeignet für Vermögensaufbau

---

Bank-Sparverträge gibt es in einer Vielzahl von Ausgestaltungen: mit festen oder variablen Zinsen, mit Bonuszahlungen am Laufzeitende oder mit Stufenzinsen, die von Jahr zu Jahr steigen, mit Unkündbarkeit während der Laufzeit bis zu Entnahmemöglichkeiten in gewissen Grenzen. Gemeinsam ist aber allen, dass der Sparer einen Vertrag mit der Bank abschließt und sich verpflichtet, regelmäßig – meistens monatlich – eine bestimmte Summe einzuzahlen. Die Mindestanlage beträgt meistens 25 bis 100 Euro pro Einzahlung. Die Laufzeiten bewegen sich üblicherweise zwischen 3 und 10 Jahren, können aber auch bis zu 25 Jahre erreichen. Die Ausgestaltung variiert von Geldinstitut zu Geldinstitut, sodass ein direkter Vergleich schwer möglich ist. Zur Verwirrung tragen optisch hohe Bonuszahlungen bei, die aber meistens nur auf die Zinsen oder die Zahlung des jeweiligen Jahres und nicht für die bis dahin angesparte Summe gelten. Das führt arglose Sparer in die Irre, weil sie die Gesamtrendite dadurch maßlos überschätzen.

Wer erst mit Sparen anfängt, für den eignen sich Banksparpläne vor allem deshalb, weil sie dazu disziplinieren, regelmäßig Geld auf die Seite zu legen. Gleiches gilt für Anleger, die nur kleine Beträge regelmäßig sparen wollen. Die Renditen bei Sparplänen bewegten sich im Frühjahr 2012 meistens zwischen 2,0 und 2,5 Prozent, also in der Nähe der Inflationsrate. Bei diesen Zinsen eignen sich Banksparpläne nur mit kurzen bis mittleren Laufzeiten – am besten mit variabler Verzinsung und Ausstiegsklausel.

Kurzcheck Sparplan

➤ Sicherheit: sehr hoch dank Einlagensicherung

➤ Rendite: niedrig

➤ Verfügbarkeit: stark eingeschränkt bis gar nicht während der Laufzeit

➤ Kosten: keine direkten Gebühren

➤ Eignung: zum regelmäßigen Sparen kleiner Beträge, Zwang zur Disziplin

---

Bausparverträge sind wieder im Kommen: 2011 wurden diese für eine Gesamtsumme von 100 Milliarden Euro abgeschlossen. Das liegt zum einen daran, dass der Wunsch nach einer Immobilie gewachsen ist, zum anderen an der speziellen

Konstruktion des Bausparens. Bausparverträge waren bereits in der ersten Niedrigzinsphase 1999 – bei Zinsen von damals 3 bis 4 Prozent – ein beliebtes Sammelbecken für Spargeldanlagen. Denn im Vergleich zu anderen Sparanlagen wurden die Einzahlungen gut verzinst – und obendrein mit Wohnungsbauprämien versüßt, falls die Einkommensgrenzen nicht überschritten wurden. Nach der vertraglich festgelegten Ansparphase von sieben Jahren konnte man sich das Geld auszahlen lassen – ganz gleich, für was man es verwendete. Mittlerweile hat sich die Situation für die bloßen Sparer deutlich verschlechtert. Wer nicht baut oder kauft, muss seit 2009 eine eventuell gewährte Bausparprämie wieder zurückzahlen, es sei denn, er hatte bei Abschluss des Vertrags das 25. Lebensjahr noch nicht vollendet. Die Bausparkassen bieten daher seit einigen Jahren Bauspar-Tarife zum Sparen an. Ähnlich wie bei Sparbriefen gibt es am Ende der Laufzeit Boni und – in den meisten Fällen – eine Rückerstattung der Abschlussgebühren. Dennoch werden nach sieben Jahren Renditen von bis zu rund 5 Prozent erreicht.

Wer vorhat, in der nächsten Zeit eine Immobilie zu erwerben oder sein bestehendes Objekt zu modernisieren, und noch keinen – zumindest nahezu – zuteilungsreifen Bausparvertrag hat, der sollte die Gunst der Stunde nutzen und eine ganz »normale« Finanzierung mit einer Hypothek wählen. Die Konditionen schlagen derzeit jedes Bausparkassenangebot. Wer allerdings frühestens in etlichen Jahren eventuell bauen oder kaufen möchte, hat es schon schwerer. Je weiter der mögliche Erwerb einer Immobilie in der Zukunft liegt, umso eher lohnt es sich einen Bausparvertrag abzuschließen, vor allem wenn noch die Möglichkeit besteht, in den Genuss der staatlichen Förderung zu kommen. Das ist sozusagen eine Versicherung gegen höhere Darlehenszinsen in einigen Jahren, die meiner Ansicht nach sicher kommen werden. Insbesondere für Jugendliche (ab 16 Jahren) können Bausparverträge günstig sein – auch wenn sie in diesem Alter normalerweise noch nicht an einen Immobilienerwerb denken. Aber sie können bei geschickter Wahl von Bausparkasse, Tarif und Bausparsumme – zusammen mit Wohnungsbauprämie und Arbeitnehmersparzulagen für vermögenswirksame Leistungen – auf Renditen von rund 8 Prozent kommen. Nach sieben Jahren erhalten sie nicht nur ihr gut verzinstes Guthaben ausbezahlt, sondern sie »gewöhnen« sich auch frühzeitig an regelmäßiges Sparen.

Kurzcheck Bausparen

➤ Sicherheit: sehr hoch dank Einlagensicherung

➤ Rendite: niedrig, aber dafür Anrecht auf niedrige Darlehenszinsen

➤ Verfügbarkeit: stark eingeschränkt während der Sparphase

➤ Kosten: hohe Abschlussgebühr

➤ Eignung: für künftige Immobilienkäufer und als Finanzbasis für Renovierungen

Die wichtigsten Versicherungsformen

Ende 2011 besaßen die Bundesbürger Ansprüche in Höhe von rund 1,4 Billionen Euro gegenüber Versicherungen. Das sind gut 27 Prozent ihres gesamten Geldvermögens und damit der mit Abstand größte Posten der privaten Altersvorsorge. Die Riesensumme verteilt sich auf 94 Millionen Verträge – pro Haushalt sind das im Durchschnitt 2,3 Policen. Der Löwenanteil entfällt dabei auf die klassische Kapitallebensversicherung, aber die Rentenversicherung holt immer mehr auf.

Jede **Lebensversicherung** besteht aus zwei Teilen: einem *Sparvertrag*, der während der Vertragslaufzeit angespart wird und dessen Endsumme dem Versicherten am Vertragsende ausbezahlt wird, und einem *Risikoschutz*, der sicherstellt, dass die Hinterbliebenen die Versicherungssumme bekommen, falls der Kunde vor dem Vertragsende stirbt. Es fließt also nicht der gesamte Beitrag des Kunden in den Sparvertrag, sondern nur 75 bis 85 Prozent. Den Rest verwenden die Versicherungsunternehmen für den Risikoschutz und die Verwaltungskosten. Besonders Letztere sind stark umstritten, weil sie vergleichsweise hoch sind. Der Versicherer zahlt nämlich nicht nur eine Abschlussprovision an den Versicherungsvertreter, sondern über die gesamte Laufzeit hinweg auch eine Bestandsprovision, die jedoch als solche nicht separat ausgewiesen wird, plus die laufenden Kosten. Verzinst wird aber nur der Sparanteil, sodass die Rendite der gesamten Einzahlungen in Wirklichkeit sehr viel niedriger ist, als es die Assekuranz ausweist. Nur für den Sparanteil gibt es übrigens auch mindestens den Garantiezins, der für neue Verträge gerade noch 1,75 Prozent beträgt. Altverträge weisen – je nach Abschlussdatum – zum Teil deutlich höhere Garantiezinsen (bis zu 4 Prozent) auf.

Der Versicherungskunde bekommt jedoch, falls er das Laufzeitende erlebt, darüber hinaus noch eine Überschussbeteiligung. Die Renditen von Lebensversicherungen – einschließlich Überschussbeteiligungen –, die die Versicherungskunden bei der Auszahlung am Ende der Vertragslaufzeit erreichten, schrumpften im Verlauf der letzten Jahre nahezu kontinuierlich. Dies überrascht nicht, denn die Assekuranz investiert die Kundengelder vorwiegend in festverzinsliche Wertpapiere, die 80 bis 90 Prozent der Anlagen ausmachen. Und da die Renditen für Anleihen seit Jahren unter Schwindsucht leiden, versteht es sich von selbst, dass die Erträge immer dürftiger werden. Die langfristig rentabelste Anlageform, die Aktie, war Anfang 2012 nur in homöopathischen Dosen von durchschnittlich 3 Prozent in den Vermögensanlagen der Assekuranz vertreten.

Zum Teil liegt das daran, dass Versicherungen durch internationale Regeln – Solvency I jetzt und in Zukunft Solvency II – in meinen Augen überreguliert sind: Für Anlagen in Aktien müssen sie, ebenso wie Banken, sehr viel mehr Eigenkapital bereithalten als für Anleihen, vor allem für Staatsanleihen, die als risikolos eingestuft werden. Auch die Versicherungen werden somit angehalten, die staatlichen Schuldenberge zu finanzieren. Auch hier zeigt sich wie bei den Banken: Der Staats-»nutzen« geht über das Wohl der Anleger!

Lebensversicherungen sind steuerbegünstigt, falls sie mindestens zwölf Jahre laufen und frühestens nach dem 62. Lebensjahr (für Altverträge 60. Lebensjahr) zur Auszahlung kommen. Dann unterliegt nur die Hälfte der Erträge der Steuer. Bei Verträgen, die vor 2005 abgeschlossen wurden, sind die ausgezahlten Beträge sogar ganz steuerfrei.

Kapitallebensversicherungen sind in meinen Augen eine nicht mehr zeitgemäße, unrentable Sparform. Denn die Kombination von Risikoschutz und Sparvertrag verschleiert die wahren Kosten der einzelnen Produkte. Die langen Vertragslaufzeiten machen darüber hinaus den Kunden unflexibel, da eine Kündigung nur unter erheblichem Ertragsverlust möglich ist. In den ersten Jahren bleibt sogar fast nichts von den eigenen Einzahlungen übrig, weil zuerst die Versicherungsverkäufer und die eigene Verwaltung entlohnt werden. Dennoch werden mehr als die Hälfte aller Policen mit 20 und mehr Jahren Laufzeit nicht bis zum Vertragsende durchgehalten. Es überrascht daher nicht, dass durch Kündigungen die Bundesbürger enorm viel Geld verlieren. Die Verbraucherzentrale Hamburg hat Ende

2011 errechnet, dass den Deutschen allein in den letzten zehn Jahren durch vorzeitige Kündigungen von Lebensversicherungen ein Schaden von bis zu 160 Milliarden Euro entstanden ist. Da ist jeder Kommentar überflüssig!

Ich rate deshalb dazu, Lebensversicherungen strikt zu meiden. Das Sterberisiko können Sie mit einer günstigen Risikolebensversicherung viel besser – zu einem Bruchteil der Kosten einer Kapitallebensversicherung – abdecken. Den eingesparten Differenzbetrag können Sie selbst zum Vermögensaufbau einsetzen. Am besten durch regelmäßige Anlagen in Aktienfonds, Mischfonds (Aktien und Anleihen) oder ETFs.

Kurzcheck Lebensversicherung

➤ Sicherheit: hoch

➤ Rendite: angesichts der extrem langen Laufzeiten viel zu mager

➤ Verfügbarkeit: sehr schlecht, während der Laufzeit eine Beleihung möglich, bei Kündigung erhebliche Abschläge

➤ Kosten: hohe Abschlussgebühr und hohe Verwaltungskosten

➤ Eignung: Finger davon lassen; Todesfallrisiko kann viel billiger mit einer Risikolebensversicherung abgedeckt werden

---

Die **Rentenversicherung** nennt man auch »Erlebensversicherung«. Denn die private Rentenversicherung ist in erster Linie ein Instrument für die eigene Altersvorsorge. Häufig wird jedoch auch vereinbart, dass im Todesfall ein Teil der bis dahin einbezahlten Beträge an den hinterbliebenen Partner oder einen sonstigen Begünstigten ausbezahlt wird. Dadurch muss kein »Risikotopf« gefüttert werden, alle Einzahlungen abzüglich der Abschluss- und Verwaltungskosten fließen in den »Spartopf«. Ab dem Ende der Laufzeit – im Allgemeinen dem 65. Lebensjahr – erhält der Versicherte entweder die Ablaufleistung in einer Summe oder lebenslang eine Rente, unabhängig davon, wie alt er wird. Die Rendite auf sein eingezahltes Kapital ist letztlich umso höher, je länger er lebt und damit die Leibrente kassieren kann. Weil die durchschnittliche Lebenserwartung ständig zunimmt und die Zinsen derzeit so tief sind wie noch nie, schmelzen die im Alter gewährten Rentenzahlungen jedoch in gleichem Maß ab. Die angesparten Beträge verzinsen sich nämlich nicht nur immer schlechter, sie müssen auch noch länger reichen. Das ist bitter vor allem für Selbstständige, die bei ihrer Altersvorsorge auch auf Rentenversicherungen gesetzt hatten und nun viel weniger Ablaufleistung bzw. Rente bekommen, als bei Vertragsabschluss von den Versicherungsvertretern berechnet worden war. Positiv ist jedoch zu werten, dass die Rentenzahlungen nur in geringem Umfang besteuert werden. Bei einem 65-Jährigen sind dies beispielsweise nur 18 Prozent.

Insgesamt gelten für die private Rentenversicherung die gleichen Vorbehalte wie bei der Kapitallebensversicherung. Die langen Laufzeiten dieser Sparvehikel bieten immense Risiken, insbesondere durch Niedrigzinsphasen oder Perioden mit hoher Inflation. Im ersten Fall »schaffen« die Versicherer nicht die versprochenen Auszahlungsbeträge. Im zweiten erhalten die Versicherten zwar die zugesagten Beträge, sie können sich davon aber deutlich weniger kaufen, als ursprünglich erwartet.

Kurzcheck Rentenversicherung

➤ Sicherheit: hoch

➤ Rendite: angesichts der extrem langen Laufzeiten viel zu mager

➤ Verfügbarkeit: sehr schlecht, während der Laufzeit nur als Darlehen, Kündigung sehr teuer

➤ Kosten: hohe Abschlussgebühr und hohe Verwaltungskosten

➤ Eignung: die Finger davon lassen

Die wichtigsten Wertpapiere und Kapitalmarktprodukte

Die drittgrößte Säule der Vermögensbildung besteht aus Wertpapieren. Dieser Bereich umfasst im Wesentlichen die breite Palette börsengehandelter Effekten mit den Schwergewichten Aktien und Anleihen. Hinzu kommen Produkte, die überwiegend aus Wertpapieren bestehen, insbesondere Investmentfonds.

Festverzinsliche Wertpapiere/Anleihen

Festverzinsliche Wertpapiere, auch Schuldverschreibungen oder Anleihen genannt, sind in den letzten Jahren ins Blickfeld der Öffentlichkeit geraten – weil Europas Staatsschuldenkrise die Anleihenmärkte durcheinandergewirbelt hat. Auf der einen Seite sind die Renditen für Staatsanleihen der Problemstaaten in astronomische Höhen gestiegen – letztlich zu Recht, wie der Schuldenschnitt Griechenlands gezeigt hat. Zum anderen erfolgte eine Flucht in »sichere Anlagen«, die das Renditeniveau von deutschen Bundesanleihen und Staatsschuldverschreibungen anderer vergleichsweise solider Länder in Tiefen gedrückt hat, wie es sie nie vorher gab.

In normalen Zeiten weisen Anleihen die höchsten Renditen auf, höhere als Bankeinlagen oder Sparbriefe. Ausgestattet sind sie in der Regel mit fester Laufzeit und – Ausnahme Floater, also Anleihen, deren Zinsen in vorher festgelegten Abständen an die aktuelle kurzfristige Zinsentwicklung angepasst werden (s. Kapitel I.5) – festgeschriebenen Zinsen. Deshalb sind sie auch die Lieblingsinvestments von Großanlegern wie Versicherungen oder Pensionsfonds. Sie sind verbriefte Forderungen (Kredite) des Anleihekäufers gegenüber dem Emittenten, also dem Schuldner. Sie können börsentäglich ge- und verkauft werden. Der Kurs orientiert sich dabei am allgemeinen Zinsniveau. Wurde beispielsweise eine Bundesanleihe mit zehn Jahren Laufzeit mit einem Zinssatz von 2 Prozent zu 100 emittiert, und steigt die Marktrendite für Zehnjährige auf 3 Prozent, dann fällt der Kurs auf rund 92 Prozent. Umgekehrt läuft es, wenn die Rendite um einen Prozentpunkt von beispielsweise 3 auf 2 Prozent sinkt. Dann steigt der Kurs einer Anleihe auf rund 108, wenn er zuvor bei 100 lag.

Neben Staatsanleihen, zu denen in Deutschland außer Bundesanleihen auch Schuldverschreibungen der Bundesländer und von staatlichen Organisationen zählen, gibt es noch eine Reihe anderer Anleihearten:

Pfandbriefe werden von Banken ausgestellt. Sie dürften ebenso sicher wie Bundesanleihen sein, da sie – neben der Haftung der emittierenden Bank – zusätzlich besichert sind, beispielsweise mit Grundpfandrechten an Immobilien, die die Bank mit einem Hypothekendarlehen an einen Hauskäufer beliehen hat, oder mit Forderungen gegenüber staatlichen Schuldnern. Trotzdem werfen sie etwas höhere Renditen ab. Das liegt zum Großteil daran, dass sie im Ausland nicht so bekannt sind und dass die Emissionsvolumina nicht so umfangreich sind wie bei Bundesanleihen, weshalb sie von Großanlegern oft verschmäht werden. Sie als Privatanleger braucht das nicht zu stören. Sie können den Zinsvorsprung – der im Frühjahr 2012 bei Fünfjahrespfandbriefen zwischen 0,3 und 0,5 Prozentpunkten gegenüber Bundesanleihen schwankte – unbesorgt mitnehmen.

Unternehmensanleihen sind, wie es der Name schon sagt, Emissionen von Firmen. In diesem Segment spielen zwar in- und ausländische Finanzinstitute die Hauptrolle, aber auch Industrieunternehmen sind stark vertreten. Die Renditen der einzelnen Anleihen sind unterschiedlich hoch, weil es hier besonders auf die Bonität des Schuldners ankommt. Das Rating der Agenturen Standard & Poor's oder Moody's bestimmt mehr oder weniger die Zinshöhe. Da viele Unternehmen, wie ich im ersten Kapitel geschildert habe, mittlerweile ihr Eigenkapital deutlich erhöht haben, sind viele Unternehmensanleihen inzwischen sicherer als so manche Staatsanleihe. Somit lassen sich mit ihnen attraktive Zinsvorteile herausholen.

Staats- und Unternehmensanleihen gibt es nicht nur in Euro, sondern in vielen anderen Währungen, vom US-Dollar über die Norwegische Krone bis zu Emerging-Markets-Währungen. Das bringt zusätzliche Chancen auf Devisengewinne – aber auch Risiken mit möglichen Devisenverlusten. Ich habe in dem Rentenfonds, den ich lange Zeit erfolgreich gemanagt habe, sehr gute Erfahrungen mit Fremdwährungsanleihen – auch aus Schwellenländern – gemacht, weil sie neben höheren Zinsen oft auch Währungsgewinne gebracht haben. Trotzdem rate ich Privatanlegern zur Vorsicht, weil sich gerade an den Devisenmärkten oft unvorhergesehene Entwicklungen vollziehen.

Als Fazit muss ich anführen, dass Staatsanleihen derzeit – angesichts der von Notenbanken und Staaten künstlich nach unten manipulierten Zinsen – enorme Risiken bergen. Wenn Sie sich vorstellen, dass in »normalen« Zeiten die Renditen zehnjähriger Bundesanleihen bei etwa 6 Prozent liegen und unser Finanzminister derzeit nicht einmal 1,5 Prozent zahlen muss, können Sie sich die Kursrisiken leicht ausrechnen, die entstehen, sobald die Anleiheblase platzt, sprich, die Zinsen wieder steigen. Wie ich bereits erläutert habe, sorgt jeder Prozentpunkt höhere Marktrendite für 7 bis 8 Prozent Kursverlust bei Anleihen mit zehnjähriger Restlaufzeit. Bei Fünfjährigen sind es immer noch rund 4 Prozent Kursverlust.

Ein Renditeanstieg auf 4 Prozent, den ich zwar nicht bald, aber mit Sicht auf 2014 bis 2016 erwarte, würde also rund 15 bzw. 8 Prozent Kurseinbuße bedeuten. Die Zinseinnahmen von etwa acht, bzw. fünf Jahren würden also durch Kursverluste aufgezehrt! Deshalb rate ich zurzeit höchstens zu Kurzläufern, die aber nur sehr magere Renditen abwerfen. Wenn schon Anleihen, dann lieber Pfandbriefe und solide Unternehmensanleihen.

Eine attraktive Alternative können auch Wandelanleihen sein, eine Art Zwitter zwischen Anleihe und Aktie, weil sie zwar eine feste Verzinsung aufweisen, aber auch das Recht, die Anleihe zu einem festgelegten Kurs in Aktien des Emittenten zu wandeln, also umzutauschen.

Kurzcheck Anleihen

➤ Sicherheit: hoch bis minimal, je nach Bonität; allerdings enormes Kursrisiko bei steigenden Zinsen, das umso höher ist, je länger die Laufzeiten sind

➤ Rendite: historischer Tiefstand, niedriger als die Inflation, daher realer Wertverlust

➤ Verfügbarkeit: gut, da börsentäglich zu veräußern

➤ Kosten: normale Wertpapierspesen, abhängig von den Konditionen der Bank

➤ Eignung: in Normalzeiten Basis fürs Depot, zurzeit bestenfalls Kurzläufer interessant

---

Aktien

Wären Sie gern Unternehmer? Nichts leichter als das! Mit dem Kauf von Aktien sind Sie Teilhaber an Aktiengesellschaften. Mit Bankanlagen oder Anleihen sind Sie lediglich Kreditgeber eines Schuldners. Als Aktionär sind Sie dagegen unmittelbar am Wohl und Wehe von Firmen beteiligt. Je besser es »Ihren« Unternehmen geht, also den Gesellschaften, von denen Sie Aktien besitzen, desto ertragreicher sind Ihre Beteiligungen.

Wohl und Wehe sagt schon aus, dass es bei den Unternehmen auf und ab geht. Ihre Aussichten verbessern oder verschlechtern sich im Gefolge der Gesamtkonjunktur und der Entwicklung in der entsprechenden Branche. Vor allem kommt es jedoch darauf an, wie erfolgreich das Management arbeitet, investiert, forschen lässt, Märkte erschließt und die Kosten in den Griff bekommt. Von diesen Faktoren hängt ganz wesentlich die Ertragsentwicklung ab – und von dieser im Großen und Ganzen wiederum die Kursentwicklung der jeweiligen Aktien. Zumindest langfristig. Denn das belegen Berechnungen, die zum Teil Zeiträume von mehr als 100 Jahren berücksichtigen, ganz deutlich: Der langfristige Kurstrend von Aktien entspricht früher oder später dem Gewinntrend der Unternehmen. Kurzfristig dagegen schwanken die Börsenkurse mitunter gewaltig – wie das die Aktienanleger insbesondere in den letzten 15 Jahren erfahren mussten.

Der kurzfristige Kursverlauf hängt mehr von psychologischen, markttechnischen und immer häufiger auch politischen Faktoren ab – wie der Eurokrise oder Spannungen im Nahen Osten – als von harten Wirtschaftsdaten. Eine Investition in Aktien ist allerdings ihrem ganzen Wesen nach – ganz ähnlich wie der Kauf einer Immobilie – eine langfristige Anlage. Sie erwerben einen Sachwert. Würden Sie, falls Sie Anteile an einer Restaurantkette hätten, diese morgen oder übermorgen oder in zehn Wochen schon wieder verkaufen, wenn Sie wissen, der Firma geht es gut, die Umsätze steigen und die Gewinne noch mehr? Das widerspricht dem gesunden Menschenverstand. Ein gut geführtes Unternehmen agiert von Natur aus mit langfristigen Strategien, Investitionen, Personalplänen und Forschungsausgaben. Die Chancen und Risiken ändern sich daher nicht alle paar Tage. An der Börse dagegen handeln die meisten zu kurzfristig.

Seitdem es den vollcomputerisierten Hochfrequenzhandel gibt, heißt das oft, Käufe und Verkäufe binnen Sekundenbruchteilen zu tätigen. Zocker sehen die Aktie nur als Wett- und nicht als Wertobjekt (als Vehikel für Differenzgeschäfte, für kleine Schnäppchen). Durch dieses verrückte Hin-und-Her-Handeln werden die Kursausschläge immer heftiger und es kommt viel häufiger als in früheren Zeiten zu maßlosen spekulativen Übertreibungen – nach oben wie nach unten. Diese heftigen Kursbewegungen halten viele Anleger von Aktienkäufen ab. Obwohl sie diese klein gestückelten Unternehmensbeteiligungen gern als Langfristinvestment für den Vermögensaufbau oder die Altersvorsorge einsetzen würden. Das ist sehr schade. Denn Aktien sind seit Jahren extrem billig, zumindest gemessen an den beiden populärsten Bewertungskennziffern.

➤ Das *Kurs-Gewinn-Verhältnis* (KGV) sagt aus, um das Wievielfache der Kurs über dem Jahresergebnis je Aktie liegt. Klar, dass es für den Langfristanleger umso reizvoller ist, je niedriger das KGV ausfällt. Ein KGV von beispielsweise 10 besagt, dass der Kurs 10-mal so hoch ist wie der Gewinn des Unternehmens, eines von 20, dass der Kurs den Ertrag um das 20-Fache übersteigt. Im Durchschnitt der letzten Jahrzehnte erreichten die KGVs rund 15 – im Frühjahr 2012 lagen sie aber in vielen Ländern, insbesondere in den europäischen, unter 10. Die Kurse könnten also um rund 50 Prozent klettern und würden dann erst – bei den aktuellen Gewinnerwartungen – das historische KGV erreichen. Nach dem KGV-Kriterium sind die Aktienmärkte somit so billig wie selten in den letzten 50 Jahren. Aber jedes Mal, wenn sie auf ähnlich tiefem Niveau angelangt waren, kam es früher oder später zu kräftigen, lang anhaltenden Kurssteigerungen. Für die Anleger ist diese Phase ein gefundenes Fressen. Solche einmaligen Sonderangebote sollten Sie sich nicht entgehen lassen.

➤ Ähnlich sieht es mit der *Dividendenrendite* aus, also der jährlichen Ausschüttung im Verhältnis zum Aktienkurs. Bei einer Dividende von 4 Euro je Aktie und einem Kurs von 100 Euro beträgt die Dividendenrendite 4 Prozent. Das entspricht etwa der durchschnittlichen Dividendenrendite der DAX-Aktien im Mai 2012, im EuroStoxx 50 lag sie sogar bei knapp 5 Prozent. Diese Werte könnten noch deutlich höher liegen, denn die deutschen Aktiengesellschaften haben beispielsweise in den letzten Jahren im Schnitt nur 40 Prozent ihrer Erträge ausgeschüttet. Hier wird erst richtig deutlich, wie günstig Aktien sind. Würden die AGs den gesamten Gewinn ausschütten, läge die Dividendenrendite beim DAX bei sagenhaften 10 Prozent. Aber auch die aktuellen rund 4 Prozent sind ja enorm viel im Vergleich zu den nicht einmal 1,5 Prozent bei einer zehnjährigen Bundesanleihe.

In »normalen« Zeiten bringen Anleihen stets höhere laufende Erträge als Aktien. Es kommt eher selten vor, dass die Dividendenrenditen die Anleihenzinsen übertreffen – und ich kann mich nicht erinnern, dass sie das jemals in diesem enormen Ausmaß und so lange getan haben wie zurzeit. Salopp gesagt: Dividendenrenditen sind derzeit so attraktiv wie selten.

Wie ich in späteren Kapiteln ausführlich zeigen werde, sind Aktien langfristig die rentabelste Wertpapiergattung. Es gibt zahlreiche Analysen, die das belegen: Auf lange Sicht kann nichts die Durchschnittserträge einer Aktienanlage schlagen. Vor allem real, also nach Abzug der Inflation, sind sie Zinsanlagen vorzuziehen. Das ist auch logisch. Weil Unternehmen in einer Marktwirtschaft die Quellen von Wohlstand, Wachstum und Innovation sind. Sie würden wohl auch keine Kredite aufnehmen, wenn sie nicht davon überzeugt wären, dass Sie damit höhere Erträge erzielen können, als sie Kreditzinsen zahlen müssen!

Daraus folgt meines Erachtens ganz konsequent: Aktien dürfen bei keinem planvollen Vermögensaufbau fehlen. Sie sind ein absolutes Muss, da sie die höchsten Renditen abwerfen und der wirksamste Schutz vor Inflation sind.

Kurzcheck Aktien

➤ Sicherheit: kurzfristig riskant, langfristig guter Schutz vor Inflation

➤ Rendite: langfristig sehr hoch, kurzfristig stark schwankend

➤ Verfügbarkeit: sehr gut, da börsentäglich veräußerbar

➤ Kosten: normale Wertpapierspesen, abhängig von der Bank

➤ Eignung: als Basis jedes Vermögensaufbaus unverzichtbar

Investmentfonds

Im 19. Jahrhundert hatten die geizigen Schotten eine großartige Idee. Sie »erfanden« eine Vermögensverwaltung, die sich jeder leisten kann, und nannten sie Fonds: Viele Anleger schließen sich zu einer Gemeinschaft zusammen. Und das ist auch heute noch der große Vorzug. Mit den dadurch zur Verfügung stehenden umfangreichen Summen können die Beteiligten alle Vorteile eines Großanlegers nutzen. Es gibt Fachleute, die sich um die Anlage kümmern, und gute Konditionen beim Wertpapierhandel. Vor allem aber ist eine Risikostreuung möglich, das heißt, das gemeinsame Geld kann auf viele verschiedene Wertpapiere aufgeteilt werden. Hinzu kommt das hohe Maß an Liquidität, denn Fondsanteile lassen sich werktäglich kaufen und verkaufen.

Der Staat hat für diese Fonds mit seinen Gesetzen die Sicherheit stark erhöht. So muss das Geld der Kunden als Sondervermögen bei einer unabhängigen Depotbank angelegt werden, das heißt in einem eigenen Topf, der vollständig von anderen Anlagen der Fondsgesellschaft sowie der Bank getrennt sein muss. Im Konkursfall kommen deshalb Fondsanleger zu 100 Prozent an ihre Anteile, weil sie ja Eigentümer des Sondervermögens sind und sonst niemand einen Zugriff erhält. Der Preis jedes Fondsanteils wird täglich neu berechnet, indem alle Vermögenswerte im »Topf« zum Tageskurs zusammengezählt und durch die Zahl der Anteile dividiert werden.

All diese Vorzüge kosten natürlich. Die Gebühren von Investmentfonds können recht happig sein, angefangen vom einmaligen Ausgabeaufschlag, den der Käufer zahlen muss, bis zu den laufenden jährlichen Kosten. Aber hier ist vieles im Fluss. Zum einen gewähren heute viele Banken Rabatte bei den Ausgabeaufschlägen. Zum anderen werden viele Fonds mittlerweile auch über Börsen gehandelt, wodurch sich die Kosten für An- und Verkauf deutlich reduzieren. Generell gilt somit: Je länger ein Anleger Fondsanteile hält, desto geringer schlagen die Kosten im Durchschnitt zu Buche. Das zeigt, dass Fonds alles andere als Zockerinstrumente sind. Sie sind sogar ein recht gutes Vehikel für einen langfristigen Vermögensaufbau.

Viele Fonds können Sie auch über Sparpläne erwerben. Hier macht sich der »Cost Average Effect« positiv bemerkbar. Dieser besagt, dass Anleger mit gleichbleibenden monatlichen oder vierteljährlichen Einzahlungen bei niedrigen Kursen automatisch mehr Fondsanteile erhalten als bei hohen. Ihr durchschnittlicher Einstandskurs ist dadurch niedriger, als wenn sie zum Beispiel regelmäßig 10 oder 50 Fondsanteile erwerben würden. Der Anleger kauft also gerade bei Kursrückschlägen überdurchschnittlich viele Anteile. Der amerikanische Fondsmanager Peter Lynch, der immer noch als einer der erfolgreichsten seiner Zunft gilt, obwohl er schon in den 1990er-Jahren seine Laufbahn beendete, betonte immer wieder, wie sehr er Kursrückschläge liebe, weil er dann gute Aktien zu unvorstellbar niedrigen Kursen einkaufen könne. Und genau das gelingt Ihnen automatisch bei Fonds-Sparplänen dank des Cost-Average-Effekts. Sie verzichten auf Timing und schalten Stimmungsschwankungen mit regelmäßigen Käufen automatisch aus.

Fonds gibt es in zahlreichen Ausprägungen und Zwischenformen. Ich will nur die drei wichtigsten Hauptgattungen der Wertpapierfonds beschreiben. Geldmarktfonds für die Kurzfristanlage (als Konkurrenz zu Tages- und Festgeld relativ uninteressant) bleiben dabei ebenso außen vor wie offene Immobilienfonds. Sie sind eine Fehlkonstruktion: Immobilien sind eine typische Langfristanlage, Anleger können jedoch täglich ihre Fondsanteile kaufen und vor allem verkaufen. Das hat zu Liquiditätsproblemen und letztlich Schließungen und Auflösungen von Immobilienfonds geführt.

Aktienfonds sind die größte Fondsgattung in Deutschland. Mitte 2012 hatten Privatanleger rund 212 Milliarden Euro in Aktienfonds angelegt. Darunter verbergen sich jedoch recht unterschiedliche Arten. Zum einen gibt es breit aufgestellte Produkte, die entweder Aktien der ganzen Welt, des Heimatmarktes Deutschland oder verschiedener Erdteile wie Europa oder Asien als Anlageuniversum haben. Daneben gibt es stärker fokussierte Fonds, deren Schwerpunkte auf einzelnen Regionen, Branchen oder Unternehmen bestimmter Größenklassen liegen, sodass Anleger in diverse Themen investieren können. Das können deutsche Small-Cap-Aktien oder asiatische Emerging-Markets-Titel sein, aber auch amerikanische Technologie- oder Energieaktien, um nur einige Beispiele zu nennen. Die Wertentwicklung von Aktienfonds kann kurzfristig stark schwanken, weist aber bei langen Laufzeiten im Allgemeinen ordentliche Durchschnittsergebnisse auf. Sie liegen bei Haltedauern von 20 bis 30 Jahren bei rund 6 bis 8,5 Prozent. Gut gemanagte Fonds erreichen noch wesentlich höhere Renditen.

Rentenfonds waren mit einem Volumen von rund 198 Milliarden Euro Mitte 2012 die zweite große Säule der Investmentfonds. Sie investieren ausschließlich in festverzinsliche Wertpapiere. Hier gibt es ebenfalls viele verschiedene Arten: Fonds, die nur in Euro-Anleihen anlegen, um Währungsrisiken zu vermeiden, oder solche, die bewusst in Fremdwährungsbonds investieren. Einige Fonds investieren nur in Kurz-, Mittel- oder Langläuferprodukte. Und schließlich gibt es auch bei Rentenfonds Spezialisten, die ausschließlich Anleihen aus bestimmten Ländern, Regionen oder Segmenten – wie beispielsweise Emerging-Markets-Bonds oder Unternehmensanleihen – erwerben. Die Auswahl ist fast so groß wie bei Aktienfonds. Die Durchschnittsrenditen waren bei Euro-Rentenfonds in den vergangenen Jahren recht hoch und relativ konstant: Bei einem Anlagehorizont von 20 bis 30 Jahren reichten sie von rund 5 bis fast 6 Prozent. Wer jetzt in der Niedrigzinsphase kauft, wird aber mit großer Sicherheit diese Renditen nicht mehr erzielen.

Mischfonds kommen den Vorteilen einer Vermögensverwaltung am nächsten, weil sie – je nach Situation – Aktien, Anleihen oder Cash übergewichten können. Im Idealfall halten Mischfonds bei steigenden Aktienkursen einen überdurchschnittlichen Anteil an Dividendenwerten und eine geringe Portion an Anleihen und Cash. In ungünstigen Börsenphasen sollte es genau umgekehrt sein. Freilich gelingt der »Switch« nicht immer und bei Weitem nicht allen Mischfonds. Die jährlichen Renditen schwanken aufgrund der Streuung in unterschiedliche Anlagearten nicht so stark wie bei Aktienfonds, erreichen aber dafür per saldo langfristig mit durchschnittlich rund 5½ Prozent bei 20 und rund 7½ Prozent bei 30 Jahren (ausgewogene Euro-Mischfonds) nicht deren Gesamtertrag.

Mein Fazit

Investmentfonds eignen sich hervorragend für Anleger, die sich nicht näher mit der Geldanlage befassen können oder wollen. Vor allem als Sparplan sind sie für den langfristigen Vermögensaufbau gut geeignet. In der jetzigen Niedrigstzinsphase rate ich entschieden zu Aktienfonds und für vorsichtige Anleger zu aktienbetonten Mischfonds. Anleger nutzen so die großen Chancen, die Dividendentitel in den kommenden Jahren haben, und sie vermeiden die Kursrisiken, die Anleihen derzeit in sich bergen.

Kurzcheck Investmentfonds

➤ Sicherheit: hoch, da als Sondervermögen besonders geschützt

➤ Rendite: hängt von der Fondsart ab, langfristig rentieren sich Aktienfonds am besten

➤ Verfügbarkeit: sehr gut, da börsentäglich veräußerbar

➤ Kosten: hoch infolge von Ausgabeaufschlag und Verwaltungskosten, aber verhandelbar

➤ Eignung: eine Basisanlage für langfristige Anleger

ETFs oder Indexfonds

ETF ist die Abkürzung von Exchange-Traded Fund, womit ein börsengehandelter Investmentfonds gemeint ist. ETFs können wie Aktien oder Anleihen an den Börsen laufend ge- und verkauft werden. Sie sind in der Regel passive Fonds. Das heißt, sie bilden eine bestimmte Größe, meist einen Index wie beispielsweise den DAX oder den EuroStoxx 50, eins zu eins nach. Ihre Zusammensetzung orientiert sich also an der Gewichtung des Index. Es können aber auch Kombinationen aus Indizes sein, wie zum Beispiel denen der BRIC-Staaten Brasilien, Russland, Indien und China.

Da ETFs auf ein Fondsmanagement – das laufend Wertpapiere analysiert, selektiert, kauft und verkauft – verzichten und »nur« den Index nachbauen, entstehen wesentlich geringere Kosten. Das ist der besondere Reiz der ETFs. Sie als Anleger können ganze Märkte, Branchen, Regionen und Anlagestile zu sehr günstigen Kosten »erwerben« und erreichen garantiert die Wertentwicklung der entsprechenden Indizes. Es fallen lediglich geringe laufende Kosten an, die bei ETFs auf gängige Indizes wie den DAX pro Jahr maximal 0,1 Prozent erreichen, bei exotischen ETFs können es aber durchaus 0,4 bis 0,7 Prozent sein. Ausgabeaufschläge entfallen ganz; dafür fallen die viel geringeren Börsenspesen an. Die laufenden Kosten aktiv gemanagter Fonds liegen dagegen im Durchschnitt bei 1½ bis 2 Prozent pro Jahr.

ETFs werden von einigen Banken, insbesondere Direktbanken, auch als Sparpläne angeboten. Sie eignen sich daher hervorragend zum Vermögensaufbau und zur Altersvorsorge. Kein Wunder, dass ETFs seit Jahren die Wertpapierform sind, die den mit Abstand größten Zustrom an Geldern erhält. Im Frühjahr 2012 gab es weltweit nach Berechnungen von Blackrock, dem größten Vermögensverwalter der Welt, mehr als 3100 ETFs mit einem Volumen von gut 1,5 Billionen Dollar. Das entspricht einer Verdoppelung innerhalb von lediglich knapp drei Jahren.

ETFs gibt es nicht nur auf zahlreiche Aktienindizes, sondern auch auf Rentenindizes sowie Indizes auf Rohstoffe, Währungen und alternative Investments. Aber Vorsicht: Hier gilt es, genau auf jeden Buchstaben zu achten. Während ETFs als Investmentfonds Sondervermögen sind, die im Konkursfall des Emittenten nicht betroffen sind, werden Rohstoffe und andere Anlageklassen meistens in Form von ETCs (Exchange-Traded Commodities) aufgelegt. Diese bewusst ähnlich klingenden Produkte sind aber in den meisten Fällen Schuldverschreibungen der emittierenden Bank, es sei denn, die Rohstoffe sind physisch hinterlegt worden.

Eine Form der ETFs ist allerdings in jüngster Zeit in Verruf geraten, sogenannte swapbasierte ETFs. Diese bilden den Index nicht oder nur teilweise durch den physischen Kauf der im Index enthaltenen Wertpapiere ab, sondern jonglieren mit Derivaten. (Zur Gefährlichkeit der Derivate s. auch Kapitel I.3, Abschnitt »Derivate sind Massenvernichtungswaffen«). Das Fondsvermögen besteht damit zum Teil aus Ansprüchen gegen Banken, mit denen ein Swapgeschäft (= Tauschgeschäft) abgeschlossen worden ist. Und das ist riskant und widerspricht der guten Idee der ETFs.

Die Bank für Internationalen Zahlungsausgleich (BIZ), der Internationale Währungsfonds und der Finanzstabilitätsrat haben deshalb zurecht gewarnt, die zunehmende Verwendung von Derivaten in ETFs führe zu einer Bedrohung des internationalen Finanzsystems. Es ist immer das gleiche Spiel: Sobald etwas beim Publikum Erfolg hat, wollen die Banken doppelt und vielfach verdienen und ihren Derivate-Unsinn draufsatteln. Dadurch können sie viel mehr Geld herausschlagen als mit normal gebauten ETFs. Manche Anbieter haben seit der Kritik der Banken- und Währungsaufseher und der damit einhergehenden schlechten Presse die Verwendung von Derivaten eingeschränkt oder ganz eingestellt. Das finde ich gut, aber noch nicht ausreichend. Meiner Ansicht nach muss die ETF-Branche eine Vereinbarung treffen, dass Derivate nur in engen Grenzen eingesetzt werden dürfen, zum Beispiel bei schlecht handelbaren Schwellenländer-Indizes.

ETFs sind grundlegend eine Anlageart, die ganz nach meinem Geschmack ist: Einfach zu handhaben, mit garantierter Performance eines Marktindex oder eines Wertpapierkorbs und dazu noch außerordentlich kostengünstig. Aber hüten Sie sich vor swapbasierten Produkten! Schauen Sie vor dem Kauf vielmehr genau in der Emissionsbeschreibung nach, ob der entsprechende ETF »replizierend« ist, wie der Fachbegriff für die Nachbildung über physische Wertpapierkäufe lautet, oder ob lediglich »swapbasiert«.

Kurzcheck ETF (Indexfonds)

➤ Sicherheit: hoch, da als Sondervermögen besonders geschützt

➤ Rendite: hängt eins zu eins vom nachgebildeten Index ab

➤ Verfügbarkeit: sehr gut, da börsentäglich veräußerbar

➤ Kosten: normale Wertpapierspesen, geringe Verwaltungskosten

➤ Eignung: als Basis für den Vermögensaufbau hervorragend geeignet

---

Zertifikate und Optionsscheine

So wie ETFs theoretisch unter die Rubrik Investmentfonds fallen, zählen Zertifikate eigentlich zu den Anleihen. Rechtlich betrachtet sind sie Schulverschreibungen, die statt Zinsen an die Anleger das Ergebnis von Finanzwetten auszahlen. Schuldverschreibungen sind, wie die Pleite des vor allem in Deutschland ehemals großen Zertifikateanbieters Lehman Brothers vielen Anlegern schmerzlich vor Augen geführt hat, weder durch eine Einlagensicherung wie bei Spargeldern noch durch Sondervermögen wie bei Fonds oder Aktien im Depot gesichert. Das ist das eine Risiko. Das andere Risiko liegt darin, dass die den Zertifikaten zugrunde liegenden Finanzwetten nicht aufgehen. Und das ist eher die Regel als die Ausnahme, wie sich an der Vielzahl der Zertifikate zeigt, die wertlos oder mit einem Preis weit unter dem Emissionskurs verfallen oder zurückgezahlt werden.

Dabei fing es mit den Zertifikaten ganz bieder an. Vor mehr als 20 Jahren wurden sie in Deutschland erstmals verkauft – als reine Index-Zertifikate, die DAX & Co. eins zu eins nachbildeten. Da es damals noch keine ETFs gab, war der Erfolg groß – und machte die Emissionsbanken, darunter viele ausländische, gierig. Sie schleuderten immer neue Konstruktionen auf den Markt, die mit Geldanlage zunehmend weniger zu tun hatten, sondern verwegene und komplizierte Wetten beinhalteten. Das betraf selbst Produkte, die als risikoarm verkauft wurden. Je komplizierter und intransparenter Zertifikate waren, desto höhere Kosten konnten die Emittenten draufschlagen, ohne dass der Kunde das merkte. Da Banken und Sparkassen für den Verkauf der Zertifikate mit hohen Provisionen gelockt wurden – und werden –, bringen sie diese verbrieften Derivate ausgesprochen gern an Mann und Frau. Übrigens: Wussten Sie, dass die Pleitebank Lehman damals mit die höchsten Provisionen zahlte – und dass deshalb Bank- und Sparkassenberater besonders gern deren Produkte verkauften?

Inzwischen gibt es eine kaum noch überschaubare Vielfalt an Derivaten und Derivate-Konstruktionen. Ende Juli 2012 zählte der Branchenverband DDV exakt 940 381 Produkte, davon 607 911 Zertifikate und 332 470 Optionsscheine. Da viele Papiere, wie ich gerade geschildert habe, verfallen oder auslaufen, nimmt sich die Zahl der Neuemissionen noch furchterregender aus: Allein in den ersten sechs Monaten 2012 kamen 954 112 neue verbriefte Derivate auf den Markt.

Zertifikate werden meist nicht über die Börse gehandelt, sondern direkt über den Emittenten (Direkthandel). Die Kursbildung erfolgt also nicht durch Angebot und Nachfrage, sondern wird vom Bank-Computer fortlaufend errechnet. Kauf und Verkauf laufen also überwiegend über die Bank, die die Kurse festlegt – eine weitere Stelle der Intransparenz.

Eingeteilt werden Zertifikate in zwei Hauptkategorien: *derivative Anlageprodukte* und *derivative Hebelprodukte.*

Als **Anlageprodukte** werden, überspitzt ausgedrückt, die Konstruktionen bezeichnet, die nicht wertlos verfallen können. Dazu gehört erstens die Gruppe der *Zertifikate mit Kapitalschutz.* Ich habe bereits im ersten Kapitel auf den Unsinn mit diesen Garantieprodukten hingewiesen. Bei ihnen sichert der Emittent zwar die Rückzahlung in Höhe des Nennwerts zu – die darüber hinausgehende Rendite ist jedoch oft recht spärlich.

Im Prinzip kauft der Emittent – die Bank – mit dem Geld des Anlegers lediglich eine Anleihe mit identischer Laufzeit wie das Zertifikat. Die Zinsen zahlt er nicht aus, sondern benutzt sie, um damit Optionen auf den jeweiligen Basiswert zu kaufen. Garantiert ist nur der Nominalwert, und der garantiert bei entsprechender Inflation einen realen Verlust. Da der Anleger zudem wegen der hohen Kosten an der Kursentwicklung des Basiswerts nur teilweise partizipiert, war die Rendite in den letzten Jahren im Durchschnitt sehr niedrig, viel niedriger als bei einer schlichten Bundesanleihe. Für Banken sind Kapitalschutz-Zertifikate und strukturierte Anleihen, die auch unter diese Rubrik fallen, Gold wert. Sie können hohe versteckte Gebühren verlangen – weil deutsche Anleger auf alles abfahren, wo Garantie draufsteht. Fast 70 Prozent der Kundengelder, die in Zertifikaten liegen, sind mit Kapitalschutz ausgestattet. Garantie-Zertifikate sind ein Spiel mit der Angst der Anleger vor Verlusten, bei dem es nur einen Gewinner gibt: die Bank.

Die zweite Gruppe nennt sich *Anlageprodukte ohne Kapitalschutz* und umfasst Aktienanleihen, Discount-Zertifikate, Express-Zertifikate, Bonus-Zertifikate, Outperformance-Zertifikate, Index-Zertifikate – und dazu noch eine Flut an Kombinationen und Zwischenarten.

Aktienanleihen bestechen durch optisch hohe Zinsen, die Ihnen garantiert werden. Ein Problem könnte sich jedoch am Laufzeitende einstellen: Sollte der Kurs der Aktie, auf die sich die Anleihe bezieht, am Ende der Laufzeit unter einem anfangs fixierten Kurs liegen, wird nicht die Anleihe zurückgezahlt, stattdessen werden dem Käufer der Aktienanleihe Aktien des betreffenden Unternehmens angedient. Der Anleger erleidet dann oft einen Verlust, der die gesamten Zinsen der letzten Jahre aufzehrt. Ähnlich ist es bei Discount-Zertifikaten. Hier kaufen Sie Aktien des Basiswerts zwar mit einem Rabatt. Das Manko ist jedoch, dass Sie an steigenden Kursen nur bis zu einer gewissen Grenze partizipieren. Bei den lange Zeit extrem populären Bonus-Zertifikaten erhalten Sie nur dann den versprochenen Bonus, wenn die Kurse der Basiswerte einen bestimmten Wert nicht unterschreiten. Besonders fies sind Bonus-Zertifikate, die auf mehrere Aktien lauten. Sobald nur eine Aktie die Barriere durchbricht, entfällt der Bonus. Und die Wahrscheinlichkeit, dass dies passiert, ist bei drei oder vier Aktien schon ziemlich groß und passierte während der Börsenrückschläge der letzten Jahre leider allzu häufig.

Übrigens: Die Dividenden für die Basiswerte der meisten Anlage-Zertifikate erhalten nicht Sie. Die kassiert der Emittent und kauft dafür riskante Derivate.

Damit bleiben noch die hochriskanten **Hebelprodukte** wie Knock-outs und Optionsscheine, die zahlenmäßig den Löwenanteil am Zertifikate-Unfug ausmachen. Die deutschen Anleger wollen es entweder supersicher – und kaufen Garantie-Zertifikate, obwohl ich unter Sicherheit etwas anderes verstehe. Oder sie wollen es superspekulativ – und verjubeln ihr Geld mit kurzfristigen Finanzwetten. Angsthasen auf dem einen Extrem der Skala, Zocker auf dem anderen. Knock-outs und Optionsscheine locken mit dem Versprechen, mit kleinem Einsatz Riesengewinne machen zu können. Beide arbeiten mit hohen »Hebeln«. Ein Hebel von fünf besagt dabei, dass das Produkt im Preis fünfmal so stark steigt wie der Basiswert. Aber dummerweise fällt es auch fünfmal so stark. Der Verlust ist allerdings auf den Einsatz beschränkt. Mehr als alles verlieren – also 100 Prozent – geht hier, im Gegensatz zu Termingeschäften, nicht. Bei Optionsscheinen hängt die Preisentwicklung nicht nur vom Auf und Ab des Basiswerts ab, beispielsweise der Siemens-Aktie, sondern auch von deren Volatilität (Schwankungsbreite) und der Restlaufzeit. Bei Knock-outs spielt die Volatilität keine Rolle, dafür verfällt das Zertifikat wertlos (oder mit geringem Wert, je nach Konstruktion), sobald eine zu Beginn fixierte Kursschwelle des Basiswerts unterschritten wird. Mit beiden Instrumenten lässt sich auch auf fallende Kurse spekulieren; dann verfällt der Knock-out, sobald die Aktie eine bestimmte Höhe überschreitet.

Fazit

Ich kann nur noch einmal wiederholen, was ich bereits im ersten Kapitel deutlich zum Ausdruck gebracht habe: Die Welt braucht keine Zertifikate. Das sind Spielzeuge für Zocker und Unwissende, die den Sirenengesängen der Banken und Emittenten glauben. Seriöses Anlegen sieht anders aus. Vor allem seriöser Vermögensaufbau.

Deshalb mein Rat: Vergessen Sie Derivate. Interessant sind sie höchstens einmal als Absicherung Ihrer Positionen in schwierigen Phasen.

Kurzcheck Zertifikate und andere Derivate

➤ Sicherheit: sehr gering, da als Schuldverschreibung kein Schutz bei Bankpleite

➤ Rendite: zwischen Totalverlust und hohen Renditen

➤ Verfügbarkeit: sehr gut, da börsentäglich veräußerbar

➤ Kosten: normale Wertpapierspesen plus hohe unsichtbare Kosten

➤ Eignung: Wettinstrument für Spekulanten, denen Fußballtoto zu langweilig ist

---

Die wichtigsten Edelmetall-Formen

Gold hat in den letzten zehn Jahren eine imponierende Preisentwicklung vollzogen – von knapp 300 Dollar je Feinunze (31,1 Gramm) auf zeitweise fast 2000 Dollar. In den gut 20 Jahren zuvor war der Preis allerdings von 850 auf 250 Dollar gefallen. Gold und andere Edelmetalle, insbesondere Silber, sind damit alles andere als sanfte Ruhekissen. Sie überzeugen vor allem dann, wenn auf der Welt Unruhe herrscht, sei es politisch oder – mehr noch – wirtschaftlich und finanziell. Wenn Inflation droht, wenn Währungen kollabieren und Staatsschulden explodieren, ist Gold sprichwörtlich Gold wert. Und da in diesem Jahrtausend eine Turbulenz die nächste jagte, flüchteten viele Anleger in den sicheren Hafen und trieben die Edelmetallpreise hoch.

Am begehrtesten unter allen Metallen ist und bleibt Gold. Anleger können es in unterschiedlichen Formen erwerben:

➤ Physisches Gold: Goldbarren sowie Goldmünzen, die in einem Land gesetzliches Zahlungsmittel sind oder waren (wie der Krügerrand in Südafrika) haben den Reiz, frei von Mehrwertsteuer und Abgeltungssteuer zu sein. Die Kosten in Form unterschiedlicher An- und Verkaufspreise sind jedoch hoch und hängen von der Größe des Barrens oder der Münze ab. In Extremfällen betragen sie 10 Prozent und mehr.

➤ ETFs und Zertifikate (Schuldscheine) auf Gold unterliegen als Wertpapiere dagegen der Abgeltungssteuer, dafür sind die Kaufkosten in der Regel geringer und die Anlage ist bequemer.

Silber ist noch wesentlich volatiler als Gold, weil es nicht nur als Schmuck und Anlage dient, sondern auch in der Industrie eingesetzt wird und damit konjunkturabhängig ist. In den letzten zehn Jahren stieg der Preis von 5 auf fast 50 Dollar je Feinunze, um dann wieder unter 30 Dollar abzusacken. Im Gegensatz zu Gold unterliegt der physische Kauf von Silber der Mehrwertsteuer. Das gilt natürlich nicht für ETFs (ETCs) und Zertifikate.

Gold und Silber bringen keine laufenden Erträge, ihre Performance hängt nur von Preisbewegungen ab. Seit Anfang der 1980er-Jahre hat sich der Goldpreis im Wesentlichen seitwärts bewegt. Erst seit 2005 hat er angesichts der Krisen einen Höhenflug hingelegt. Das bedeutet, in 23 von 30 Jahren hat man mit Gold nichts verdient! Nimmt man die gesamte Zeitspanne von 30 Jahren, so ergibt sich in Euro eine jährliche Rendite von gerade einmal 2,7 Prozent.

Kostolany hielt nicht viel von Gold. Er sagte: »Obwohl viele behaupten, Gold sei ein Sachwert, ist er das in meinen Augen nicht, denn es hat weder einen Ertrag noch einen Bedarf in der Wirtschaft.«

Angesichts demnächst wieder heraufziehender Inflation schadet es nicht, eine kleine Portion an Gold zu halten, sozusagen als Versicherung gegen einen Zusammenbruch der Finanzmärkte. Oder, wie ich es meinen Kunden immer sage, als Aspirin fürs Nachtkastl. Sie müssen sich aber im Klaren darüber sein, dass die Edelmetallmärkte heiß gelaufen sind und extrem stark von Käufen aus den

Schwellenländern abhängen. Für meinen Geschmack wird inzwischen von Goldhändlern zu viel Werbung gemacht, um auch noch den letzten Kunden zu ködern. Das ist immer ein Warnsignal, zumal mittlerweile auch die Medien Gold als Heilsbringer schildern. Ähnliches passierte schon einmal, 1979/1980 – und anschließend gab es den großen Katzenjammer.

Kurzcheck Gold und Silber

➤ Sicherheit: hoch bei physischem Kauf, gering bei »Papiergold«

➤ Rendite: sehr stark schwankend

➤ Verfügbarkeit: sehr gut, da börsentäglich zu veräußern

➤ Kosten: hoch bei physischem Kauf, niedriger bei »Papiergold«

➤ Eignung: in kleinen Mengen als Beimischung und Versicherung für extrem schlechte Zeiten

---

Mein Streifzug durch den Anlagedschungel erhebt nicht den Anspruch auf Vollständigkeit. Zum Beispiel habe ich die geschlossenen Fonds nicht behandelt. Diese Fonds, in denen Anleger als Miteigentümer vorher festgelegte Projekte wie Immobilien oder Schiffe finanzieren und die nach der Zeichnung geschlossen werden, sind nicht standardisiert. So mancher Fonds ist pleite gegangen, beispielsweise sollen allein mehr als 100 Schiffsfonds Insolvenz angemeldet haben. Bei vielen Anlegern ist nicht nur das Kapital ganz weg; sie müssen sogar noch zusätzliches Geld nachschießen. Andere bringen gute Renditen, vor allem nach Steuern. Sie weichen jedoch so stark voneinander ab, dass sie schwer zu vergleichen sind. Zudem sind die Kosten oft extrem hoch und die Mindestanlagesummen beachtlich.

Besonders viel Schaden richteten steuerbegünstigte Medienfonds an, mit denen Filmproduktionen finanziert werden sollten. Anders als im Ausland hatte es unser Vater Staat versäumt, die Steuervorteile mit einer Pflicht zu einem Produktionsanteil im Inland zu verbinden. Die Milliarden flossen deshalb überwiegend nach Hollywood. Dort freute man sich über den Geldsegen und produzierte zweitklassige Filme, die meistens floppten, aber gewaltige Kosten verschlangen. Hollywood sprach vom »stupid German money«, weil die dummen Medienfonds-Initiatoren keine Ahnung vom Filmgeschäft hatten. Meistens endete der Ausflug in die Traumfabrik in einem Albtraum für die Anleger.

2. Chancen erkennen und Risiken beherrschen

»Nichts geschieht ohne Risiko. Aber ohne Risiko geschieht auch nichts.«

Walter Scheel, ehemaliger deutscher Bundespräsident

Menschen haben Angst vor Verlusten: Ein Verlust schmerzt sie doppelt so schwer, wie ein Gewinn ihnen Freude bereitet. Das zeigt sich bei einer einfachen Wette mit einem Münzwurf.

Die Wahrscheinlichkeit, dass die Münze auf Kopf oder Zahl landet, beträgt jeweils 50 Prozent. Wenn Sie diesen Münzwurf 1000 Mal machen würden, käme dabei statistisch betrachtet 500-mal Kopf und 500-mal Zahl. Angenommen, jemand bietet Ihnen diese Wette mit 1000 Münzwürfen an: Bei Kopf gewinnen Sie 10 Euro und bei Zahl verlieren Sie 10 Euro. Die meisten Menschen lehnen diese Wette ab, obwohl sie statistisch gesehen per saldo nichts zu verlieren haben. Experimente zeigen, dass die meisten Menschen diese Münzwette erst eingehen, wenn sie das Doppelte von dem gewinnen, was sie verlieren könnten: Bei Kopf bekommen Sie 20 Euro, bei Zahl verlieren Sie 10 Euro.

Priorität bei Unternehmern: Gewinne machen – Priorität bei Anlegern: keine Verluste machen

Das gleiche Verhalten zeigt sich bei der Geldanlage: Anleger neigen dazu Aktien, bei denen sie im Gewinn sind, zu verkaufen und Aktien, bei denen sie einen Verlust machen, zu halten. Viele Anleger machen also genau das Falsche: Sie beschränken die Gewinne und lassen die Verluste laufen, anstatt die Gewinne laufen zu lassen und die Verluste zu begrenzen. Die Angst vor Verlusten, also die Verlustaversion, erklärt auch den großen Erfolg von Produkten wie Garantie-Zertifikaten, bei denen kein Verlust entstehen soll, meist entsteht aber auch wenig oder gar kein Gewinn.

Gerade nach schmerzhaften Verlustjahren ist die Sehnsucht nach Sicherheit und Schutz vor Verlusten bei den Anlegern am größten und daher greifen sie bevorzugt nach risikolosen Investments. Aber genau dann sind die Aktienkurse schon im Keller und das Risiko, dass es noch viel tiefer geht, ist eher gering. Die pure

Wahrheit ist: Diese Garantieprodukte sind für die Anleger nahezu renditelos, zumindest nach Abzug der Inflation, für die Banken dagegen praktisch risikolos – also ein sehr gutes Geschäft, das sie gern machen, weil ihre Rendite stimmt.

Eine der bisher beliebtesten Sparformen der Deutschen ist die Kapitallebensversicherung: Knapp 30 Prozent ihrer Vermögensanlagen haben sie darin angelegt. Auch hier lockt die Anleger, das eingesetzte Kapital plus eine Garantieverzinsung – heute nur noch 1,75 Prozent – am Ende der Laufzeit des Vertrags zu bekommen, also keine Verluste zu machen. Diese Verlustvermeidung kommt sie aber teuer zu stehen, wenn man betrachtet, wie wenig am Ende herauskommt.

Großen Wert legen viele Anleger auch auf sichere Anleihen wie Bundesanleihen und Pfandbriefe. Nach Abzug der Inflation und der Steuern bleibt real unter dem Strich meist nicht viel übrig. Mein Partner André Kostolany hat die Verlustangst so kommentiert:

»Die meisten Deutschen ziehen Anleihen den Aktien vor. Mit ihrem übertriebenen Sicherheitsdenken bringen sie sich aber jährlich um einen beträchtlichen Vermögenszuwachs.«

Mehr als zwei Drittel ihres Finanzvermögens haben die Deutschen in Bargeld, Sparbuch, Festgeld, Festverzinsliche und Versicherungen gesteckt, die weder eine nennenswerte Rendite noch einen Schutz vor der Inflation bieten. Und das, obwohl die Angst vor der Inflation wächst. Aktien, die langfristig eine deutlich höhere Rendite bringen als Anleihen, ganz zu schweigen von Festgeld oder Sparbriefen, sind ein Stiefkind der Anleger. Ganze 5 Prozent der Deutschen haben ihr Geld in Aktien investiert.

Aktien sind natürlich risikoreicher als die meisten Zinsanlagen. Deswegen müssen sie eine höhere Rendite bringen, einen sogenannten Risikoaufschlag. Dieser Aufschlag gegenüber Zinsanlagen wird aber noch zusätzlich gesteigert, weil das Risiko von Aktien wegen ihrer kurzfristigen Schwankungen als höher eingestuft wird, als es langfristig in Wirklichkeit ist. Hinzu kommt, dass Anleger Verluste stärker gewichten als Gewinne und sie deshalb, wie wir beim Beispiel mit dem Münzwurf gesehen haben, eine entsprechend hohe Risikoprämie verlangen. Das erklärt, warum langfristig – über Jahrzehnte – Aktien gegenüber Staatsanleihen nach Abzug der Inflationsrate eine um 4 bis 5 Prozent höhere Rendite pro Jahr abwerfen. Das ist quasi eine Zusatzrendite für die übertrieben hohe Risikoeinschätzung der Anleger in Bezug auf Aktien. Und daraus resultieren Riesenchancen.

Anleger, die die kurzfristigen Schwankungen ignorieren und langfristig denken und anlegen, haben mit Aktienanlagen einen gewaltigen Renditevorsprung gegenüber Anlegern, die nur in Anleihen anlegen. Nach Abzug der Inflationsrate betrug im Zeitraum von 1970–2011 (42 Jahre) die durchschnittliche Rendite einschließlich der wieder angelegten Dividenden bei deutschen Aktien 6,5 Prozent pro Jahr und bei Staatsanleihen 2,5 Prozent.

Aus 10 000 Euro wurden also im Durchschnitt real nach

| 10 Jahren | bei Anleihen 12 800 Euro | bei Aktien 18 711 Euro |
| 20 Jahren | bei Anleihen 16 386 Euro | bei Aktien 35 236 Euro |

Es liegt klar auf der Hand: Eine Anlage in Aktien ist nur kurzfristig riskant, langfristig schlägt sie jedoch alle anderen Anlageformen. Anleihen sind nur kurzfristig relativ sicher, langfristig dagegen riskant, weil nach Abzug von Inflation und Steuern – also real – meist nicht viel übrig bleibt. Daher ist es langfristig riskanter, in Festgeld oder Festverzinsliche investiert zu sein als in Aktien.

Anders gewendet: Die Jahr für Jahr entgangenen Gewinne und versäumten Gelegenheiten – sogenannte Opportunitätskosten – sind genauer gesagt: Verluste!

Betrachten wir die Risiken, die realen und die eingebildeten, denn Risiken sind so unzertrennlich mit dem Investieren verbunden wie Krankheiten und Schmerzen mit dem Leben. Alle Arten von Risiken haben eines gemeinsam: Die Zukunft ist unbekannt. Es gibt messbare Risiken, die man in Zahlen ausdrücken kann. Wir wissen, dass die Kurse von Aktien stärker schwanken als die Kurse von Anleihen. Das ist messbar und wird statistisch in der sogenannten Standardabweichung als dem gängigen Risikomaß ausgedrückt. Je größer die Ausschläge der Kurse – nach oben und unten – (man nennt es auch Volatilität), desto höher die Zahl, also das Risiko. Wenn ein Wertpapierportfolio ausschließlich aus Aktien besteht, wird das größere Schwankungen aufweisen als eines, das nur Anleihen enthält. Ein sogenanntes »gemischtes Depot«, bestehend aus Aktien und Anleihen, ist stabiler und schwankungsärmer als ein reines Aktiendepot, erzielt aber langfristig auch eine geringere Rendite.

Den persönlich richtigen Anlage-Mix finden

Aktiendepots sind natürlich nicht alle gleich in Bezug auf die Risiken. Es gibt welche, die weniger stark schwanken, wenn sie aus soliden, konservativen Standardaktien bestehen, und solche, die kräftiger schwanken, wenn sie mit spekulativeren Titeln bestückt sind. Mit diesen verschiedenen Bestandteilen können Sie als Anleger die Mischung wählen, die für Sie am passendsten ist.

Das ist so ähnlich, wie wenn jemand lieber eine Weinschorle trinkt als einen schweren Wein, von dem man schnell einen Schwips bekommt. Es kommt für jeden Anleger individuell auf die richtige Dosierung an, mit der er gut leben und ruhig schlafen kann.

Welcher Mix für Sie am verträglichsten ist, können Sie mit dem Test zu Ihrem persönlichen Anlegerprofil im Kapitel VII.3 herausfinden, der Ihnen Anhaltspunkte über Ihre Risikotoleranz liefert. Für Sie als Anleger ist es wichtig, die Dosierung so hinzubekommen, dass Sie die höchstmögliche Rendite bei einem für Sie erträglichen Risiko finden.

Für junge Anleger, deren Anlagehorizont bis zur Altersrente noch 30 oder 40 Jahre entfernt ist, sollte die Anlage weitgehend in Richtung Aktien gehen, denn wenn Sie zwischenzeitlich nicht verkaufen, spielen langfristig Schwankungen keine Rolle, weil der Aktientrend (der Primärtrend) tendenziell nach oben geht. Der Grund dafür ist, dass Aktien das Wachstum der Weltwirtschaft widerspiegeln, und dies beträgt im Durchschnitt etwa 4 Prozent plus 2–3 Prozent Inflation – macht zusammen nominal 6–7 Prozent.

Ein Aktionär bekommt die im Schnitt steigenden Gewinne der Unternehmen plus eine Dividende, und das addiert sich langfristig in gesunden Volkswirtschaften im Durchschnitt auf 9–10 Prozent pro Jahr. Dafür kann man schon kurzfristige Schwankungen in Kauf nehmen. Für ältere Anleger gilt dagegen eine andere Dosierung, die im Einklang steht mit weniger Risiken und einer höheren Sicherheits-marge. Anhaltspunkt über den altersbedingten Anlage-Mix finden Sie in der Tabelle 7 in Kapitel VII.2.

Auch Staatsanleihen sind schon lange nicht mehr sicher

Eine Anlage in Anleihen ist nicht risikolos und heute noch riskanter als jemals, eine Folge der Staatsschuldenkrise. Wer hätte gedacht, dass man sogar bei Staatsanleihen von Industrieländern nach der Zahlungsfähigkeit des betreffenden Landes fragen muss? Das war früher nur bei sogenannten »Bananenrepubliken« nötig.

Heute sind viele Industrieländer im Visier der Ratingagenturen. Selbst die USA als mächtigste Wirtschaftsmacht, die bisher die Bestnote AAA trug, wurde 2011 von Standard & Poor's um eine Stufe heruntergestuft. Eine Herabstufung bedeutet, dass der betreffende Staat für Anleihen, die er am Markt platziert, höhere Zinsen zahlen muss. Griechenland ist praktisch pleite und kann keine Anleihen am Markt mehr unterbringen, Portugal und Irland hängen am Rettungsschirm, Italien und Spanien sind in Gefahr, dort auch bald Zuflucht suchen zu müssen. Die Staaten, die noch die Bestnote besitzen, kann man bald an einer Hand abzählen. Noch gehört Deutschland dazu. Aber, wenn es mit den Rettungsaktionen in der Eurozone so weitergeht und Deutschland als Hauptzahlmeister immer mehr finanzielle Lasten tragen muss, steht auch Deutschlands Bestnote auf der Kippe. Das hätte zur Folge, dass Deutschland für neue Bundesanleihen höhere Zinsen zahlen müsste.

Wer hätte je gedacht, dass Unternehmensanleihen von soliden Firmen wie BASF, Siemens oder IBM sicherer seien als Staatsanleihen? Aber auch hier gibt es bei weniger starken Unternehmen das Pleite-Risiko.

Ein weiteres Risiko ist das sogenannte Zinsänderungsrisiko: Steigen die Zinsen, fallen die Kurse bei Anleihen, am stärksten bei solchen mit langen Laufzeiten. Das nennt man das Laufzeitrisiko. Fällt der Zins, müssen sich Anleger bei Neuanlagen mit niedrigen Zinsen begnügen. Dieser Fall besteht gerade heute, da Anleihen so niedrige Renditen bieten, dass sie nicht einmal die Inflationsrate ausgleichen.

Schließlich gibt es bei Fremdwährungsanleihen noch das Währungsrisiko: So verlockend deutlich höhere Zinsen sein mögen, wenn die Währung des betreffenden Landes gegenüber der Heimatwährung – sagen wir dem Euro – fällt, kann über Nacht aus einem Zinsvorsprung ein Verlust werden.

Bei Aktien ist die Liste der möglichen Risiken noch länger als bei den Anleihen:

➤ Der Konkurs ist ein Risiko, bei dem ein Totalverlust entstehen kann: Beispiel Karstadt.
➤ Das am meisten befürchtete Risiko ist eine Baisse, bei der alle Aktien fallen, gute und schlechte. Statistisch gesehen gibt es im Schnitt alle vier bis fünf Jahre eine Baisse. Sie dauert in der Regel 12 bis 14 Monate. Das bedeutet aber auch, dass die Börse zwei Drittel bis drei Viertel der Zeit steigt. Die Statistik ist also aufseiten der Anleger. Die häufigen Baissen im bisherigen Verlauf des neuen Millenniums sind eine seltene Ausnahme. Ausnahmen bestätigen die Regel.
➤ Ein Risiko besteht auch bei der Aktienauswahl. Anleger haben oft zu viele Verlierer im Depot, weil sie heiße Tipps befolgt haben. Tipps, einerlei von wem sie kommen – Börsenbriefen, Magazinen, Medien, Kollegen, sind häufig Verlustinvestments. Auch sind Aktien riskant, die in aller Munde – in Mode – sind. Modeware, sei es bei Kleidern oder Aktien, sind meist überteuert.

Die beiden größten Risiken bei der Aktienanlage sind:

➤ zu teure Aktien zu kaufen
➤ zu wenig zu diversifizieren

Bei der Auswahl müssen Sie besonders auf das Chance-Risiko-Verhältnis achten, auf die Frage also, ob die Aktie günstig bewertet ist und die Chancen überwiegen, oder ob sie überteuert ist und die Risiken überwiegen.

Nicht genug diversifizieren heißt, dass Sie ein Klumpenrisiko haben, sei es, dass Sie einzelne Aktien zu hoch gewichten oder dass Sie Ihre Investments nur auf wenige Branchen verteilt haben. Wenn der Kurs einer Aktie, die 20 Prozent Ihres Depots ausmacht, sich halbiert, haben Sie auf Ihr Gesamtdepot betrachtet einen Verlust von 10 Prozent. Wenn diese Aktie aber nur 5 Prozent ausmacht, beträgt der Verlust für das Gesamtdepot nur 2,5 Prozent.

Ein Risiko besteht auch darin, wenn Sie ständig kaufen und verkaufen, neudeutsch traden, und die Gebühren Ihre Gewinne auffressen. Ein alter (wahrer) Spruch lautet: »Hin und Her macht Taschen leer.«

> Ein weiteres Risiko ist ein nicht vorhersehbares Ereignis wie der Terroranschlag in New York vom 11. September 2001 oder das Erdbeben und der Tsunami in Japan 2011, die den Atomunfall in Fukushima auslösten.
> Schließlich gibt es noch das große Risiko des Betrugs, oft per Telefon von dubiosen Zockerbuden im grauen Kapitalmarkt. Wenn Sie jemand ungebeten anruft – ein sogenannter »Kaltanruf«, der übrigens verboten ist – und Ihnen außergewöhnliche Gewinne verspricht und Sie sogar unter Druck zu setzen versucht, dass Sie sich für diese einmalige Chance sofort entscheiden müssen, dann legen Sie besser schnell auf.

Einen Teil dieser Risiken können Sie mindern oder vermeiden durch eine breite Streuung und eine durchdachte Struktur Ihres Portfolios, die u. a. das Alter und die individuelle Risikotoleranz berücksichtigt. Dazu später in diesem Buch ausführlich mehr (s. Kapitel VII).

Psychologische Risiken – »Der menschliche Faktor«

Die Börsenberichte im Radio oder Fernsehen klingen meist so: Der Dollar konnte sich behaupten, der DAX musste schwer kämpfen, um die Widerstandslinie zu durchbrechen, Gold war lustlos, die Börse hatte einen freundlichen Tag. Das klingt so, als wären diese Handelsobjekte eigene Lebewesen. In Wirklichkeit sind die kurzfristigen Bewegungen an den Kapitalmärkten die Summe menschlichen Verhaltens. Das Studium dieses oft irrationalen Verhaltens ist inzwischen ein angesehener Wissenschaftszweig der Psychologie, der sich »Behavioral Science« (zu Deutsch: Verhaltenswissenschaft) nennt.

Die Börse ist ein massenpsychologisches Phänomen. Schon Gustave Le Bon, ein französischer Sozialpsychologe, hat vor über 100 Jahren in seinem berühmten Buch *Psychologie der Massen* geschrieben:

»Die Masse ist ein Spielball aller äußeren Reize, deren unaufhörlichen Wechsel sie widerspiegelt. Sie ist also die Sklavin der empfangenen Anregungen. Ihre Handlungen stehen viel öfter unter dem Einfluss des Rückenmarks (Reflex) als unter dem des Gehirns (Vernunft).«

Was Le Bon mit »Masse« umschrieb, nennt man heute »Herdenverhalten«, und diese Herde besteht heute mehr aus Computern als aus Menschen. Aber diese Computer sind auch von Menschen programmiert und ihre Programme spiegeln deren Angst vor Verlusten. Der technische Fortschritt erweist sich als ein oft verlustreicher Rückschritt: Der eine wie der andere Computer ist ähnlich programmiert und beide reagieren gleichzeitig auf dieselben Verkaufssignale in Nanosekunden. Passiert dies auf Millionen Computern rund um die Welt gleichzeitig, dann werden Kaskaden von Verkäufen in Gang gesetzt, der ganze Markt bricht ein und die Kurse fallen infolge der geballten Masse von Verkäufen viel tiefer, als der Anlass es gerechtfertigt hätte. Vielleicht erinnern Sie sich noch an den sogenannten Sekundencrash im Mai 2010 an der Wall Street, als der Dow Jones ohne ersichtlichen Grund binnen Sekunden einbrach, sich aber gleich darauf wieder erholte. Das war weitgehend das Werk von Computerprogrammen.

Nach der reinen Lehre müsste ein Markt mit viel mehr Teilnehmern als früher geglättete Kursschwankungen aufweisen. Doch das Gegenteil ist der Fall, weil Anleger, beziehungsweise ihre Computer, in Tokio, London, Frankfurt und New York heute gleichzeitig Nachrichten auf den Bildschirm bekommen und sekundenschnell in eine Richtung reagieren. Daher sind die Kursausschläge nach oben oder unten viel größer als früher. Und das wiederum jagt den einzelnen Anlegern noch größere Schrecken ein. Wie können Sie sich aber vor solchen Schreckmomenten schützen?

Distanz halten zum Getümmel an der Börse

John Templeton, den ich persönlich gekannt habe, war einer der berühmtesten und erfolgreichsten amerikanischen Fondsmanager. Nach dem Studium in Yale arbeitete er zunächst bei einer Brokerfirma an der Wall Street. Dann gründete er in den 1950er-Jahren den Templeton Growth Fund. Doch schon nach kurzer Zeit erkannte er, dass ihn die Nähe zur Wall Street mit der täglichen Flut von Nachrichten zu sehr ablenkte und zu falschen Entscheidungen führte. Er zog nach Nassau auf den Bahamas. Ich besuchte ihn dort einmal. Er sagte, seit er weit weg sei von dem Lärm und den meist irrelevanten Informationen an der Wall Street habe sich die Wertentwicklung seines Fonds deutlich verbessert.

Ein ähnlicher Fall ist Warren Buffett, einer der erfolgreichsten Börsianer der Welt. Er studierte an der Colombia University in New York und einer seiner Professoren war der berühmte Benjamin Graham, der wissenschaftliche Begründer des Value-Investments, bei dessen Firma er nach dem Studium eine Zeit lang arbeitete. Aber dann zog es ihn zurück in seine Heimatstadt Omaha im ländlichen US-Staat Nebraska. Dort begann seine erfolgreiche Karriere, die ihn zu einem der reichsten Männer der Welt machte. Übrigens gab er den größten Teil seines Reichtums an die hauptsächlich in Afrika für wohltätige Zwecke tätige Stiftung von Bill Gates, dem Gründer von Microsoft, der ebenso reich ist wie Buffett.

Ich war selbst oft auf dem Parkett der New York Stock Exchange an der Wall Street. Die Händler rannten dort durcheinander, führten Kauf- oder Verkaufsaufträge aus und warfen die Auftragszettel nach der Orderausführung auf den Boden. Glauben Sie, dass ich mich, direkt am Puls der Weltfinanzen, gut informiert fühlte oder gar einen guten Tipp für einen schnellen Dollar bekam? Weit gefehlt. Da drinnen sehen Sie den Wald vor lauter Bäumen nicht.

Was lernen wir daraus? Bleiben wir weg von der Herde, es besteht Ansteckungsgefahr! Halten Sie sich fern von der Tageshektik an den Börsen. Schauen Sie nicht täglich in Ihr Wertpapierdepot und verfolgen Sie nicht ständig die Börsenkurse. Sie wechseln oft mehrmals am Tag die Richtung. Meistens ohne stichhaltigen Grund. Wenn ich manchmal gefragt werde, wie die Börse oder der Dollar steht und ich antworte, dass ich keine Ahnung habe, sind die Leute ganz erstaunt, dass einer wie ich das nicht weiß. Abends schaue ich mir selten noch die Kurse vom Tag an. Weshalb sollte ich mir den Schlaf rauben lassen, wenn es ein Tag mit Börsenverlusten war? Wenn mein Partner Kostolany gefragt wurde, ob er die genauen Kurse seiner Aktien in seinem Depot kenne, verneinte er und sagte »grosso modo« wisse er schon in etwa, wie sein Depot stehe. Er sagte oft: »Es ist unsinnig, geradezu schädlich, die Kurse ununterbrochen zu verfolgen, auszurechnen, in welchem Gewinn oder Verlust man ist.«

Ich verhalte mich seit Langem so wie er. Das heißt nicht, dass ich völlig untätig wäre. Ich frage mich, wenn ich alle paar Monate mein Depot durchschaue, ob ich eine Aktie noch kaufen würde, wenn ich sie nicht hätte. Wenn die Antwort »Nein« lautet, überlege ich mir, sie zu verkaufen. Aber gleichzeitig suche ich mir eine oder mehrere Aktien, am besten solche, die wenig beachtet, also vernachlässigt und meist nicht in aller Mund oder Medien sind, die aber auch günstig bewertet, also billig sind, und gutes Wachstumspotenzial besitzen. Als gebürtiger Schwabe kaufe ich sowieso keine überteuerten Sachen. Das gilt auch bei Aktien und als Kaufmann weiß ich, dass der Gewinn im günstigen Einkauf liegt.

Ich erinnere mich noch gut an den Crash am 19. Oktober 1987, als die Börse in New York an einem Tag um 23 Prozent einbrach. Mein Kollege, Wolfdieter Godehart, rief mich abends um 23 Uhr an. Ich war schon im Bett. Wir besprachen die Situation bis 2 Uhr und kamen zu dem Schluss, dass das eine übertriebene Reaktion war. Ich war am nächsten Nachmittag eingeladen vom Bayerischen Rundfunk und diskutierte dieses einmalige Ereignis mit einem Finanzexperten, der aus Zürich zugeschaltet war. Der erfahrene Experte am anderen Ende war zutiefst pessimistisch und meinte, dass es lange Zeit brauchen werde, bis dieser Rückschlag wieder wettgemacht sei. Ich entgegnete, dass ich das gestrige Ereignis für eine der kürzesten Baissen hielte. Ich fügte noch hinzu, dass ich, wie bei meinem nächtlichen Gespräch mit Kollege Godehart beschlossen, heute früh schon massiv Aktien für meine Kunden in der Vermögensverwaltung gekauft habe. Als ich etwa um 12 Uhr mittags bei einer Bank anrief, um Kaufaufträge zu geben, fragte der Aktienhändler noch einmal nach, ob er richtig gehört habe, dass ich kaufen wolle. Ich sagte: »Ja, natürlich kaufen!« Seine Antwort war, dass ich der Erste sei, der kaufen wolle, alle anderen hätten bisher nur verkauft.

Das ermutigte mich umso mehr, denn das Gegenteil zu machen, was die Herde macht, ist meistens richtig. Ich habe jedenfalls in meiner Karriere fast immer richtig gelegen, wenn ich »antizyklisch« gehandelt habe, wie es im Fachjargon heißt.

Ich muss allerdings zugeben, dass ich manchmal auch zu früh dran war und die Kurse noch etwas tiefer gingen, aber die Kurse waren ja meist schon stark gefallen und den tiefsten Punkt beim Kauf schafft sowieso nur eine Kategorie von Menschen: die Lügner.

Bei Kostolany war es ähnlich und wir zwei sagten oft im Spaß, wenn es uns nur gelänge, den Bazillus der Voreiligkeit noch auszumerzen, könnten wir noch erfolgreicher sein. Er entgegnete immer, dass man eben die menschliche Dummheit und

Emotionalität nicht genug überschätzen könne. Und er erinnerte mich an seine bis heute populäre und zutreffende Börsenformel:

$$2 \times 2 = 5 \ldots -1$$

Er meinte damit, dass es oft zuerst anders kommt, als man erwartet hat, aber man zum Schluss mit etwas Geduld meist doch Recht bekommt, wenn das »minus 1« eintritt.

Zuviel Information kann schädlich sein

Ein interessantes Experiment untermauert meine Erfahrung, dass das ständige Geschnatter in den Medien und im Internet, die Überflutung des Menschen mit Informationen, die meistens trivial und irrelevant sind, nicht nützlich, sondern sogar schädlich für Anleger ist. Der Psychologe Paul Andreassen hat zwei Gruppen von Studenten für ihr Portfolio Aktien auswählen lassen, von denen sie genügend wussten, um eine Vorstellung von deren Wert zu haben. Dann sollten sie mit den Aktien handeln. Die Studenten der ersten Gruppe sahen nur, wie sich der Kurs ihrer Aktien änderte, sie erhielten aber keine Informationen dazu. Die Studenten der zweiten Gruppe hingegen erhielten ständig Finanznachrichten, die Erklärungen darüber anboten, was warum mit diesen Aktien geschah. Sie vermuten richtig, wenn Sie annehmen, dass die erste Gruppe deutlich besser abschnitt als die zweite Gruppe. Die Studenten, die ständig mit Finanznachrichten berieselt wurden, tendierten dazu, die Relevanz dieser Informationen zu stark zu betonen. Das verführt zu Überreaktionen bei den Anlegern, meist zu ihrem Nachteil. Hier gilt die alte Volksweisheit: »Was ich nicht weiß, macht mich nicht heiß.« Lieber Abstand zur Herde halten und sich nicht von der Hektik an den Börsen und der Aufgeregtheit der Finanznachrichten anstecken lassen.

Das Herdenverhalten in seiner extremsten Form zeigt sich jeweils, wenn an der Börse Euphorie herrscht und die Masse sich wie im Rausch auf Aktien stürzt und die Kurse in die Höhe schießen. Ihr Motto lautet: »Der Himmel ist das Limit.« In solchen Phasen sind die Börsenumsätze am höchsten – zur großen Freude der Investmentbanker. Ich war einmal in einer solch euphorischen Phase im Büro eines Brokers und fragte ihn, was an der Börse los sei. Er sagte, es sei ein fantastischer Tag, die Umsätze seien gewaltig. Ich sagte, ich wolle eigentlich wissen, wie die Kurse stehen. Er erwiderte, sie seien unverändert. Das war für ihn unwichtig. Wichtig waren nur die Umsätze, dann klingelte seine Kasse.

Das andere Extrem einer Psychose ist zu beobachten, wenn die Börsen abstürzen, die Anleger massenhaft in Panik und Verzweiflung ihre Aktien auf den Markt werfen. Da gilt dann: Verkaufen zu jedem Preis! Man nennt diese Phase einen »Selling Climax«, einen Ausverkauf. Auch hier sind die Börsenumsätze enorm hoch. Das ist gut für die Börse, weil sich die technische Verfassung verbessert hat. Wer spät bei tiefen Kursen verkauft, handelt meist emotional. Jedem Verkauf steht auch ein Kauf gegenüber. Wer bei tiefen Kursen kauft, handelt rational. Er handelt antizyklisch, gegen die Stimmung. Mit dieser Käuferschicht bekommt die Börse gewissermaßen festen Boden unter die Füße.

Während die Verkäufer zu Tode betrübt sind, sind die Einzigen, die sich freuen, die Broker. Sie haben eine andere Logik als die Anleger, man möchte fast sagen eine perverse Sicht der Dinge: Sie behaupten hohe Umsätze bei steigenden Umsätzen sei ein gutes Zeichen, weil die Stimmung so gut sei und daher sei die Börse in guter Verfassung. Wir wissen aber, dass die Stimmung so wetterwendisch ist wie oft das Wetter. Das Gegenteil ist richtig: Bei steigenden Börsenkursen, begleitet von hohen Umsätzen, verschlechtert sich die technische Verfassung der Börse, weil immer mehr sogenannte »schwache Hände« ins Spiel kommen, die nicht aus eigener Überzeugung handeln, sondern der allgemeinen Stimmung folgen. Dreht sich die Stimmung, sind sie auch die Ersten, die wieder verkaufen.

Über »Hartgesottene« und »Zittrige«

André Kostolany teilte die Aktienkäufer in zwei Kategorien ein: die »Hartgesottenen« und die »Zittrigen«. Die »Hartgesottenen« sind die »festen Hände«: Sie haben das Geld und kaufen, wenn die meisten verkaufen, und sie haben gute Nerven – man könnte auch sagen die Disziplin –, um in schwierigen Phasen durchzuhalten oder bei höheren Kursen zu verkaufen.

Die »Zittrigen« oder die »schwachen Hände« haben entweder kein Geld oder schwache Nerven, oder es mangelt gar an beidem. Wenn also die Zittrigen überhandnehmen und wie wild kaufen, ist das für erfahrene Börsianer ein Wink zum Verkaufen.

Es kommt noch ein weiterer, sehr gewichtiger Aspekt hinzu: Es leuchtet doch vernünftigen Menschen ein, dass mit jedem weiteren Kursanstieg die Aktien teurer werden und das Risiko somit steigt. In dieser Phase überwiegt die Gier und die emotionale Risikoeinschätzung ist gering, aber das finanzielle Risiko ist hoch. Wenn dagegen die Kurse fallen, werden die Aktien billiger. In dieser Phase überwiegt die Angst, die emotionale Risikoeinschätzung ist sehr hoch, aber das finanzielle Risiko ist sehr gering – Zeit zum Kaufen.

Mein Ratschlag

Wenn die Börsen bei hohen Umsätzen steigen und Euphorie herrscht, nehmen die Risiken zu und die Gefahr von Verlusten wächst. Dann sollten Sie eher nicht den hohen Kursen hinterherlaufen und kaufen. Solange die Börsen aber bei nur geringen Umsätzen steigen, ist das gesund für die Börse.

Wenn dagegen die Börsen bei hohen Umsätzen fallen und allgemein Trübsal herrscht, nehmen die Risiken ab, die Chancen werden immer besser. Wenn aber bei einem hohem Börsenstand nach einer wilden Hausse die Kurse bei niedrigen Umsätzen abbröckeln, sind die Risiken weiter hoch, die Gefahr von Verlusten besteht weiterhin, solange die »schwachen Hände« noch nicht verkauft haben.

Warren Buffett hat sein Verhalten an der Börse sehr klug so beschrieben:

»Gelegentliche Ausbrüche jener zwei hochgradigen ansteckenden Krankheiten, Angst und Gier, werden immer wieder die Anlegergemeinschaft heimsuchen. Wann diese Epidemien ausbrechen, ist unvorhersehbar. Und die Übertreibungen, die durch sie ausgelöst werden, sind ebenso wenig vorhersehbar, weder in ihrer Dauer noch in ihrer Stärke. Darum versuchen wir nie den Beginn oder das Ende jener Krankheiten vorwegzunehmen. Unser Ziel ist bescheidener: Wir versuchen, einfach ängstlich zu sein, wenn die anderen gierig sind, und nur dann selbst gierig zu sein, wenn andere sich fürchten.«

Zu viel Risiko oder zu wenig Risiko: Beides mindert die Lebensqualität

Über allem, was es über Risiko und Verluste zu sagen gibt, muss stehen: Wenn Ihnen Ihre Investments Sorgen bereiten und Ihnen gar den Schlaf rauben, sollten

Sie entweder den Zustand, der Sie bekümmert, selbst ändern oder einen kompetenten, vertrauenswürdigen Berater suchen, der Ihre Situation überprüft und Abhilfe schafft, falls erforderlich. Mein Partner Kostolany erzählte mir einmal, er sei in der Oper gewesen (er war ein großer Opernliebhaber) und hatte dabei immer sorgenvoll an ein großes Engagement denken müssen, das er in Goldminenaktien hatte. Er sagte, das habe ihm den ganzen Genuss der Oper verdorben, so dass er beschloss, diese Aktien zu verkaufen, was er gleich am nächsten Tag ausführte.

Mein Grundsatz, den mich meine Erfahrung ebenso lehrt wie meine Analysen, lautet:

Es ist ein Risiko, zu viel Risiko einzugehen; es ist aber auch ein Risiko, zu wenig Risiko einzugehen.

Wenn Sie jegliches Risiko meiden und Ihr Geld vermeintlich sicher auf dem Girokonto oder auf dem Sparbuch bei den heutigen mickrigen Zinsen herumliegen lassen, gehen Sie auch ein Risiko ein, weil Inflation und Steuern an Ihren Ersparnissen nagen und den Wert Ihres Vermögens und Ihre Kaufkraft schrumpfen lassen.

Befragt man Menschen danach, was sie in ihrem Leben bereuen, so ist es eher das, was sie nicht getan haben. In Umfragen war das Bedauern der Dinge, die man unterlassen hat, zumeist größer, als das Bedauern der Dinge, die man getan hat. Dabei zeigte sich, dass Menschen dazu neigen, auf kurze Frist eher das zu bereuen, was sie getan haben, auf lange Frist aber eher das zu bereuen, was sie nicht getan haben. Überträgt man diese Erkenntnis auf die Vermögensbildung und die Altersvorsorge, so gilt auch hier, dass sich verpasste Gelegenheiten eben nicht nachholen lassen. Wer mit 30 Jahren nicht beginnt, Ersparnisse für ein Haus oder für den Ruhestand anzusammeln, wird zwar kurzfristig keine Reue verspüren, aber er muss langfristig die Folgen seines Nichtstuns bedenken. Wer sein Geld unverzinst faulenzen lässt, dem entgeht die Rendite, die er oder sie mit einer Aktienanlage hätte erzielen können.

Ich sage Aktien, denn in jungen Jahren mit einem Anlagehorizont von 30 bis 40 Jahren bis zum Ruhestand kann man seine Ersparnisse in riskantere Anlagen stecken und bekommt dank des Risikoaufschlags von Aktien eine deutlich höhere Rendite, als wenn man sein Geld in Festgeld oder Festverzinsliche gesteckt hätte. Mit dem kleineren Einkommen von Berufsanfängern kann man mit dem zur Verfügung stehenden geringeren Sparbetrag auf diese Weise den gleichen Vermögenszuwachs erzielen wie andere, die risikoscheu den drei- oder vierfachen Geldbetrag aufwenden müssen, wenn sie in mickrig verzinste Anleihen investieren.

Besonders den jungen Lesern möchte ich eindringlich raten, frühzeitig anzufangen, regelmäßig zu investieren. Wenn sie das tun, haben sie einen großen Vorsprung vor all denen, die sich auf »Vater Staat« verlassen oder die zu spät beginnen. Aber wenn man jung ist und noch das ganze Leben vor sich hat, neigt man dazu, solche Entscheidungen aufzuschieben. Und dann ist ja noch die Werbung, die uns unaufhörlich zum Geldausgeben animieren will.

Um solche Hemmnisse zu überwinden, ist es sehr nützlich, seine Sparentscheidung auf Automatismus zu stellen. Das ist eine einmalige Entscheidung und eine sehr gute, besonders wenn der Sparbeitrag in einen Aktienfonds fließt, und dies gleich in mehrfacher Hinsicht: Zum einen kauft man bei fallenden Kursen automatisch, wenn andere aus Angst kneifen oder gar verkaufen; zum anderen kauft man bei niedrigen Kursen mehr Anteile, bei steigenden Kursen weniger. Man nennt diese Methode »Cost Averaging«, weil man mal zu niedrigen, mal zu höheren Kursen kauft und dadurch meist einen günstigeren Durchschnittskurs erzielt.

Den richtigen Zeitpunkt zum Ein- und Ausstieg finden – vergebliche Mühe

Diese Art der Vermögensbildung erspart Ihnen auch, sich über den richtigen Zeitpunkt zum Einstieg den Kopf zerbrechen zu müssen – das richtige »Timing« zu erwischen. Es funktioniert sowieso nicht.

Bei einer Tagung traf ich John Templeton, der als erfolgreicher Fondsmanager für seine Treffsicherheit bei der Aktienauswahl bekannt war, und fragte ihn, ob er nicht durch geschicktes Timing seine Ergebnisse noch steigern könnte. Er antwortete, er habe in seinem ganzen Leben noch keinen getroffen, der mit seinem Timing mehr als 50 Prozent richtig gelegen habe. Er fügte hinzu, wenn ich einen

Timing-Experten fände, dessen Prognosen regelmäßig zu 60 Prozent einträfen, würde er mir einen großen Finderlohn zahlen. Sein nicht minder erfolgreicher Börsenkollege Peter Lynch, der frühere Manager des Fidelity Magellan Fund, des zeitweise größten Aktienfonds der Welt, erklärte einmal:

>»Niemand war je in der Lage, die Börse vorherzusagen. Es ist eine totale Zeitverschwendung. Sie versuchen Timing. Aber in der von *Forbes Magazine* veröffentlichten Hitparade der reichsten Leute in der Welt war noch nie ein Börsentiming-Experte vertreten.«

Die Fondsgesellschaft Fidelity hat ermittelt, dass ein Daueranleger am deutschen Aktienmarkt in den letzten 15 Jahren eine Rendite von 7 Prozent jährlich erzielte. Wer aber in dieser Zeit die besten 10 Börsentage versäumte, kam nur noch auf 1,7 Prozent jährlich und wer die besten 40 Tage versäumte, erlitt einen Verlust von 8 Prozent. Zu ähnlichen Ergebnissen kommt eine Untersuchung über den amerikanischen Aktienmarkt in den letzten 86 Jahren. Aus einem US-Dollar, Ende 1929 angelegt, wurden bis 2011 bei einer Daueranlage 3045 US-Dollar. Wer dagegen die 38 besten Monate (3,7 Prozent der Gesamtzeit) verpasst hat, konnte diesen einen Dollar nur auf 20,84 US-Dollar vermehren – etwa so viel wie bei einer Geldanlage. Statt 9,8 Prozent jährlicher Rendite waren es nur 3,6 Prozent!

Der Grund für diese drastischen Renditeunterschiede ist, dass die Kursbewegungen an der Börse keiner statistischen Normalverteilung folgen, sprich unberechenbar sind. Der Schluss liegt nahe, dass es ein größeres Risiko ist, mit Timing-Versuchen die besten Börsentage zu versäumen, und es ein geringeres Risiko ist, investiert zu bleiben. Salopp ausgedrückt: Lieber die Schwankungen nach unten aushalten, um bei den oft abrupten starken Schwankungen nach oben dabei zu sein!

Untersuchungen bei großen US-Pensionsfonds haben ergeben, dass langfristig der weitaus größte Anteil ihrer jährlichen Renditen der richtigen Wahl der Anlageklassen zuzuschreiben war, vor allem der Entscheidung, welcher Anteil in Aktien investiert werden soll, während die Aktienauswahl und das Timing von Käufen und Verkäufen nur einen geringfügigen Beitrag beisteuerten.

Merke: Die langfristige Statistik zeigt, dass die Börse nahezu drei Viertel der Zeit steigt. Der Börsentrend ist also die weit überwiegende Zeit auf der Seite des Langfrist-Investors. Die Börse und die Zeit arbeiten für ihn. Wer daher Timing-Versuche macht, hat die Statistik gegen sich. Diesem Bemühen ist meist wenig Erfolg beschieden, denn den »richtigen« Zeitpunkt zum Ausstieg und Einstieg schaffen regelmäßig nur die Lügner!

Das Fazit

meiner eigenen Timing-Erfahrungen und der Erfahrungen, die ich aus zahlreichen Studien ziehe, liegt auf der Hand: Die Zeit – die lange Frist – trägt Früchte. Der Zeitpunkt – die kurze Frist – bringt meist Frust.

---

3. Die richtige Vermögensaufteilung

Schon in biblischen Zeiten vor 2000 Jahren gab es eine Regel, wie das Vermögen am besten aufzuteilen sei. Sie lautete: ein Drittel im Beutel, ein Drittel in Häusern, ein Drittel in Geschäften. Übersetzt in unsere heutige Sprache heißt das: ein Drittel in Festgeld und Festverzinslichen, ein Drittel in Immobilien, ein Drittel in Aktien. Wohlgemerkt, schon im Altertum war es die Regel, zwei Drittel des Vermögens in Sachwerten anzulegen!

Vergleicht man diese vernünftige Risikostreuung mit der Vermögensaufteilung der deutschen Anleger, so ergibt sich ein völlig anderes Bild. Gemäß der jährlichen Finanzierungsrechnung der Deutschen Bundesbank vom Mai 2012 betrug das Nettovermögen der Deutschen Ende 2011 rund 9 Billionen Euro. Gut die Hälfte davon war in Immobilien angelegt. Das Geldvermögen in Höhe von gut 4,7 Billionen Euro war zu mehr als 70 Prozent in Geldwerten – Festgeld, Festverzinsliche, Versicherungen – und nur zu etwa 5 Prozent direkt in Aktien investiert. Hinzu kommen noch 4 Prozent, die in sonstigen Beteiligungen wie GmbH-Anteilen, nicht börsennotierten Aktien oder Personengesellschaften angelegt sind. Diese Aufteilung ist ein eklatanter Verstoß gegen die altbewährte Regel, nur ein Drittel »im Beutel« (Geldwerte), aber auch ein Drittel in »Geschäften« (Aktien) anzulegen.

Geldvermögen der Deutschen Ende 2011

Gesamtvermögen: 4,715 Billionen Euro

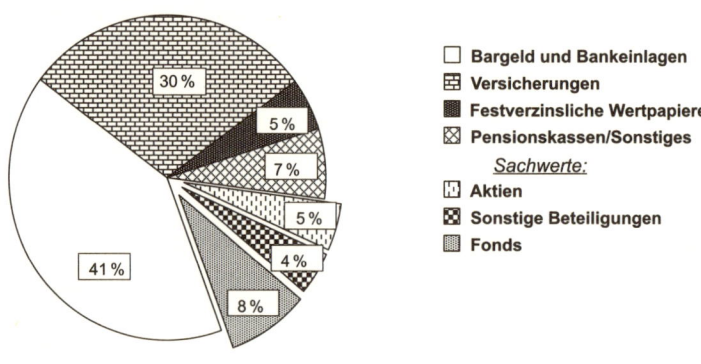

- ☐ Bargeld und Bankeinlagen
- ⊞ Versicherungen
- ■ Festverzinsliche Wertpapiere
- ⊠ Pensionskassen/Sonstiges
  Sachwerte:
- ⊡ Aktien
- ⊠ Sonstige Beteiligungen
- ▦ Fonds

Quelle: Deutsche Bundesbank; eigene Darstellung.

Aktien: Motor der Wirtschaft und schnellstes Vehikel zur Vermögensbildung

Eine Vermögensbildung ohne Aktien geht nicht – in doppelter Hinsicht. Aktien sind einerseits Geschäftsanteile an einer Firma, die diese Anteile an Geldgeber – Aktionäre – verkauft hat und sich damit Kapital für Investitionen und für den laufenden Geschäftsbetrieb verschafft. Man nennt dies das Eigen- oder Stammkapital der Firma. Ein Aktionär besitzt einen Teil der Firma. Die Aktie ist für eine florierende Volkswirtschaft von eminenter Bedeutung. Große, starke Firmen, die weltweit im Wettbewerb stehen und Investitionen tätigen, könnten ohne eine breite Schicht von Geldgebern nicht entstehen.

Aktien sind andererseits auch das schnellste Vehikel zur Vermögensbildung. Sie lassen ihren Besitzern das nominelle Wachstum der Wirtschaft – das heißt, das Wachstum einschließlich der Inflation – in doppelter Weise zukommen: Steigende – auch inflationsbedingte – Unternehmensgewinne sind die Triebkraft für steigende Kurse und Dividenden! Die Aktie ist also wachstums- und inflationsindexiert. Sie ist der beste Schutz vor Inflation und der wichtigste Baustein einer Geldanlage. Diese Vorteile kommen aber den Zockern und Tagesspielern nicht zugute, die

Aktien nur als Instrument für Differenzgeschäfte benutzen, sondern nur dem Anleger, der Aktien als Teilhaber betrachtet.

Aktien haben also zwei Eigenschaften: Zum einen sind sie ein Sachwert, dessen innerer Wert im Lauf der Jahre durch den Teil der Erträge zunimmt, der nicht an die Aktionäre ausgeschüttet wurde. Zum anderen sind Aktien Spekulationsobjekte, deren Kurse, getrieben von Erwartungen, Angst und Gier, oft völlig losgelöst von Geschäftsverlauf und Ertragsentwicklung der Firma in beiden Richtungen schwanken. Den Investmentcharakter als Ertrags- und Substanzwert teilt die Aktie mit der Immobilie. Das Spekulationselement ist aber nur der Aktie eigen, weil sie als frei handelbares Wertpapier in Minutenschnelle gekauft oder verkauft werden kann.

Segen und Fluch von Aktien und Immobilien

Aktien sind die einzigen Sachwerte, die täglich handelbar sind. Das ist Segen und Fluch zugleich. Segen, weil man sofort an Geld kommt, wenn man es dringend braucht, und Fluch, weil die tägliche Kursnotiz in der Zeitung, auf dem Bildschirm des Computers oder Fernsehers den Anlegern das oft irrationale Auf und Ab an den Börsen ständig vor Augen führt und sie so oft zu Fehlreaktionen verführt. Den Investmentcharakter eines Ertrags- und Substanzwerts, den die Aktie mit der Immobilie teilt, kennen die meisten zu wenig oder gar nicht.

Immobilien, der andere Sachwert, sind, wie der Name sagt, immobil. Auch hier ist dies Segen und Fluch zugleich: Will man eine Immobilie kaufen oder verkaufen, dauert es oft Monate, ja manchmal Jahre, bis man ein geeignetes Objekt bzw. einen Käufer findet. Aber gerade der Umstand, dass Immobilientransaktionen so aufwendig sind, macht Immobilienbesitzer zu Daueranlegern und bringt ihnen meist einen Gewinn. Ist der Wert ihres Hauses gefallen, wissen sie es nicht einmal, denn es gibt keine tägliche Kursnotiz wie bei Aktien. So wird der Haus- oder Grundstücksbesitzer auch nicht nervös und wird nicht zu Fehlhandlungen verleitet. Viele besitzen eine Immobilie jahrzehntelang oder gar ein Leben lang. Und so haben sie ein Vermögen gebildet. Die fehlende regelmäßige Preisnotiz und der Aufwand beim Verkauf erweisen sich letztlich als Segen und daher haben die meisten Anleger mit Immobilien gute Erfahrungen gemacht.

Ganz anders bei Aktien. Viele Anleger betrachten Aktien in erster Linie als Spekulationsobjekt, mit dem man nur mit Cleverness, geschicktem Timing und viel Zeitaufwand, vor allem aber mit fleißigem Kaufen und Verkaufen Gewinne machen kann. Dadurch, dass sie bei Aktieninvestments vorwiegend auf kurzfristige »Gewinnmitnahmen« programmiert sind und meist auch noch den Fehler machen, Verliereraktien zu behalten – also Gewinne zu begrenzen, Verluste laufen zu lassen –, verkürzt sich ihre Rendite. Deshalb haben viele Anleger mit Aktien zumeist keine guten Erfahrungen gemacht. Das ist sehr bedauerlich, wie folgende statistische Zahlen aus dem *Ibbotson® SBBI® 2012 Classic Yearbook* zeigen.

Aktien klarer Sieger im Renditevergleich

Roger Ibbotson, Professor für Finanzwissenschaft an der Yale University, hat die Entwicklung von amerikanischen Aktien, Staatsanleihen, Schatzwechsel und Inflationsraten im Zeitraum von 1926 bis 2011 analysiert: Danach haben in diesen 86 Jahren US-Standardaktien, inklusive Dividenden, eine durchschnittliche jährliche Rendite von 9,8 Prozent erbracht. US-Staatsanleihen erbrachten jährlich 5,4 Prozent und US-Schatzwechsel nur 3,6 Prozent. Nach Abzug der durchschnittlichen Inflationsrate von 3,0 Prozent blieben bei Standardaktien jährlich 6,6 Prozent, bei Staatsanleihen nur 2,3 Prozent und bei Schatzwechseln nur noch mickrige 0,6 Prozent übrig.

Eine Statistik von internationalen Aktien auf der Basis des MSCI-Weltaktienindex von 1975 bis 2011 – also für 37 Jahre – förderte in Landeswährung ähnliche Ergebnisse zutage: Standardaktien erbrachten durchschnittlich inklusive Dividenden jährlich 9,1 Prozent, Substanzwerte 10,2 Prozent und Wachstumswerte nur 7,9 Prozent. Die Botschaft ist eindeutig: Langfristig liefern Aktien den höchsten Vermögenszuwachs und bieten den besten Schutz vor Inflation.

Es zeigt sich damit klar, dass deutsche Anleger in die renditestärkste Anlageform, die Aktie, als einzigen hochliquiden Sachwert, sträflich wenig investiert haben und demzufolge eine renditeschwache, inflationsgefährdete Vermögensaufteilung aufweisen.

Weitere Untersuchungen von Ibbotson für die Jahre 1928 bis 2011 (84 Jahre) haben ergeben, dass die durchschnittlichen Renditen von **Standardaktien** noch deutlich überboten werden von »Value«-Aktien – wörtlich »werthaltige Aktien«, sogenannte **Substanzaktien**. Dagegen schneiden »Growth«-Aktien – sogenannte Wachstumswerte – überraschend schlechter ab als Substanzaktien und Standardwerte. Substanzaktien erbrachten eine durchschnittliche jährliche Rendite von 10,8 Prozent, während Wachstumsaktien es jährlich nur auf 8,7 Prozent und Standardwerte auf 9,5 Prozent brachten.

Substanzaktien siegen über glamouröse Wachstumsaktien

Das schlechtere Abschneiden von Wachstumsaktien ist deshalb so erstaunlich, weil diese Aktien oft in den Schlagzeilen sind, während Substanzaktien wenig Beachtung finden. Man könnte es auch so umschreiben: Wachstumsaktien sind anfällige Rennpferde, Substanzaktien verlässliche Ackergäule.

In den USA gelten (oder galten!) Aktien wie Apple, Amazon, IBM, Microsoft, Intel, Google, Research in Motion und Hewlett-Packard als Wachstumswerte, während beispielsweise Boeing, Caterpillar, Chevron, Exxon, Coca-Cola, General Electric und McDonald's in die Kategorie Substanzaktien fallen. Die Berichterstattung über Wachstumsaktien ist meist aufregend, die über Substanzwerte eher langweilig. Aber genau das wenig Spektakuläre macht es aus, dass die ausdauernden Langläufer auf die lange Distanz die Sprinter übertrumpfen, die nicht selten außer Tritt und außer Atem geraten.

Wie wichtig Dividenden für den Value-Investor sind, hat John Burr Williams in seinem 1938 erschienen Buch *The Theory of Investment Value* in einem Gedicht beschrieben, das in Deutsch etwa so klingt:

Also sprach der alte Bauer zu seinem Sohn:
Eine Kuh für die Milch,
eine Henne für die Eier,
und, verdammt noch mal, eine Aktie
für die Dividende.

Ein Obstgarten für die Früchte,
Bienen für den Honig,
und dazu Aktien
für die Dividenden.

In diesem kleinen Gedicht werden Dividenden – bei all den schönen, lebenswichtigen Dingen, die Williams sonst noch aufgezählt hat – als das Wichtigste hervorgehoben. Man sieht: Der alte Bauer hatte in seiner Farm eigentlich schon einen Sachwert. Aber er empfahl seinem Sohn dennoch nicht den Erwerb von Anleihen, sondern von Dividenden zahlenden Aktien. Und Williams hob in seinem Buch hervor, dass diese Empfehlung für den Langfrist-Anleger, nicht für den kurzfristigen Spekulanten gelte!

Noch besser sieht das Bild bei den amerikanischen Nebenwerten aus – den kleinen Aktien: Substanzaktien brachten es von 1928 bis 2011 jährlich inklusive Dividenden auf 13,9 Prozent, der Gesamtindex der Nebenwerte auf 11,9 Prozent und Wachstumswerte nur auf 9,0 Prozent. Diese Zahlen sprechen für sich. Sie gelten in ähnlicher Größenordnung auch für Deutschland.

Wie erklärt sich diese langfristig deutlich höhere Rendite von Substanzaktien gegenüber Wachstumsaktien? Warum erbrachten die am schnellsten wachsenden Unternehmen sehr oft die schlechtesten Renditen? Die Gründe liegen darin, dass Anleger für Unternehmen mit hohen Gewinnsteigerungen einen überhöhten Kaufpreis zahlen, in der Erwartung, dass diese Unternehmen auch in der Zukunft die hohen Wachstumsraten ihrer Gewinne beibehalten können. Dabei sind bereits die Kurse, zu denen derartige Unternehmen – meist mit großer Werbetrommel – an die Börse gebracht werden, völlig überzogen. Als aktuelles Beispiel möchte ich hier die Emission der Facebook-Aktien 2012 anführen, die sich kurze Zeit später im Wert halbierten.

Um ihr starkes Wachstum zu halten, müssen die Unternehmen ständig hohe Investitionen tätigen. Daher verwenden sie meist die gesamten Gewinne für Investitionen im Betrieb und zahlen keine Dividende an die Aktionäre. Es ist aber unmöglich, hohe Wachstumsraten von jährlich 20 oder gar 30 Prozent auf Dauer aufrechtzuerhalten. Je größer die Firma wird, desto schwieriger wird es; das rasante Wachstum verlangsamt sich allein schon aufgrund der schieren Größe des Unternehmens. Hinzu kommt nun in einer Marktwirtschaft, dass die Konkurrenz erwacht. Bestehende und neu gegründete Firmen wollen auch etwas von dem großen Kuchen haben und jagen dem Spitzenreiter Marktanteile ab. Die hochgesetzten Erwartungen werden nicht erfüllt. Wenn dies geschieht, bestrafen die Anleger die Unterschreitung des Resultats gnadenlos; viele verkaufen ihre Aktien. Der Aktienkurs fällt. Die hohe Bewertung der Aktien, ausgedrückt im Kurs-Gewinn-Verhältnis (KGV, s. Kapitel III.1 im Abschnitt »Aktien«), wird entsprechend der niedrigen Gewinnsteigerungen heruntergestuft, Das lässt sich an einstigen Börsenstars wie etwa AOL, Cisco, Hewlett-Packard, Microsoft, Google, IBM, Intel, Nokia, Pfizer, Yahoo und Xerox eindrucksvoll demonstrieren.

Dagegen sind die Erwartungen der Anleger in das Wachstum der Gewinne von Substanzaktien (Value-Aktien) von vornherein nicht sehr hoch gesteckt. Daher ist die Wahrscheinlichkeit hoch, dass dieses bescheidene Wachstum nicht nur erreicht, sondern übertroffen wird. Da also meistens das Gewinnwachstum von Substanzaktien unterschätzt, das von Wachstumsaktien überschätzt wird, überraschen Substanzaktien eher auf der positiven, Wachstumsaktien dagegen auf der negativen Seite.

Warren Buffett, der erfolgreichste und prominenteste Value-Investor, hat die Problematik der Wachstumsaktien treffend so ausgedrückt: »Man zahlt einen hohen Preis für eine übermütige Mehrheitsmeinung.«

Das bringt uns gleich zu einem weiteren rein rechnerischen Nachteil einer langfristigen Anlage in Wachstumsaktien. Jeremy Siegel hat das in seinem Buch *The Future for Investors* an folgendem Beispiel mit der Wachstumsaktie IBM und der Value-Aktie Exxon (früherer Name: Standard Oil of New Jersey) über einen Zeitraum von 1950 bis 2003 nachgewiesen. Gemessen am Wachstum der Umsätze, der Dividenden und dem Gewinn pro Aktie schlug IBM die Exxon eindeutig. Dagegen war Exxon in puncto Bewertung gegenüber IBM viel billiger: Das durchschnittliche KGV von Exxon betrug nur 13,0, das von IBM 26,8; dazu bot Exxon mit einer durchschnittlichen Dividenden-Rendite von 5,2 Prozent gegenüber der von IBM von nur 2,2 Prozent eine mehr als doppelt so hohe Rendite.

Mit einer Kurssteigerung pro Aktie von 11,4 Prozent übertraf IBM Exxon mit nur 8,8 Prozent deutlich. Trotzdem hatte Exxon letztlich gegenüber IBM mit einer Gesamtrendite (Kursgewinn und wieder angelegte Dividenden) von 14,4 Prozent gegenüber IBM mit nur 13,8 Prozent die Nase um 0,6 Prozent vorn. Das Geheimnis ist, dass Anleger ihre doppelt so hohe Dividende bei Exxon bei einer halb so hohen Bewertung der Aktie zu einem niedrigeren Kurs wieder anlegen konnten als die Anleger von IBM mit ihrer nur halb so hohen Dividende zum doppelt so hoch bewerteten Kurs.

Hier die besonderen Merkmale, wie sich Substanzaktien in der Regel von Wachstumsaktien unterscheiden:

> ein niedrigeres Kurs-Gewinn-Verhältnis (KGV)
> ein niedrigeres Kurs-Buchwert-Verhältnis (KBV)
> ein niedrigeres Risiko und geringere Schwankungen
> höhere Dividenden
> mittelfristig ein positiver Gewinntrend

Nebenwerte übertrumpfen Standardwerte

In der Tabelle 1 in Kapitel III.1 haben Sie deutlich gesehen, dass die Renditen von Nebenwerten (amerikanisch »small caps«), die der großen schwergewichtigen Standardwerte bei Weitem übertreffen. Jetzt fragen Sie sich, wie sich das wohl erklären lässt.

Einer der wichtigsten Gründe für die langfristig höhere Gesamtrendite ist wohl, dass über sie viel seltener etwas in der Presse zu erfahren ist. Die Kurse von sehr kleinen Firmen werden oft nicht einmal in der Tagespresse genannt. Auch gibt es für kleine Unternehmen nur wenige Analysten, die sie unter die Lupe nehmen und Berichte über sie veröffentlichen, während Großfirmen ständig im Scheinwerferlicht stehen und von vielen Analysten beäugt werden.

Hinzu kommt, dass viele kleine Unternehmen bodenständig in ländlicher Umgebung ansässig sind. Wir haben besonders in Deutschland viele mittelständische, eigentümergeführte Unternehmen. Sie denken in erster Linie an den Fortbestand ihrer Firma und tätigen deshalb auch Investitionen, die sich vielleicht erst nach acht oder zwölf Jahren rechnen. Die Vorstände von Großfirmen haben meist vier- bis fünfjährige Arbeitsverträge. Sie neigen daher eher dazu, kurzfristiger zu denken und zu planen. Die Beziehungen zu den Mitarbeitern sind in Kleinbetrieben auch viel persönlicher und die Dauer der Arbeitsverhältnisse meist viel länger als in Großbetrieben. Ein Kleinbetrieb wird auch bei einer schlechten Geschäftslage versuchen, so lange wie möglich seine guten Stammkräfte zu halten. Auch stehen kleine Unternehmen weniger unter dem Einfluss von Gewerkschaften.

Um ihre Existenz zu sichern und um sich im Wettbewerb zu behaupten, sind Kleinunternehmen außerdem viel innovativer und effizienter. Sie können zudem schneller und flexibler auf neue Situationen reagieren als bürokratische, schwerfällige Großfirmen. Viele Kleinbetriebe, darunter erstaunlich viele deutsche Mittelständler, sind weltweit aktiv und sind in gewissen Nischenbereichen sogar die Nummer eins oder zwei. Man nennt sie auch »versteckte Champions«, die im Verborgenen wachsen, Unternehmen, die wenig spektakulär sind. Aber gerade wenig beachtete, vernachlässigte Werte sind unterbewertet und daher für Anleger attraktiv und preiswert.

Value-Investoren suchen immer nach Werten, die nicht in Mode sind und die von der Mehrheit übersehen werden. Sollten wir also unser Wertpapierdepot mit kleinen Werten füllen und uns dann zurücklehnen und zuschauen, wie wir von Tag zu Tag reicher werden?

Gemach – kleine Unternehmen bergen auch große Risiken.

Nebenwerte, einzeln betrachtet, sind riskanter als Standardwerte. Kleine Unternehmen sind weniger standfest und oft krisenanfälliger, weil sie keine so breite Basis haben wie Großbetriebe, die eine vielfältigere Produktpalette haben und oft auch in verschiedenen Branchen oder Geschäftsfeldern aktiv sind. Viele Kleine sind auch als Zulieferer oder Dienstleister von Großbetrieben abhängig. Infolgedessen ist meist auch ihre Verhandlungsmacht eingeschränkt. Besonders Firmen, die Zulieferer der Automobilhersteller sind, haben das schon schmerzvoll erfahren müssen. Daneben haben kleine Firmen vielfach auch mit Finanzierungsproblemen zu kämpfen, weil sie oft keine Wahl haben zwischen verschiedenen Finanzierungsarten oder Kreditgebern. Die Liste ließe sich beliebig fortsetzen. Wenn wir als Anleger also von den vielen Vorzügen von Nebenwerten profitieren wollen, ohne dabei unkalkulierbare Risiken einzugehen, gibt es nur ein Lösung: breite Streuung!

Wir sollten nicht in 10 oder 20 Einzeltitel investieren, sondern in 100 oder 200. Und das geht nur über Fonds. Wenn dann eine Firma gar ausfällt, hält sich bei einem geringen Anteil eines Einzeltitels von unter einem Prozent der Verlust in Grenzen.

Schwellenländer – die aufsteigenden Börsenstars

Eine weitere Anlageklasse, die immer mehr in den Mittelpunkt der Anlageszene rückt, sind die Schwellenländer – Emerging Markets. Von Aktien oder gar Indizes dieser Börsen gibt es natürlich keine langen Zeitreihen. Aber in den letzten zehn Jahren – von August 2002 bis August 2012 – brachten es die Emerging Markets – gemessen am MSCI Emerging Markets Index – inklusive Dividenden durchschnittlich jährlich auf eine Gesamtrendite von 12,8 Prozent. Im selben Zeitraum wiesen die Börsen der Industrieländer, gemessen am MSCI-Weltaktienindex, nur ein Plus von 4,6 Prozent auf.

Bei diesen hervorragenden Renditen fragen Sie sich wohl, warum man nicht ein Portfolio mit Substanzaktien von Nebenwerten aus dem In- und Ausland zusammenstellt und noch eine gute Portion Aktien der Schwellenländer hinzumischt – und fertig!

Das wäre etwas zu einfach. Es wäre ein Portfolio, das nur die Chancen widerspiegelt und die Risiken überhaupt nicht beachtet. Denken Sie daran: Chance und Risiko gehören zusammen wie Tag und Nacht. Wäre das nicht so, dann wäre das Investieren keine Kunst – jeder könnte Millionär werden.

Das Problem ist jedoch, dass keine der Anlageklassen jedes Jahr gleich gut abschneidet. Es gibt Jahre, in denen sich die Nebenwerte gut entwickeln, und dann wieder Jahre, in denen es bei diesen nicht so gut läuft. Mit den Substanzaktien verhält es sich ähnlich: Auch hier gibt es Jahre – vor allem in Phasen, in denen die Börsen vor Euphorie überschäumen –, in denen sich die Wachstumswerte besser entwickeln als die Substanzwerte.

Für Emerging Markets gilt das Gleiche. Wenn alles im grünen Bereich ist, die Wirtschaft wächst, die Zinsen niedrig sind, Geld im Überfluss vorhanden und die Stimmung glänzend ist, gehen viele Großanleger mit enormen Summen in die Schwellenländer, weil dort die Musik am lautesten spielt. Aber wehe, es läuft umgekehrt: Es herrscht Angst und Panik. Dann holen die ausländischen Fondsmanager und andere Investoren schnell einen Teil ihrer Gelder zurück in die sicheren Heimathafen. Da die Kapitalmärkte der Emerging Markets noch nicht so groß und so hoch entwickelt sind wie die der Industrieländer, fallen bei massiven Verkäufen die Kurse ihrer Aktien und Währungen auch stärker. Die Kursschwankungen an den Börsen der Schwellenländer sind also größer. Das Gleiche gilt für die Nebenwerte. Die langfristig höhere Rendite muss also mit kurzfristig höherem Risiko bezahlt werden.

Die ausgewogene Struktur einer Vermögensanlage – wie eine Fußballmannschaft

Wenn Sie einen Eintopf machen, können Sie jedes Gemüse nehmen, das Sie gerade haben, und es wird mal besser, mal schlechter schmecken. Wenn Sie aber bei Ihren Geldanlagen ähnlich vorgehen wie beim Kochen eines Eintopfs, kann das schwerwiegende unmittelbare oder zukünftige Folgen für Ihr Wohlbefinden und Ihren Lebensstandard haben. Viele Studien zeigen, dass für den langfristigen Erfolg Ihrer Geldanlagen die richtige Wahl und Dosierung der Anlageklassen von entscheidender Bedeutung ist, wichtiger als alles andere.

Das heißt, in einem Depot müssen Chance und Risiko in ein ausgewogenes Verhältnis gebracht werden. Dabei muss man für ein geringeres Risiko ein paar Prozentpunkte bei den Chancen opfern. Am besten lässt sich ein stabiles Gewinner-Portfolio am Beispiel der Aufstellung einer Fußballmannschaft illustrieren. Keine Angst, Sie müssen kein Fußballexperte sein, um das folgende Beispiel zu verstehen. Es geht nicht um komplizierte Fußballregeln, sondern um Angriff und Verteidigung, um Nutzung von Chancen und Vermeidung von Risiken.

Wenn ein Fußballtrainer ein siegreiches Spiel beschreibt, wird er oft sagen, wir haben »kompakt« gestanden. Kompakt heißt festgefügt. Um auf Dauer erfolgreich zu sein, muss eine kompakte Mannschaft Angriffsstärke, Ausdauer und Abwehrkraft besitzen.

Ein brillanter Sturm, der eine Menge Tore schießt, nutzt nichts, wenn hinten eine löcherige Verteidigung noch mehr Tore zulässt und so das Spiel verloren geht. Umgekehrt ist noch kein Spiel gewonnen, wenn hinten die Verteidigung wie ein Bollwerk steht, aber vorn der Sturm Ladehemmung hat. Eine schlagkräftige Offensive und eine standfeste Defensive braucht es nicht nur im Fußball, sondern auch in der Geldanlage.

Erste Priorität hat das Risikomanagement – das ist die Verteidigung.

Die größten Verluste entstehen infolge mangelnder Diversifizierung und überbewerteter, teurer Aktien. Es gilt deshalb das A-&-P-Prinzip: attraktiv und preiswert.

Es genügt nicht, dass eine Aktie attraktiv ist, sie muss auch preiswert sein. Die Diversifikation (Streuung) ist dann gut gelöst, wenn die Titel nach Größe, Land und Branche ausgewogen vertreten sind. Dabei sollten einzelne Titel defensiven Charakter haben – meist dividendenstarke Substanzwerte – und andere, im »Mittelfeld«, teils defensive, teils offensive Eigenschaften besitzen. Hierfür eignen sich beispielsweise Aktien der Sektoren Verbrauchsgüter, Nahrungs- und Genussmittel und Pharmazie. Der »Sturm« besteht aus wachstumsstärkeren, dafür aber auch stärker schwankenden, oft auch zyklischen (also konjunkturabhängigen) Werten – wie beispielsweise Aktien aus den Branchen Auto, Chemie und Stahl.

Natürlich bleiben die Mitspieler in einer Fußballmannschaft (Wertpapierdepot) nicht immer dieselben. Sie werden ausgewechselt, wenn sie schlechte Leistung bringen oder wenn sie nicht die Fähigkeit haben, Schwächen in der »Mannschaft« abzudecken. In der Portfoliogestaltung nennt man diese Funktion »Korrelation«. Das will heißen, dass die Bestandteile des Gesamtportfolios gegensätzliche, sich ergänzende Eigenschaften besitzen sollten. Wenn zum Beispiel Ihr Wertpapierdepot vier Autoaktien, drei Chemietitel, fünf Bankenwerte und drei Technologieaktien enthält, dann hat es zwar mit 15 Titeln die erforderliche Mindestzahl – und doch ist es schlecht und sehr riskant aufgestellt. Denn Sie haben vier Klumpenrisiken: Wenn es mit Autoaktien schlecht geht, haben Sie vier davon, wenn auch noch die Technologieaktien abstürzen, steht die Hälfte Ihres Depots im Verlust, obwohl insgesamt der Börsenindex nicht gefallen ist, weil Aktien anderer Sektoren gestiegen sind. Auf die Fußballmannschaft übertragen: Wenn Sie als Trainer nur Stürmer aufstellen, brauchen Sie sich nicht zu wundern, wenn Ihr Torwart laufend den Ball aus dem Netz fischen muss.

Man kann alle Spielarten genauso gut wie mit der Direktanlage in Aktien und Anleihen, wenn nicht sogar besser, auch mit Investmentfonds bestreiten. Das hat zwei Vorteile: Sie haben weniger Einzelteile im Depot und wenn eine Anlageform ausgetauscht werden soll, müssen Sie nicht viele Einzeltitel austauschen, sondern nur einen Fonds.

Zum anderen enthalten vor allem Aktienfonds in der Regel 80, oft sogar bis zu 150 Einzeltitel. Wegen der dadurch erzielten breiteren Streuung sind solide, gut gemanagte Fonds daher schwankungsärmer als ein Wertpapierdepot mit Einzeltiteln. Das Gleiche gilt selbstverständlich für ETFs, Indexfonds, die ebenfalls breit gestreut sind und zudem gewährleisten, dass der Anleger nicht weniger Ertrag erzielt als der entsprechende Index.

Natürlich muss je nach Risikotoleranz, Sparziel und Alter des Anlegers der Mix eines Wertpapierdepots ganz unterschiedlich sein. Ein für die Altersvorsorge bestimmtes Wachstumsdepot eines noch jungen Anlegers kann ausschließlich aus Aktienfonds oder Aktien-ETFs bestehen. Dagegen sollte ein Wertpapierdepot eines älteren Anlegers, das stärker auf Ertrag ausgerichtet ist, zu einem großen Teil auch aus Anleihen und einem kleineren Teil aus dividendenstarken Substanzaktien bestehen. Ich sage meinen Kunden immer, ein kleiner Teil von Aktien sollte zumindest immer dabei sein, schon um die Inflation auszugleichen.

Anhaltspunkte für die Struktur Ihres Wertpapierdepots, die am besten zu Ihrem Alter, Ihrem Charakter und Ihrer Risikotoleranz passt, bietet Ihnen der Anlegertest in Kapitel VII.3. Und im letzten Kapitel VII.5 erfahren Sie, wie Sie Depots einfach aufbauen können, die hohe Rendite bei begrenztem Risiko aufweisen und Sie jederzeit ruhig schlafen lassen.

4. Drei lehrreiche Beispiele für eine erfolgreiche Anlagestrategie

Wie erfolgreich Anlagestrategien sein können, die sehr langfristig ausgerichtet sind und auf ein klares Übergewicht an Aktien aufbauen, das möchte ich Ihnen an drei interessanten und lehrreichen Beispielen erläutern.

Die Nobelstiftung

Jedes Jahr, wenn die Gewinner der berühmtesten Auszeichnung der Welt, der Nobelpreise, bekannt gegeben werden, berichten die Medien von der Preissumme von 10 Millionen Schwedenkronen, umgerechnet etwa 1,5 Millionen US-Dollar oder 1,1 Millionen Euro. Und sie erwähnen auch, dass diese Preise vom Erfinder des Dynamits, Alfred Nobel, gestiftet wurden und aus seinem einer Stiftung vermachten Vermögen finanziert werden. Was sie aber nicht berichten, ist höchst aufschlussreich: Alfred Nobel hatte verfügt, dass das Vermögen in sicheren Wertpapieren angelegt werden soll. Unter sicher verstanden die Verwalter der Nobelstiftung in den ersten Jahrzehnten nach dem Tod des Gründers 1896 vor allem Staatsanleihen. Das Problem war nur, dass der reale Wert des Vermögens und damit auch der Nobelpreise immer weiter sank und in den inflationären Zeiten sogar kollabierte. Denn die Staatsanleihen brachten nur wenig Zinsen, die zuletzt deutlich unter die Inflationsrate rutschten.

Die Verwalter sahen Ende der 1940er-Jahre mit Sorge, dass der Nobelpreis in Gefahr geriet, wenn es mit dem Vermögen weiter so steil bergab gehen würde. Und sie schalteten um: Seit 1953 darf das Vermögen auch in Aktien und Immobilien investiert werden, also in die beiden Anlageklassen, die langfristig am ertragreichsten sind und am besten vor den Folgen der Inflation schützen. Der Erfolg war überwältigend: Das Vermögen, das seit der Stiftung durch Alfred Nobel real von umgerechnet etwa 220 Millionen auf gut 100 Millionen US-Dollar geschmolzen war, nahm wieder stark zu und erreichte 2012 ein Niveau von 450 Millionen US-Dollar. Damit einher gingen auch wieder steigende Preissummen für die Nobelpreisgewinner – von umgerechnet real 300 000 auf 1,5 Millionen US-Dollar, wie sie von 2001 bis 2011 ausgezahlt wurden.

Erreicht wurde das mit einer radikalen Verringerung des Anleiheanteils auf zuletzt 23 Prozent des Vermögens. 53 Prozent sind in Aktien investiert, der Rest in Immobilien und alternativen Anlagen wie Private Equity (nicht öffentlich gehandelte Unternehmensbeteiligungen bzw. sogenannte vorbörsliche oder außerbörsliche Werte) und Hedgefonds. Auch die internationale Streuung wurde deutlich ausgeweitet: Während zunächst das ganze Stiftungsvermögen in schwedischen Wertpapieren investiert wurde, liegen dort nur noch 29 Prozent der Gelder, entsprechend sind 71 Prozent im Ausland angelegt. Natürlich gab es mit dieser Anlagestrategie starke Kursschwankungen – aber tendenziell ging es seit 1953 stetig aufwärts. Der Wert des Nobelpreises ist zwar in erster Linie ideeller Natur – aber ohne die Änderung in der Anlagestrategie gäbe es die Auszeichnung wohl nur noch auf einem deutlich bescheideneren Niveau. Das ist ein gutes Beispiel dafür, wie sehr es sich lohnt, bei langfristig angelegtem Vermögen den Schwerpunkt auf Sachwerte wie

Aktien zu legen und die Investments auf verschiedene Länder und Währungen aufzuteilen. Die Verwalter des Nobel-Vermögens haben mehr als ein halbes Jahrhundert gebraucht, um das einzusehen. So lange sollte es bei Ihnen nicht dauern.

Norwegischer Staatsfonds Global

Wandern wir von einem skandinavischen Land in ein anderes: von Schweden nach Norwegen. Auch hier gibt es ein exzellentes Beispiel für eine langfristige Anlagestrategie. Nur dass die Summen, um die es da geht, mehr als tausendmal so hoch sind. Ich spreche vom seit 2011 größten Staatsfonds der Welt, dem norwegischen Pensionsfonds Global. Er wurde 1990 aufgelegt, um die staatlichen Einnahmen aus dem Ölgeschäft nicht umgehend zu verfrühstücken und er umfasste Ende März 2012 ein Vermögen von 610 Milliarden US-Dollar oder 465 Milliarden Euro. Mit dem Geld sollen in der Zeit nach Norwegens Ölboom die Belastungen bewältigt werden, die sich aus der Alterung der Bevölkerung und den damit zusammenhängenden Rentenproblemen ergeben werden. Der Fonds darf das Geld nur im Ausland anlegen, deshalb Global.

Ursprünglich hatte Norwegens Staatsfonds ein Übergewicht in Anleihen. 60 Prozent sollten in Festverzinsliche und 40 Prozent in Aktien investiert werden. 2006 wurde angesichts der niedrigen Zinsen die Aufteilung umgedreht, also auf 60 Prozent Aktien und 40 Prozent Anleihen. 2010 gab es eine erneute Strategieänderung. Immobilien wurden neu in den Anlagekatalog aufgenommen und dürfen bis zu 5 Prozent des Vermögens ausmachen – zulasten der Anleihen. Damit entfallen nun rund zwei Drittel der Geldanlagen auf Sachvermögen. Die Musteraufteilung sieht nun so aus: 60 Prozent Aktien, 35 Prozent Anleihen und 5 Prozent Immobilien.

Mit diesem Schwenk, der begleitet wurde von einem verstärkten Engagement außerhalb Europas – und hier insbesondere in den Schwellenländern –, hat Norwegen die Lehren aus den historischen Entwicklungen gezogen. Weil das Ölland sehr langfristig investiert, sieht es die besten Chancen in Aktien und Immobilien und setzt dies konsequent um. Der norwegische Staatsfonds gilt inzwischen als Musterbeispiel für all die anderen Staatsfonds, von China über Abu Dhabi bis Russland, die ebenfalls ihr Geld langfristig rentabel – und sicher vor Inflation und Währungswirren – anlegen wollen.

Das Coffee Can Portfolio

Mein letztes Beispiel handelt nicht von Großinvestoren, sondern von Kleinanlegern. In diesem amüsanten Fall treten die Vorzüge der langfristigen Aktienanlage noch augenscheinlicher zutage. In Amerika ist das Beispiel unter dem Begriff »Coffee Can Portfolio« berühmt geworden, bei uns in Deutschland ist es dagegen weitgehend unbekannt. Veröffentlicht hat es Robert Kirby, ein bekannter Vermögensverwalter – später Chef der Investmentgesellschaft Capital Group –, bereits 1984 in einem Fachmagazin für Vermögensverwaltung.

Kirby verwaltete das Vermögen einer Frau zehn Jahre lang zu ihrer Zufriedenheit, als plötzlich ihr Mann starb. Sie bat den Fachmann, die Aktien aus dessen Wertpapierdepot künftig mit zu betreuen. Da entdeckte Kirby, dass der Mann seiner Kundin in seinem Depot ein beachtliches Vermögen angesammelt hatte. Wie das zustande gekommen ist, ist der Clou an der Sache. Der Ehemann leistete sich keinen eigenen Vermögensverwalter, sondern schnorrte quasi ohne dessen Wissen bei Kirby. Denn er kaufte mit seinem Geld heimlich für jeweils rund 5000 US-Dollar exakt die Aktien, die der Vermögensverwalter für seine Frau erwarb. Die Kaufbelege bewahrte er in einer Kaffeekanne auf. Im Gegensatz zu Kirby verkaufte der Ehemann aber keine einzige der Aktien, sondern hielt sie durch dick und dünn durch. Sein Aktienvermögen wuchs dadurch weitaus stärker an als das seiner Frau, das aktiv verwaltet worden war.

Kirby schildert, dass das Depot zwar unsystematisch wie Kraut und Rüben zusammengesetzt war und dass es Positionen gab, die auf 2000 US-Dollar geschrumpft waren. Aber das Interessante daran war: Die Aktien einzelner Firmen waren inzwischen über 100 000 US-Dollar wert und eine Aktienposition sogar mehr als 800 000 US-Dollar! Dieser Star in seinem Depot übertraf allein das gesamte Vermögen seiner Frau. Und da der »Rest« auch nicht ganz ohne war, hatte er viel erfolgreicher investiert als Kirby für dessen Frau. Dieser Star hieß übrigens anfänglich Haloid und später Xerox! Die einfache Methode »kaufen und liegen lassen« hatte also Ergebnisse gebracht, von denen Investmentprofis nur träumen können. Und das ohne jeglichen Stress, Zeitaufwand und hohe Kosten.

5. Wie sich Anleger vor sich selbst schützen können

Wie lässt sich nun der menschliche Faktor, unser großer Feind bei der Geldanlage, am einfachsten ausschalten oder zumindest sein Einfluss deutlich verringern? Indem Sie Ihren Sparprozess so weit wie möglich automatisieren. Dadurch schalten Sie Ihre Emotionen aus und vermeiden es, falsche Entscheidungen zur falschen Zeit zu treffen. Sie schützen sich also vor sich selbst. Ich habe Ihnen ja gezeigt, wie schädlich es für den Anlageerfolg ist, Moden und Stimmungen zu folgen sowie Angst und Gier bei Kauf- und Verkaufsentscheidungen regieren zu lassen.

Automatisch sparen

Die drei Vorgaben, die in meinen Augen das einfache Investieren ausmachen – mehr Rendite, weniger Risiko und besserer Schlaf –, erreichen Sie besonders effektiv, wenn Sie sich nicht laufend ums Anlegen kümmern müssen, sondern auf Autopilot schalten. Das klappt bequem mit einem voll automatisierten Sparprozess. Der erste Schritt besteht darin, auszurechnen, wie viel Geld Sie regelmäßig, also monatlich oder vierteljährlich wegsparen können. Seien Sie bei der Berechnung ehrgeizig. Sie werden schnell merken, dass Sie Ihren Lebensstil gar nicht groß ändern müssen, wenn Sie 10 bis 20 Prozent Ihres Nettoeinkommens zurücklegen. Vor allem sollten Sie so früh wie möglich damit anfangen, weil der Zeitfaktor eine große Rolle für den Anlageerfolg spielt. Wobei auch hier gilt: Lieber spät als nie. Aber nur, wenn das Geld gleich automatisch von Ihrem Girokonto auf eine Sparvariante überwiesen wird. Sonst ist die Versuchung groß, es doch auszugeben. Diese Disziplin hilft Ihnen in mehrfacher Hinsicht:

➤ erstens: überhaupt etwas regelmäßig auf die Seite zu legen;
➤ zweitens: mit Ihrem Einkommen besser zu haushalten, weil Sie es bewusster ausgeben;
➤ drittens: das Auf und Ab an Börsen und Zinsmärkten bei der Anlage ignorieren zu können und
➤ viertens: davon sogar noch zu profitieren.

Die ersten drei Punkte sprechen für sich, den vierten will ich Ihnen erläutern, weil ich ihn für sehr wichtig halte. Wie können Sie von der Kurshektik bei Aktien – aber auch bei Anleihen – profitieren? Indem Sie mit der regelmäßigen und automatischen Anlage der gleichen Beträge die Vorteile des Cost-Average-Effekts nutzen, übersetzt des Durchschnittskosten-Effekts. Er lässt sich am besten mit Fonds- oder ETF-Sparplänen anwenden, bei größeren regelmäßigen Sparleistungen auch mit der Direktanlage in Aktien oder Anleihen, kurz mit allen Investments, die Kursschwankungen unterliegen. (Zur Erinnerung: ETF heißt auf Englisch »Exchange-Traded Fund«, zu Deutsch: »börsengehandelter Fonds«, s. Kapitel III.1, Abschnitt »ETFs oder Indexfonds«.) Zum Beispiel: Wenn Sie einen DAX-Index-ETF kaufen, erhalten Sie die 30 im DAX enthaltenen Standardwerte in der gleichen Gewichtung wie im DAX in einem Paket, anstatt 30 Einzeltitel zu höheren Gebühren kaufen zu müssen.

Da Sie beim Sparplan stets den gleichen Betrag anlegen, erhalten Sie automatisch mehr Fondsanteile, ETFs oder Aktien, wenn die Preise fallen. Angenommen, Sie zahlen regelmäßig 300 Euro monatlich in einen ETF-Sparplan ein, der 1/100 des DAX-Index als Basis aufweist. Bei einem DAX-Niveau von 7500 Punkten erhalten Sie also für eine Sparrate vier Anteile (300 geteilt durch 75). Fällt der DAX auf 6000 Zähler, bekommen Sie fünf und bei 5000 DAX-Punkten sogar sechs. Sie legen also automatisch antizyklisch an, indem Sie bei niedrigen Kaufpreisen viel und bei hohen wenig kaufen. Dadurch verringern Sie den durchschnittlichen Einstiegspreis, wobei freilich der Effekt im Lauf der Zeit nachlässt. Dann machen die Monatsraten einen geringeren Anteil am angesparten Kapital aus als zu Beginn des Sparprozesses.

Ein nicht zu unterschätzender Nebeneffekt besteht darin, dass Ihnen Kursrückgänge sympathischer werden, als wenn Sie aktiv hin- und herhandeln. Direkt unter fallenden Preisen leiden ja nur Anleger, die zu den Kursen verkauft und somit Verluste realisiert haben. Am Tag nach dem Crash am 19. Oktober 1987, bei dem der Dow Jones an einem Tag 23 Prozent verlor, wurde mein Freund und Kompagnon Kostolany von einem Journalisten gefragt: »Herr Kostolany, haben Sie gestern auch viel verloren?« Seine kurze Antwort war: »Wieso, ich habe ja nicht verkauft!«

Wer automatisch immer auf der Käuferseite steht, kann Rückschläge gelassen betrachten und sich ausrechnen, dass er damit so und so viele zusätzliche Anteile an Fonds, ETFs oder Einzelwerten erhält. Und das zahlt sich auf lange Sicht aus.

Automatisch wieder anlegen

Was machen Sie mit Ihren Zinsen und Dividenden? Wenn sie auf Ihr Girokonto überwiesen werden, geben Sie die Beträge vermutlich achtlos aus. Denn meistens sind sie zu klein, um damit eine Wertpapierorder erteilen zu können. Wenn Sie dagegen im Rahmen eines ETF- oder Fondssparplans anlegen, bleiben die Erträge automatisch im Depot (bei thesaurierenden Produkten) und werden automatisch wieder angelegt. Dadurch profitieren Sie vom Zinseszinseffekt, der das Vermögen umso stärker mehrt, je länger der Sparplan läuft.

Automatisch aussuchen

Um mit der Geldanlage die risikobegrenzende breite Streuung zu erzielen, empfiehlt es sich bei Sparplänen, auf Fonds oder ETFs zu setzen, weil sie jeweils eine Vielzahl an Papieren beinhalten. Bei diesen Produkten können Sie, anders als bei Aktien, auch Bruchteile von Anteilen bekommen. Bei der 300-Euro-Monatsrate unseres Beispiels und einem DAX-Stand von 6500 Punkten erhalten Sie 4,615 ETFs gutgeschrieben. Bei diesen Sparplänen ist es zudem problemlos möglich, kostenlos und steuerneutral umzuschichten – beispielsweise von Aktienfonds in Misch oder Rentenfonds, wenn die Zeit des Ruhestands naht. Und sie können von heute auf morgen Ihr Depot verkaufen. Sie sind also für alle Fälle viel flexibler als mit einer Lebens- oder privaten Rentenversicherung. Und sie können Zusatzeinzahlungen machen oder die Raten ändern. Das alles ohne großen Aufwand.

Automatisch justieren

Angenommen, Ihr Depotbestand von 50 000 Euro besteht aus 60 Prozent Aktien und 40 Prozent Anleihen (oder entsprechenden Fonds oder ETFs), dann verändert sich diese Zusammensetzung, sobald die Performance beider Anlageklassen unterschiedlich ausfällt. Falls beispielsweise die Dividendenwerte im Schnitt um 20 Prozent zulegen und die Anleihen um 5 Prozent, sind die Aktien 36 000 statt 30 000 Euro wert, die Anleihen 21 000 statt 20 000 Euro. Der Aktienanteil an dem auf 57 000 Euro gestiegenen Depotbestand beträgt dann gut 63 Prozent, die Anleihequote entsprechend knapp 27 Prozent. Da dies ja Ihren Absichten widerspricht, sollten Sie einmal pro Jahr das Depot neu justieren – Experten nennen es Rebalancing –, um die erwünschte Aufteilung zu bekommen. Auch das lässt sich automatisieren, indem Sie im Rahmen des Fonds- oder ETF-Sparplans die Einzahlungen ändern – indem Sie beispielsweise der Bank den Auftrag erteilen, den Anteil, der in Aktien-ETFs fließt, auszusetzen oder zu reduzieren und dafür den Anleihen- oder Rentenfonds-Anteil aufzustocken. Und zwar so lange, bis die erwünschte Depot-Balance wieder erreicht ist. Dadurch vermeiden Sie Verkäufe und Kosten.

Automatische Verkaufsaufträge (Stop-Loss-Order)

Hier setzen Sie einen Kurs unterhalb des aktuellen Börsenkurses fest. Wird dieser erreicht oder unterschritten, wird die Verkaufsorder ausgeführt, das heißt, die Aktie wird verkauft. Diese Methode wurde vor mehr als 100 Jahren eingeführt, als es noch kein Telefon, geschweige Mobilfunk (»Handy«) gab. Sie wurde hauptsächlich angewandt, wenn ein Kunde ein Wertpapierdepot bei einem Broker hatte, in dem er Aktien auf Kredit gekauft hatte. Wenn nun dieser Kunde unerreichbar war – sei es auf einer Reise oder auf einem Schiff – ließ sich der Broker vor seiner Abreise Stop-Loss-Aufträge geben, sodass die Aktien im Depot bei einem Rücksetzer an der Börse automatisch verkauft werden konnten, bevor das Wertpapierdepot so stark ins Minus rutschte, dass der Kredit nicht mehr abgedeckt war. Sein damaliger Zweck diente also mehr zum Schutz vor Verlusten des Kreditgebers, des Brokers, als dem Schutz des Anlegers.

Obwohl ich ein großer Freund von Automatismen beim Sparen bin, um den Anleger – dem schwächsten Glied in der Anlagekette – vor emotionalen Fehlreaktionen zu bewahren, habe ich gegenüber Stop-Loss-Orders eine differenzierte Einstellung.

Stop-Loss-Orders sind geradezu zwingend, wenn ein Anleger in sehr spekulative Titel investiert ist, und dies vielleicht auch noch auf Kredit. Sie sind auch nötig bei Derivaten, besonders bei Hebelprodukten (englisch »Leverage«), die bei einem Kursrückgang des zugrunde liegenden Wertpapiers um ein Mehrfaches stärker fallen. Sie sind auch vielleicht erforderlich bei einem Anleger, der nur mit Angst und Zittern in Aktien investiert. Aber dem würde ich raten, gleich die Finger von Aktien zu lassen. Ansonsten sind Stop-Loss-Orders in mehrfacher Hinsicht problematisch.

1. Bei den heutzutage oft besonders volatilen Börsen geschieht es, dass aus nichtigem Grund ein Papier oder Index einen Rückschlag erleidet, der schon bald darauf wieder ausgebügelt wird. Die Kurse stehen anschließend wieder wie zuvor. Aber Ihre Stop-Loss-Orders wurden ausgeführt. Jetzt müssen Sie eine Entscheidung fällen, ob Sie wieder zurückkaufen oder noch abwarten wollen. Oft geschieht es, dass Sie zu spät wieder einsteigen und dann zu höheren Kursen. Hinzu kommt noch, dass Sie zweimal Spesen zahlen müssen – beim Verkauf und beim erneuten Kauf.

2. Ein weiteres Problem ist, dass Sie eine Stop-Loss-Order immer wieder nach oben anpassen müssen, wenn die Börse steigt. Sie sind also ständig damit beschäftigt, die Kurse zu verfolgen und neue Kurse festzulegen. Inzwischen gibt es auch die Möglichkeit, Stop-Loss-Kurse automatisch anpassen zu lassen.

3. Oft geschieht es, dass bei einem heftigen Rückschlag beim eingegebenen Verkaufskurs kein Handel stattfindet, sondern das Wertpapier nach unten durchbricht und Ihre Orders womöglich zum tiefsten Tageskurs ausgeführt werden.

Betrachtet man Kosten- und Zeitaufwand und die vermiedenen Verluste, aber auch die versäumten Gewinne, ist die ständige Anwendung von Stop-Loss-Orders wohl für die meisten Anleger per saldo kontraproduktiv. Daher rührt meine zwiespältige, eher ablehnende Einstellung. Die Einzige, die Stop-Loss-Orders eindeutig positiv gegenübersteht, ist die Bank, denn sie verdient ihre Spesen immer und das gleich doppelt, beim Verkauf und beim Wiederkauf.

Ansonsten bin ich für mentale Stopps – beim Verkauf und beim Kauf eines Wertpapierdepots. Wenn ich ein Wertpapierdepot durchsehe, stelle ich mir immer die Frage: Würde ich dieses Papier kaufen, wenn ich es nicht hätte? Ist die Antwort Nein, dann spricht das für eine Halteposition oder einen Verkauf.

Ich handle wie ein Flugzeugpilot: Unter normalen Verkehrs- und Wetterbedingungen fliegt sein Flugzeug auf Autopilot. Wenn er aber unvorhergesehen in ein schweres Unwetter und große Turbulenzen gerät, wird er den Autopiloten ausschalten und selbst Hand anlegen, um das Flugzeug, abweichend von der vorgegebenen Route, in eine ruhigere Zone zu steuern.

Kapitel IV

Megatrends – wie sie unser Leben und unsere Geldanlage beeinflussen

*»Mehr als die Vergangenheit interessiert mich die Zukunft,
denn in ihr gedenke ich zu leben.«*

Albert Einstein, Nobelpreisträger

Unser Leben wird, ohne dass wir das merken, von Megatrends bestimmt. Einer der Ersten, der diesen Begriff benutzte und die enorme Bedeutung der Megatrends deutlich machte, war der Amerikaner John Naisbitt mit seinem 1982 erschienen Bestseller *Megatrends*. Seither hören wir immer wieder von ihnen, aber in der Regel sind wir uns deren Tragweite gar nicht richtig bewusst. Denn Megatrends sind keine kurzfristigen Moden, sondern besonders langfristige Entwicklungen, die

> ➤ meistens mehrere Jahrzehnte umfassen,
> ➤ entweder die ganze Welt oder doch zumindest weite Teile davon betreffen und
> ➤ eine enorme und breite Wirkung entfalten: auf Wirtschaft und Politik, auf Unternehmen und Verbraucher. Und damit natürlich besonders stark auf uns als Anleger.

Da wir in einer Zeitenwende leben, beeinflussen die jetzt vorherrschenden oder bald wirksamen Megatrends die Zukunft noch stärker, als sie das in der Vergangenheit getan haben. Wir Anleger sollten die beherrschenden Einflüsse möglichst gut kennen und einordnen. Das schützt uns vor bösen Überraschungen und hilft uns bei der Auswahl der richtigen Investments. Deshalb habe ich die nach meiner Ansicht dominierenden Megatrends, die nicht schon im ersten Kapitel über die Zeitenwende enthalten sind, untersucht – vor allem hinsichtlich ihrer Auswirkungen auf die Geldanlage.

1. Das Ende der Bevölkerungszunahme lässt auf sich warten

Wenn man vom Trend der zukünftig weiter zunehmenden Bevölkerung spricht, ist dies wirklich keine aufregende Neuigkeit. Ganz im Gegenteil: Bereits in den letzten Jahrzehnten waren wir Zeugen einer einmaligen Bevölkerungsexpansion. So lebten nach Schätzungen von Historikern im Jahr 1000 gerade einmal rund 300 Millionen Menschen auf der Erde und es dauerte rund 800 Jahre, bis die Anzahl auf eine Milliarde anstieg. »Nur« 150 Jahre später waren zwei weitere Milliarden hinzugekommen. Aber es dauerte lediglich gut 50 Jahre, bis die Bevölkerung einen doppelt so hohen Zuwachs – vier Milliarden – zu verzeichnen hatte. Ganz genau haben es die Bevölkerungsexperten der Vereinten Nationen berechnet: Am 31. Oktober 2011 erreichte die Bevölkerungszahl der Erde die Marke von sieben Milliarden. Wenn ich mir diese explosive Entwicklung etwas besser vorstellen möchte, mache ich mir bewusst, dass sich allein im Laufe meines Lebens die Weltbevölkerung mehr als verdreifacht hat!

Die wesentlichen Gründe für diese sprunghafte Erhöhung der Bevölkerung sind großartige Fortschritte in der Medizin sowie eine Verbesserung der Ernährungssituation. Dadurch erhöhte sich die durchschnittliche Lebenserwartung weltweit in den letzten 50 Jahren von 48 auf 68 Jahre. Ein gleichzeitig dämpfender Faktor reichte nicht aus, um die Bevölkerungsexpansion nachhaltig aufzuhalten: eine rückläufige Geburtenrate. Diese sank von weltweit durchschnittlich knapp 5 Kindern je Frau in den 1950er-Jahren auf heute 2,5 – mit großen Unterschieden zwischen den Industriestaaten (1,7, nach 2,8) und den Entwicklungsländern (2,7, nach 6,0).

Geht es in diesem Tempo weiter? Nach dem aktuellen Weltbevölkerungsbericht der Vereinten Nationen (UN) wird sich das Wachstum erst gegen 2030 etwas abflachen. Das heißt, die UN-Experten erwarten, dass 2050 rund 9,3 Milliarden und 2100 über 10 Milliarden Menschen die Erde bevölkern werden. Erst dann dürfte nach ihren Schätzungen etwa der Scheitelpunkt bei der Bevölkerungszahl erreicht sein. Nach den Prognoserechnungen des Club of Rome wird die Bevölkerung dagegen bis etwa 2040 lediglich noch um gut eine Milliarde auf rund 8,1 Milliarden zunehmen – und von diesem Niveau aus anschließend leicht schrumpfen.

Bei Bevölkerungsprognosen ist es müßig, darüber zu streiten, welche denn wohl die richtige sei, denn diese Langfristszenarien werden sowieso regelmäßig »angepasst«. Und was die viel wichtigere Sicht auf die nächsten zwei bis drei Jahrzehnte betrifft, so geben sie uns beide die gleiche Antwort. Die Bevölkerung wird in dieser Zeit noch weiter zunehmen, wenngleich nicht mehr ganz so explosiv wie in den vergangenen Jahrzehnten.

Die Sorgen vieler Experten vor einer Überbevölkerung der Erde sind somit unbegründet. Wir werden zwar die weltweite durchschnittliche Lebenserwartung noch ein Stück steigern können. Aber andererseits werden die Geburtenraten tendenziell weiter sinken, zwar kaum noch in den westlichen Industriestaaten, jedoch Schritt für Schritt in immer mehr Ländern. Um die Bevölkerung auf einem konstanten Niveau zu halten, wären durchschnittlich 2,1 Kinder pro Frau erforderlich. In den europäischen Ländern wird dieser Wert bereits seit Jahren unterschritten. Selbst in den USA liegt die Geburtenrate mittlerweile nur noch bei gut zwei Kindern. Es ist unschwer zu erkennen, dass die Geburtenhäufigkeit ganz stark vom Einkommens- und Bildungsniveau in den jeweiligen Ländern und Regionen abhängt sowie den Möglichkeiten für eine selbstbestimmte Familienplanung. Im weltweiten Durchschnitt dürften sich hier in Zukunft weitere Verbesserungen erzielen lassen.

In der nach Regionen differenzierten Prognose der Vereinten Nationen wurden die voraussichtlichen zukünftigen Entwicklungen berücksichtigt. Danach wird sich die Bevölkerung in Afrika – der einzigen Region mit noch überdurchschnittlichen Geburtenraten – von derzeit gut einer Milliarde auf rund 2,3 Milliarden im Jahr 2050 mehr als verdoppeln. Das heißt, etwa die Hälfte der gesamten Bevölkerungszunahme auf der Erde entfällt in den nächsten 40 Jahren auf Afrika. In dieser Region lebt heute gerade einmal ein Siebtel der Weltbevölkerung. Gleichzeitig schrumpft bis 2050 die Bevölkerung in Europa etwas; in den übrigen Regionen nimmt die Bevölkerung im Durchschnitt noch um rund ein Viertel zu. Dies ist allerdings ein merklich geringerer Anstieg als in den vorangegangenen Jahrzehnten.

In den »wachsenden Volkswirtschaften« steigt normalerweise die Wirtschaftsleistung sowie die Nachfrage nach Gütern und Dienstleistungen. Dennoch dürften Investments in der einzigen Region mit überdurchschnittlichen Bevölkerungswachstumsraten in den nächsten Jahrzehnten – Afrika – durchaus interessant werden. Abgesehen von Südafrika sind die durchschnittlichen Einkommensniveaus dort noch recht niedrig. Bis eine größere kaufkräftige Mittelschicht heranwächst, dürfte es somit noch einige Zeit dauern. Dennoch könnten – neben Südafrika – einzelne Länder wie Nigeria und Kenia sowie die nordafrikanischen Mittelmeeranrainerstaaten in den nächsten Jahren erfreuliche wirtschaftliche Entwicklungen aufweisen.

2. Die Weltbevölkerung ergraut zunehmend

Das anhaltende Bevölkerungswachstum wird in den nächsten Jahrzehnten von einigen ganz wesentlichen strukturellen Veränderungen begleitet. An der ersten Stelle steht dabei die rapide Zunahme der älteren Bevölkerung. Die Kommission für Bevölkerung und Entwicklung der Vereinten Nationen stellt fest, dass die gegenwärtige Phase des Alterns der Weltbevölkerung »in der Geschichte der Menschheit beispiellos ist«. Folgende Vergleiche können dies verdeutlichen. 1950 war die Anzahl der Kinder unter 15 Jahren noch fast siebenmal so groß wie die der über 65-Jährigen, heute sind es nur noch dreimal so viele. Etwa in der Mitte dieses Jahrhunderts wird die Schere sogar geschlossen sein: Der Anteil der über 65-Jährigen wird dann etwa dem der unter 15-Jährigen entsprechen.

In den Industriestaaten ist die Überalterung schon deutlich weiter fortgeschritten. Lag der Anteil der Senioren (über 65-Jährige) zum Beginn der 1970er-Jahre noch unter 10 Prozent, so zählen zu dieser Altersgruppe heute bereits knapp 20 Prozent – und um 2050 wird es jeder Dritte sein. Die altersbedingten öffentlichen Ausgaben werden dadurch kontinuierlich zunehmen und in etlichen Ländern zu erheblichen Finanzierungsproblemen führen. Diesen werden die Regierungen nur durch Nullrunden bei den Rentenbezügen und einer Erhöhung des Rentenalters begegnen können. Darüber hinaus wird die individuelle Eigenvorsorge einen immer größeren Stellenwert bekommen. Nicht unerwähnt soll auch bleiben, dass in alternden Gesellschaften auch rasch ein Problem beim Arbeitskräfteangebot auftritt. Vor allem Fachkräfte werden dann händeringend gesucht.

Der Trend zu einer immer »grauer« werdenden Gesellschaft hat aber auch positive Seiten. Bereits heute ist die »Rentnergeneration« im Durchschnitt aktiver, gebildeter und konsumfreudiger als in früheren Generationen. Das heißt, eine stetig wachsende Zahl der Bevölkerung ist bereit, mehr Geld für Gesundheit auszugeben, um ihr »Rentnerdasein« möglichst lang und in guter Gesundheit zu genießen. Es überrascht daher nicht, dass der Gesundheitssektor schon seit etlichen Jahren ein Markt mit überdurchschnittlichen Wachstumsraten ist. Und seine besten Zeiten dürfte er noch vor sich haben.

3. Immer mehr wollen sich Gesundheit »kaufen«

Das weltweite Volumen des gesamten Gesundheitssektors beträgt heute rund 6 Billionen US-Dollar und wird nach Berechnungen der Weltgesundheitsorganisation (WHO) und der OECD bis 2020 auf 10,3 Billionen US-Dollar wachsen. Nach einer Studie der Unternehmensberatung Roland Berger verdoppelt sich dieses Volumen sogar fast bis zum Jahr 2030. Der mit Abstand wichtigste Markt sind die USA, auf die bereits ein Anteil von rund 45 Prozent entfällt. Im Durchschnitt werden rund 10 Prozent des weltweiten Bruttoinlandsprodukts für Gesundheit ausgegeben. Damit gehört der Gesundheitssektor mit zu den größten Wirtschaftszweigen.

Für diesen Boom sind drei Einflussfaktoren ganz wesentlich verantwortlich. Neben der Alterung der Gesellschaft sind dies der medizintechnische Fortschritt sowie die Zunahme der Kaufkraft der Bevölkerung. So werden chronische sowie altersbedingte Krankheiten wie zum Beispiel Herz-Kreislauf-Erkrankungen zunehmen. »Wohlstandskrankheiten« wie beispielsweise Diabetes und Fettleibigkeit werden zu steigenden Behandlungskosten und Arzneimittelverbrauch führen. Bei Demenz geht die WHO sogar von einer Zunahme der Häufigkeiten um 140 Prozent bis 2030 aus – mit den entsprechenden, daraus resultierenden Pflegekosten.

Von weiterhin großer Bedeutung dürfte der medizinische Fortschritt sein, der schon in der Vergangenheit den größten Beitrag leistete, um unsere durchschnittliche Lebenserwartung weltweit zu erhöhen. Dieser für uns alle erfreuliche Effekt muss jedoch »finanziert« werden. Neue Medikamente oder medizintechnische Verfahren ermöglichen es uns, bislang kaum heilbare Krankheiten zu therapieren oder schaffen zumindest Möglichkeiten der Linderung. Nicht zu unterschätzen sind auch die Kosten der mittlerweile immer besseren Verfahren zur regelmäßigen

Vorsorge sowie die Möglichkeiten, die uns heute moderne Operationsmethoden bieten. Ein rasch steigender Kostenfaktor wird darüber hinaus der gesamte Bereich der Biotechnologie werden, in dem insbesondere an der Entwicklung personalisierter Medikamente geforscht wird.

In den Industrieländern, in denen heute bereits eine gute Gesundheitsversorgung vorliegt, führen steigende Einkommen hauptsächlich zu qualitativen Verbesserungen. Hierzu gehören mittlerweile neben regelmäßigen »normalen« Vorsorgechecks auch der Besuch von Kur- bzw. Wellnesseinrichtungen, Fitnesscentern oder Yoga- bzw. Tanzkursen. Das Gesundheitsbewusstsein der Menschen hat in diesen Ländern spürbar zugenommen und damit auch die Bereitschaft, für höhere Lebensqualität zusätzlich zu den regelmäßigen Beiträgen zur Kranken- und Pflegeversicherung einen weiteren Teil des verfügbaren Einkommens aufzuwenden. Die privaten »Beiträge« dürften allerdings in vielen Fällen völlig unfreiwillig erfolgen, da die Finanzierung des Gesundheitssektors über staatliche Einrichtungen zunehmend nicht mehr aufrechterhalten werden kann.

In vielen Entwicklungsländern, vor allem jedoch in den bevölkerungsreichen Schwellenländern, wird sich die heute meist noch unterentwickelte medizinische Ausstattung sichtlich verbessern. Treibende Kraft werden dabei die Wünsche und die Nachfrage einer kaufkräftigen Mittelschicht sein, die nicht nur in Asien, sondern auch in den aufstrebenden Staaten Osteuropas und Lateinamerikas heranwächst. Bis 2030 wird sich diese Bevölkerungsgruppe von 1,8 auf fast 5 Milliarden erhöht haben – wobei das Wachstum lediglich zu 20 Prozent von den Industrieländern herrührt. Insbesondere die Schwellenländer beabsichtigen riesige Beträge in ihre Gesundheitsinfrastruktur zu investieren. So sind beispielsweise allein in China 2000 Krankenhäuser in der Planung.

Gesundheitsausgaben fallen in allen Phasen des konjunkturellen Auf und Ab an. Zahnschmerzen nehmen keine Rücksicht auf eine gerade schwächelnde Wirtschaft. Das gibt beispielsweise den Kursen von Pharmaunternehmen eine gewisse Stabilität, im Gegensatz zu Biotechfirmen, die ganz stark vom positiven Ausgang ihrer zum Teil jahrelangen Forschungen und von ihren Anträgen auf Medikamentenzulassung abhängig sind. Der Bereich Medizintechnik zeichnet sich weiterhin durch eine anhaltend hohe Nachfrage aus. Die wenigen spezialisierten Wettbewerber auf diesem Gebiet dürften jedoch keine Probleme haben, auch eine noch weiter steigende Nachfrage zu befriedigen. Nicht uninteressant dürften auch die wirtschaftlichen Entwicklungen der privaten Klinikbetreiber sein, die weltweit von den leeren Kassen der Kommunen und staatlichen Betreiber profitieren.

4. Arbeitsplätze werden vor allem in Städten geschaffen

Noch um das Jahr 1900 lebten lediglich rund 10 Prozent der weltweiten Bevölkerung in Städten, 50 Jahre später waren es gerade einmal knapp 30 Prozent – und es gab nur eine Stadt mit mehr als einer Million Einwohner: New York. Im Jahr 2000 lebte bereits fast jeder Zweite in einer Stadt und die Zahl der Megastädte, wie Städte mit mehr als zehn Millionen Einwohnern oft genannt werden, hatte sich bereits auf 20 erhöht. Heute dürften es – je nach Abgrenzung – rund 25 bis 30 sein. Nach den heute vorliegenden Prognosen wird diese Landflucht weiter anhalten. Seit etwa 2008 leben weltweit mehr Menschen in Städten als »auf dem Land«. Nach den Prognosen der Vereinten Nationen wird sich die Quote der Stadtbevölkerung bis 2030 auf rund 60 Prozent und bis 2050 sogar auf fast 70 Prozent erhöhen.

Fand die Urbanisierung in den 1960er- und 1970er-Jahren in erster Linie in Europa und Nordamerika statt, so entfällt heute der größte Teil des Wachstums auf die Stadte in den Schwellenländern. Dort gab es in den vergangenen zwei Jahrzehnten auch das größte Wachstum. In den Großstädten dieser Länder haben viele multinationale Konzerne Niederlassungen, dort produzieren die Technologieführer und sitzen die großen Banken sowie die global agierenden Dienstleister. Die gebotenen Arbeitsmöglichkeiten ziehen viele Menschen an. Neben Wohnungen wird dabei in rascher Folge die gesamte Palette einer städtischen Infrastruktur ausgebaut.

Die Attraktivität der Städte wird zukünftig zu Herausforderungen führen. So besitzen die Groß- und Megastädte der Industrieländer zwar längst umfangreiche Straßen, öffentliche Verkehrseinrichtungen sowie Wasser- und Stromversorgungsnetze. Aber ein großer Teil davon ist veraltet, oft schon vor deutlich mehr als 100 Jahren gebaut worden. Eines der bekanntesten Beispiele ist London, mit einer der ältesten U-Bahnen der Welt sowie einem Wasserversorgungsnetz, bei dem fast die Hälfte ungenutzt versickert. Dieses brennende Problem ist auch an »höchster«

Stelle in den USA angekommen. So erklärte Präsident Obama in seiner Antrittsrede im Januar 2009: »Wir werden die Straßen und Brücken bauen, die Stromnetze und Digitalverbindungen, die unseren Handel voranbringen und uns miteinander verbinden.« In den Schwellenländern dagegen müssen Straßen, Netze und Leitungen erstmalig gebaut bzw. verlegt werden.

Zahlreiche Unternehmen haben sich dieser Herausforderung gestellt, wobei derzeit die meisten Forschungsabteilungen an Lösungen arbeiten, um den drohenden Verkehrsinfarkt in etlichen Großstädten zu verhindern. So könnten in nicht allzu ferner Zukunft fahrerlose, ferngesteuerte Autos und Busse unterwegs sein. Was die Versorgung mit Energie betrifft, sind die meisten Innovationen darauf ausgerichtet, die CO_2-Emmissionen von Gebäuden drastisch zu reduzieren.

Die Investitionen, die die Großstädte bis 2030 in ihre Infrastruktur vornehmen müssen, liegen nach einer Studie von Booz Allen Hamilton bei rund 27 Billionen Euro. Das entspricht etwa dem Zehnfachen des derzeitigen deutschen Bruttoinlandsprodukts – oder mehr als dem Doppelten des Bruttoinlandsprodukts aller europäischen Länder plus der Vereinigten Staaten. Diese riesigen Beträge können nur mithilfe privater Investoren aufgebracht werden. Daneben werden Bau- und Technologieunternehmen, die in den Branchen Verkehr, Strom- und Wasserversorgung, Müllbeseitigung und Recycling tätig sind, große Chancen haben.

5. Die Preise für Nahrungsmittel werden steigen

Die Ernährung aller Menschen – weltweit über sieben Milliarden – stellt heute prinzipiell kein Problem dar. Denn rein theoretisch benötigt jeder Mensch pro Tag nicht mehr als 2500 Kalorien, und dem steht eine weltweite Ernte an Grundnahrungsmitteln wie vor allem Weizen, Mais und Reis von rund 3500 Kalorien pro Tag für jeden Menschen gegenüber. Wie überall gibt es jedoch keine gleichmäßige Verteilung, sodass heute nach Schätzungen der WHO (World Health Organization) fast jeder Siebte nicht genug zu essen hat. Der mit Abstand größte Teil davon lebt in Asien. Andererseits werfen die Konsumenten in den Industriestaaten jedes Jahr pro Kopf bis zu 100 Kilogramm Lebensmittel in den Müll.

Die Nachfrage nach Grundnahrungsmitteln wird in Zukunft weiter deutlich zunehmen. Die wesentlichen Faktoren sind:

> die wachsende Bevölkerung,
> veränderte Essgewohnheiten
> und der zunehmende Einsatz nachwachsender Rohstoffe zur Energiegewinnung, z.B. Bioethanol, Biodiesel oder Biogas.

Dabei wird die Zunahme der Bevölkerung noch den geringsten Einfluss haben. Besonders ins Gewicht fallen dürfte der wachsende Wohlstand in den Schwellenländern, der einhergeht mit einer merklichen Zunahme des Fleischkonsums. Hierbei ist zu berücksichtigen, dass man beispielsweise im Durchschnitt zunächst etwa sieben Kilogramm Mais, Sojabohnen etc. an ein Schwein verfüttern muss, um anschließend ein Kilogramm Schweinefleisch zu erhalten. Bei diesem »Veredelungsprozess« steigt also der Bedarf an Nahrungsmitteln sofort um ein Vielfaches. Somit überrascht es nicht, dass heute rund ein Viertel der weltweiten Getreideproduktion nicht verzehrt, sondern verfüttert wird.

Die Entwicklung dürfte sich in Zukunft eher noch beschleunigen. Die Welternährungsorganisation FAO (Ernährungs- und Landwirtschaftsorganisation der Vereinten Nationen) geht davon aus, dass der jährliche Fleischkonsum pro Kopf bis 2050 auf über 50 Kilogramm zunehmen wird. Das entspricht einer Produktion von gut 450 Millionen Tonnen; im Jahr 2005 betrug diese erst rund 250 Millionen Tonnen.

Große – und weiter wachsende – Bedeutung wird die Nutzung landwirtschaftlicher Flächen zur Produktion von »Energierohstoffen« haben. Das heißt, man baut Mais und Weizen von vornherein ausschließlich dazu an, um anschließend daraus Biokraftstoffe oder Biogas zu gewinnen. In den USA wird zum Beispiel bereits rund ein Drittel der Maisernte in Bioethanol umgewandelt, das dann den Kraftstoffen beigemischt werden kann.

Noch vor wenigen Jahren ging die FAO in einer Studie davon aus, dass die Agrarproduktion bis zum Jahr 2050 im Vergleich zu 2005 um 70 Prozent gesteigert werden muss, wenn neun Milliarden Menschen ernährt werden sollen. Diese Ergebnisse wurden zwar von verschiedenen Organisationen infrage gestellt. Aber selbst wenn es »nur« 50 Prozent sein sollten, wäre es dringend notwendig, weitere landwirtschaftlich nutzbare Flächen hinzuzugewinnen. Dies geschieht in bescheidenem Umfang durch die Rekultivierung von Wüstenflächen und in größerem durch das folgenschwere Abholzen von Regenwaldflächen.

Auf der anderen Seite gehen der Landwirtschaft aber auch umfangreiche Flächen verloren. So »verbrauchen« unsere wachsenden Städte für Wohnungen, Industrie und Infrastrukturbauten Jahr für Jahr riesige Flächen – unter anderem auch solche, die zuvor landwirtschaftlich genutzt wurden. Hinzu kommt, dass kontinuierlich ehemals fruchtbares Ackerland durch Überbewirtschaftung zerstört wird und verloren geht. Jahrzehntelange Übernutzung laugt dabei die Böden aus und führt über Bodenerosion schließlich zu immer geringeren Erträgen. Insbesondere großflächige Monokulturen sind hierfür anfällig.

Daraus folgt zwangsläufig eine Entwicklung: Bei kaum erweiterbarer Produktionsfläche und steigender Nachfrage werden die Preise steigen. Dieser Trend könnte jedoch zumindest gedämpft werden, wenn durch

➤ besseren Maschineneinsatz
➤ optimale Verwendung von Düngemitteln
➤ gentechnische Verbesserungen

die Erträge auf den vorhandenen Flächen noch gesteigert werden können. Dabei liegen zwar die größten Hoffnungen bei Erfolgen der Gentechnik. Doch nach Expertenschätzungen dürfte der Einsatz mittelfristig nur eine untergeordnete Rolle spielen, da der Widerstand weiter Teile der Bevölkerung sehr groß ist und sich auch die Kleinbauern sehr zurückhalten. Die größten Profiteure dürften somit zunächst die Hersteller von Landmaschinen, Saatgut- und Düngemitteln sein.

6. Der Klimawandel wird immer bedrohlicher

Der langfristige Trend zu steigenden Durchschnittstemperaturen der erdnahen Atmosphäre wird weltweit anhalten. »Was ist daran schon Besonderes oder gar Schlimmes?!«, sagen die Kritiker der Theorie oder gar Leugner des Klimawandels. Es ist richtig: Nach wissenschaftlichen Erkenntnissen gab es noch vor 6000 Jahren Wasser und blühende Wiesen, wo heute die Sahara ist, und vor 11 000 Jahren herrschte in Europa die Eiszeit. Auf der Erde werden bald acht Milliarden Menschen leben – und wenn der Meeresspiegel »nur« um einen halben Meter steigt, stehen beispielsweise bereits große Teile von New York unter Wasser, von den Auswirkungen auf zahlreiche Inseln und Küstenstädte ganz zu schweigen. Das könnte jedoch passieren, wenn sich der Trend der vergangenen 100 Jahre fortsetzt. In dieser Zeit ist die durchschnittliche »Erdtemperatur« bereits um knapp ein Grad Celsius gestiegen. Klimawissenschaftler gehen davon aus, dass in den nächsten 50 Jahren sogar mit einem Anstieg um mehr als zwei Grad Celsius zu rechnen ist.

Die Erde wird von der Atmosphäre wie von einer natürlichen Schutzschicht umhüllt. In dieser »Haut« befinden sich unter anderem auch die sogenannten Treibhausgase wie zum Beispiel Kohlendioxid, Methan, Distickstoffoxid oder fluorierte Verbindungen. Ohne diese wunderbare Bedeckung der Erdoberfläche gäbe es kein menschliches Leben auf der Erde – es wäre bitterkalt.

Die Konzentration dieser Gase in der Atmosphäre hat sich insbesondere in den vergangenen 30 Jahren rapide erhöht. Und es ist ziemlich sicher, dass die Bevölkerungsexplosion in dieser Zeit hierbei eine besonders große Rolle gespielt hat. Durch die Industrialisierung, eine verbesserte Ernährungssituation und den Fortschritt in der Medizin war es möglich, nicht nur den »Wohlstand«, sondern auch die durchschnittliche Lebenserwartung dieser vielen Menschen zu erhöhen. Die Zahl der Autobesitzer nahm rasch zu und Fliegen wurde zu einem billigen Alltagsverkehrsmittel. Beim Bau neuer Wohnungen achtete man lange Zeit kaum auf die anschließenden Heizkosten, denn Heizöl war billig. Ein weiteres Qualitätsmerkmal des zunehmenden Wohlstands war ein erhöhter Fleischkonsum. All das sind »Fortschritte«, die den Ausstoß von Kohlendioxid und Methan deutlich nach oben trieben.

Bei jeder Verbrennung fossiler Energieträger wird ein Mehrfaches des ursprünglichen Gewichts an Kohlendioxid freigesetzt. Alle Wiederkäuer, also beispielsweise die Rinder, die später einmal für saftige Steaks sorgen sollen, geben bei ihren Verdauungsvorgängen kontinuierlich Methan ab. Insbesondere die Industrieländer haben demnach mit der Erhöhung ihres »Wohlstands« dafür gesorgt, dass der Ausstoß der beiden schädlichsten Klimagase kräftig zugenommen hat.

Der Kohlendioxidausstoß im vergangenen Jahrhundert ging demzufolge auch zu jeweils rund 30 Prozent auf das Konto der USA bzw. der europäischen Länder.

Aber China ist heute auf dem besten Weg, die USA als weltgrößten Emittenten von Treibhausgasen zu überholen.

Die möglichen Auswirkungen eines Klimawandels sind bereits in den 1970er- und 1980er-Jahren thematisiert worden. Aber erst im Dezember 1997 kam es zur Erstellung des sogenannten Kyoto-Protokolls, in dem erstmals völkerrechtlich verbindliche Zielwerte für die Reduktion von Treibhausgasen in den Industrieländern festgeschrieben wurden. Es trat jedoch erst im Februar 2005 in Kraft. Ende 2011 war es von 193 Staaten sowie der Europäischen Union ratifiziert. Die Vereinigten Staaten sind bis heute nicht beigetreten. In der Verpflichtungsperiode 2008–2012 sollten die Industrieländer den jährlichen Ausstoß an Treibhausgasen gegenüber 1990 um durchschnittlich 5,2 Prozent reduzieren. Trotz erheblicher Anstrengungen in etlichen Ländern dürfte dieses Ziel bei Weitem nicht erreicht werden. In der bislang letzten Folgekonferenz, 2011 in Durban, konnten keine substanziellen Erfolge erzielt werden. Zahlreiche Entwicklungsländer haben jedoch mittlerweile erkannt, welche negativen Folgen ein extremer Klimawandel für ihr Land bedeuten würde. Die Gruppe der Länder, die eine strikte und konsistente Strategie verfolgt, vergrößerte sich dadurch sichtlich.

Im Jahr 2005 veröffentlichten das Deutsche Institut für Wirtschaftsforschung (DIW) sowie das Potsdam-Institut für Klimaforschung nahezu zeitgleich Schätzungen über die klimabedingten volkswirtschaftlichen Schäden. Das DIW resümierte, dass durch eine schnell aktiv werdende Klimaschutzpolitik bis zum Jahr 2050 Schäden von bis zu 200 Billionen Dollar vermieden werden könnten. Das Team um Ottmar Edenhofer ermittelte, dass die Kosten eines effektiven Klimaschutzes bei jährlich etwa 1 Prozent des weltweiten Bruttosozialprodukts liegen würden. Nicholas Stern, ehemaliger Chefvolkswirt der Weltbank, kam ein gutes Jahr später in einer Studie für die britische Regierung ebenfalls auf Kosten von rund 1 Prozent des BIP. Er wies aber eindringlich darauf hin, dass dies nur gelte, wenn sofort mit umfangreichen Aktivitäten begonnen werde. Sonst könnten die jährlichen Kosten des Klimawandels dem Verlust von wenigstens 5 Prozent – im Extremfall sogar 20 Prozent – des globalen Bruttoinlandsprodukts entsprechen. Die aktuellste Studie zu diesem Thema wurde im Mai 2012 vorgestellt: der Club-of-Rome-Report »2052«. Danach wird der Klimawandel noch deutlich zunehmen, denn der Ausstoß der klimarelevanten Treibhausgase wird noch bis 2030 ansteigen.

Diese Ergebnisse mögen deprimierend klingen. Aber längst haben tausendfache Aktivitäten rund um den Globus begonnen. Meist nicht aus dem Grund, das Klima zu retten, sondern aus ökonomischen Gründen, sprich Kostensenkung und Verringerung von unsicheren Abhängigkeiten.

In der *Energiewirtschaft* hat der Ausbau der erneuerbaren Energien schon angefangen – und er wird sich noch beschleunigen. Die Lobbyisten der ehemaligen zentralen Energiewirtschaft wollen es nicht hören. Aber bereits heute decken – nach Angaben des *Global Status Report, Renewables 2012* – die erneuerbaren Energien rund ein Sechstel des weltweiten Energieverbrauchs, beim Stromverbrauch ist es sogar ein Fünftel. Konventionelle Kohle-, Gas- und Atomkraftwerke weisen bei zukünftig höheren Temperaturen eine eklatante Schwachstelle auf: ihren Bedarf an Kühlwasser. Sowohl in Europa als auch in den USA mussten in den vergangenen zehn Jahren mehrfach Kraftwerke abgeschaltet oder gedrosselt werden, weil die notwendigen Mengen an Kühlwasser nicht zur Verfügung standen.

In der *Automobilbranche* tüftelt man schon seit Jahren an Alternativen zum Verbrennungsmotor. Wer letztlich die »Nase vorn« haben wird – Elektro-, Wasserstoff- oder Brennstoffzellen-»Motoren« stehen hier im Wettbewerb –, kann heute noch nicht gesagt werden. Aber dem »wahren« Nachfolger des herkömmlichen Verbrennungsmotors dürften goldene Zeiten bevorstehen.

Die Geschäfte der *Versicherer* dürften gewaltig ansteigen, denn alle Prognosen gehen davon aus, dass extreme Wetterbedingungen deutlich zunehmen werden, d. h. Dürren, Überschwemmungen oder orkanartige Winde. Die Prämien für wetterbedingte Schäden kletterten in den vergangenen Jahren schon merklich. Mit großer Wahrscheinlichkeit dürfte dieser Trend in den nächsten Jahren anhalten.

Nach jedem Großschaden sind umfangreiche Investitionen zur Wiederherstellung notwendig. Die *Bauwirtschaft* wird demzufolge zu einem »Profiteur« des Klimawandels avancieren. Hinzu kommen umfangreiche Baumaßnahmen, die bereits im Vorfeld getätigt werden, insbesondere zum Hochwasserschutz. Die größte »Baustelle« stellt jedoch der gesamte Gebäudebestand dar. Bereits heute ist es möglich, sogenannte Null-Energie-Häuser zu erstellen. Dieses Extrem dürfte nur bei den wenigsten Nachrüstungen erreicht werden. Aber die Energieverbrauchswerte der heutigen Neubauten liegen – zumindest in Deutschland – nur noch bei einem Bruchteil der Werte aus den 1950er- und 1960er-Jahren. Darüber hinaus sorgen die Elektronik und die Kommunikationstechnologie dafür, dass Energie in den Gebäuden immer effizienter und »angepasster« verbraucht wird.

Die *Landwirtschaft* wird nicht nur zunehmend von Wasserknappheit oder gar Dürren betroffen sein. Es wird vielfach ganz unmöglich werden, auf den ausgetrockneten und ausgelaugten Böden Ernten zu erzielen. Dafür könnten heute klimatisch nicht bevorzugte Regionen in Nordeuropa oder weite Teile Russlands für landwirtschaftliche Nutzungen infrage kommen. Größere Bedeutung dürften darüber hinaus weltweit Aufforstungen gewinnen.

Dass die Winter schon lange nicht mehr so wie früher sind, haben wohl vor allem die Skifahrer bemerkt. In den Alpen ist deutlich zu sehen, wie sich die Gletscher langsam zurückbilden. Dass in nahezu jedem Skigebiet zahlreiche Schneekanonen etwas »nachhelfen«, ist überdies bereits der Normalfall. Das heißt, auch der *Tourismus* wird die Auswirkungen des Klimawandels zu spüren bekommen. Auf der anderen Seite wird die Anzahl der »sonnigen« Gegenden zunehmen. Müssen wir dann nicht mehr so weit fliegen, um Sonne zu »tanken«? Oder sehnen wir uns dann umso mehr nach kühleren Orten?

Ein großes Problem wird bei zunehmender Erderwärmung auf jeden Fall die *Wasserversorgung* werden. So schwierig das zukünftig auf mancher sonnigen Urlaubsinsel sein mag – für Millionen von Menschen wird der Zugang zu sauberem Trinkwasser zur Überlebensfrage werden. Einige Experten gehen sogar davon aus, dass in den nächsten Jahrzehnten mehrere Milliarden Menschen wegen Dürreperioden oder Überschwemmungen – als Folge der Erderwärmung – ohne ausreichende Wasserversorgung sein werden. Bevölkerungswanderungen in größerem Ausmaß dürften uns daher bevorstehen. In einigen Studien wird dabei sogar davon ausgegangen, dass es zu größeren Spannungen oder gar revolutionsähnlichen Zuständen kommen wird. Letztlich könnte der Klimawandel auch zu kriegerischen Auseinandersetzungen führen.

7. Rohstoffe werden weltweit knapp

Über lange Zeit waren die wichtigsten Rohstoffe für die Menschen die Materialien, die sie benötigten, um Bauwerke zu errichten, in erster Linie, um darin zu wohnen. Daneben spielten auch Salz – und Gewürze – einige Jahrhunderte als Rohstoff noch eine wichtige Rolle. Aber erst mit der fortschreitenden Industrialisierung »explodierte« die Nachfrage – und damit auch die verstärkte Suche – nach den heute noch wichtigen Industrierohstoffen Eisen, Kupfer sowie Aluminium, Blei, Nickel und Zink. Der Siegeszug der Elektrizität sowie die fantastischen Erfindungen, die unsere Mobilität spürbar verbesserten, führten darüber hinaus zu einer sprunghaften Nachfrage nach den energetischen Rohstoffen Kohle, Öl und Gas. Heute sind wir so abhängig wie noch nie von Rohstoffen verschiedenster Art. Das merken wir in erster Linie bei der Mobilität und der Kommunikation, aber beispielsweise auch in der medizinischen Versorgung. Selbst die ausreichende Erzeugung von Nahrungsmitteln ist ohne mineralische Rohstoffe und Energierohstoffe nicht mehr möglich.

Dabei verlief die Entwicklung über fast zwei Jahrzehnte hinweg völlig anders. So erfolgte, kaum dass die beiden Ölpreiskrisen in den 1970er-Jahren überwunden waren, eine fast 20-jährige Rohstoff-Baisse. Bei den anhaltend niedrigen und zum größten Teil sogar weiter sinkenden Preisen war es für potenzielle Investoren völlig unattraktiv, in neue Explorationen zu investieren oder umfangreiche Erweiterungen vorzunehmen. So fiel beispielsweise der Rohölpreis im Jahr 1998 auf ein Rekordtief von rund 10 US-Dollar, nach noch rund 35 US-Dollar im Jahr 1981.

Aber spätestens seit Beginn des vorigen Jahrzehnts traf eine rasch steigende Nachfrage auf ein mehr oder weniger fixes Angebot. Die kräftige Zunahme der Nachfrage resultierte vor allem aus einem rasant wachsenden Rohstoffverbrauch in den asiatischen Staaten, allen voran China und Indien sowie weiteren aufstrebenden Schwellenländern. Insbesondere China entwickelte sich auf seinem Weg zu einem der bedeutendsten Industriestandorte der Welt zu einem wahren Rohstoffmoloch. Der Verbrauch nahezu aller Rohstoffe erhöhte sich im Verlauf des vorigen Jahrzehnts deutlich, der Ölverbrauch beispielsweise um rund 100 Prozent.

Der Rohstoffverbrauch ist weltweit mittlerweile so groß – und steigt in den meisten Bereichen auch noch –, dass die Endlichkeit der Ressourcen immer stärker ins Bewusstsein der Bevölkerung rückt. Das gilt nicht nur für die Industrierohstoffe wie Kupfer und Aluminium etc., sondern vor allem auch für die strategischen Metalle, die sogenannten Seltenen Erden, ohne die heute vieles nicht möglich wäre. Nicht unerwähnt dürfen die fossilen Energierohstoffe Kohle, Gas und Öl bleiben, deren Reichweiten durch neue Funde nahezu kontinuierlich »verlängert« werden. Aber ob diese Ressourcen in 50, 150 oder gar erst 250 Jahren so gut wie erschöpft sein werden, spielt eigentlich keine große Rolle. Denn irgendwann wird es geschehen, das ist sicher. Hinzu kommen auch die mineralischen Rohstoffe, die für die Gewinnung der Agrarprodukte und damit für die Ernährung der gesamten Bevölkerung von großer Bedeutung sind. Es gibt weltweit nur wenige Regionen mit abbauwürdigen Mengen dieser Mineralien. Und die Nachfrage nach Mineraldünger dürfte zukünftig sogar weiter steigen.

Bei der Herstellung hochtechnologischer Produkte ist der Einsatz Seltener Eden unverzichtbar. Ihre wichtigste Eigenschaft besteht darin, dass sie selbst bei geringer Beimischung den elektrischen Widerstand deutlich verringern. Dadurch kann Strom mit erheblich geringeren Verlusten »transportiert« werden. Die Leistungsfähigkeit zum Beispiel von Windrädern und Elektroautos, aber auch von Smartphones, Computer oder Batterien und LED-Anwendungen wird deutlich gesteigert. Insbesondere unsere »modernsten« Geräte und unsere Zukunftstechnologien sind damit auf Erbium, Europium, Dysprosium oder Neodym angewiesen, um nur einige zu nennen.

Dabei sind die Seltenen Erden gar nicht so selten, wie der Name vermuten lässt. Von Gold und Platin gibt es beispielsweise viel weniger in unserer Erdkruste. Das große Problem besteht jedoch darin, dass diese Elemente praktisch nirgends in reiner Form zu finden sind, sondern immer als Oxide. Daher rührt übrigens auch der Name, denn früher wurden diese auch »Erden« genannt. Um die Erden nach der Förderung von den anderen Mineralien abzuscheiden und in die Reinform zu überführen, ist ein technisch aufwendiger, kostspieliger und – aufgrund des Einsatzes aggressiver Chemikalien – auch noch umweltbelastender Prozess notwendig.

Ein Problem kommt selten allein. Obendrein gibt es nämlich nur wenige Regionen auf der Erde mit abbauwürdigen Vorkommen. Daraus resultiert, dass heute fast die gesamte Weltproduktion der Seltenen Erden aus China stammt. Indien und Brasilien – und früher auch die USA – fördern in deutlich geringerem Umfang. Es überrascht daher nicht, dass China als Monopolist den Markt über Menge und Preis beherrscht. Dabei dürfte es nicht nur darum gehen, möglichst hohe Preise zu erzielen. China möchte vor allem auch genügend Reserven aufweisen, um selbst zu einem wettbewerbsfähigen Hochtechnologiestandort aufzusteigen.

8. Medien und Information – die großen Technologietreiber

Ich bin zwar kein Technologie-Experte. Aber als interessierter und neugieriger Beobachter – vor allem der wirtschaftlichen Folgen – ist es für mich klar, dass die ungeheure Geschwindigkeit, mit der Informationen sowie deren Verknüpfung und Verbreitung zunehmen, noch nicht ihr Ende gefunden haben.

Das gilt für Unternehmen, die Maschinen und Programme für Transport, Darstellung und Auswahl der Informationen bereitstellen ebenso wie für diejenigen, die Inhalte jeglicher Art digital veröffentlichen. Das gilt aber auch für Unternehmen, deren kostengünstige Möglichkeiten der Online-Kundengewinnung bereits heute die Absatzmärkte in manchen Branchen durcheinanderwirbeln, genauso wie es uns als private Nutzer von Internet, TV, Smartphone oder E-Book betrifft. Wir bekommen so viel geliefert, dass wir oft gar nicht mehr wissen, von welchen Websites wir welche Informationen am besten holen sollen.

Die traditionellen Informations- und Unterhaltungsmedien Presse, Funk und Fernsehen verlieren zwangsläufig an Bedeutung, weil es inzwischen Millionen von kostenlosen Websites gibt, und weil jeder zu allem sein »Expertenwissen« und seine Meinung direkt im Netz verbreiten kann. Soziale Netzwerke wie Facebook oder Twitter verstärken diese Tendenz. Da wollen auch die alten Medien mithalten, vor allem Verlage. So hat beispielsweise die Welt-Gruppe im Mai 2012 angekündigt, dass sie die Prioritäten umdrehen wollen: In Zukunft, so Chefredakteur Jan-Erik Peters, werden Geschichten fürs Internet recherchiert und geschrieben – und dann eine Auswahl davon in den Zeitungen gedruckt. Bisher war es umgekehrt.

Mit welchem Tempo sich neue Geräte und Anwendungen durchsetzen, hat der Siegeszug der Smartphones gezeigt, der internetfähigen Handys. Ich besitze natürlich auch eines und bin immer wieder erstaunt, welche Möglichkeiten es bietet. Seitdem Apple sein iPhone auf den Markt gebracht hat, gibt es nicht nur für diese Smartphone-Marke kein Halten mehr. 2011 schnellte der gesamte Smartphone-Verkauf weltweit nach Berechnungen des Marktforschungsinstituts IDC um über 60 Prozent auf fast 500 Millionen Geräte nach oben. Experten sind der Auffassung, dass sich erst mit dem Smartphone die Internetrevolution endgültig durchsetzt. Denn es wird das weltweite Netz viel stärker und schneller verbreiten – und mit anderen Anwendungen kombinierbar machen – als der Computer. Der Markt ist riesig. 2011 wurden erstmals mehr Smartphones als PCs verkauft. Berücksichtigt man, dass die Anzahl der installierten PCs Anfang 2012 weltweit mit 1,3 Milliarden bei nur einem Viertel des aktiven Handybestands von 5 Milliarden lag, kann man das Wachstumspotenzial für Smartphones unschwer erahnen.

Ein Phänomen ist dabei in der Informations- und Medienindustrie zu beobachten: Wem es gelingt, die Technologieführerschaft zu erringen, bei dem laufen die Geschäfte wie von selbst – zumindest bis zum nächsten Technologiesprung. Das führt zu einem beängstigenden Grad an Konzentration, der dadurch verstärkt wird, dass, um beim Smartphone-Beispiel zu bleiben, die Anwendungen der Softwareentwickler und Inhaltelieferanten am liebsten für die Anbieter geschrieben werden, die am größten sind und am rasantesten wachsen.

Ein ähnliches Bild der starken Konzentration finden wir bei Suchmaschinen, bei denen Google nicht zu schlagen ist. Bei Social Media ist die Dominanz von Facebook erdrückend, bei Videoportalen Youtube das Maß aller Dinge und im Buchbereich nimmt Amazon eine überragende Stellung ein. Generell finde ich Konzentration schlecht – aber wie die vergangenen Jahre gezeigt haben, scheint es zumindest die Erfindungs- und Innovationsfreude kaum zu beeinträchtigen. Tröstlich ist, dass auch Fast-Monopolisten schnell weg vom Fenster sein können, wenn sie gravierende Fehler machen, wie Research in Motion (RIM) – der Marktführer über lange Zeit – mit ihrem Blackberry. Es wird auch zukünftig sowohl Hardware- als auch Softwareentwickler besonders reizen, scheinbar Unschlagbare zu bekämpfen. Die Geschwindigkeit, mit der noch bessere Geräte, noch bessere Anwendungen und noch bessere Nutzungsmöglichkeiten entwickelt werden, dürfte deshalb kaum nachlassen.

Vor allem der Trend, mehrere Informationskanäle in einem Gerät zu vereinen, heizt Fantasie und Wachstum zusätzlich an. Dass mit dem Fernsehgerät Internet-Kommunikation möglich ist und dass das Smartphone Handy, Internetzugang und Videoempfänger in einem ist, ist nach Ansicht der großen Technik-Gurus noch längst nicht das Ende der immer stärker multimedial vernetzten Entwicklung. Dank Massenproduktion lassen sich alle Geräte zunehmend preisgünstiger herstellen und erschwinglich anbieten. So hat sich der Durchschnittspreis für einen LCD-Fernseher beispielsweise von 2006 bis 2012 nahezu halbiert – bei wesentlich größerer Leistung.

Hinzu kommt ein weiterer Grund für ein auch in Zukunft anhaltend starkes Wachstum der gesamten Informations- und Medienbranche: In den Schwellen- und Entwicklungsländern besteht – im Vergleich zu den Industriestaaten – ein ungeheurer Aufholbedarf. Während bei uns Wachstum vor allem durch Innovationen erfolgt, weil der Sättigungsgrad hoch ist, sieht es in China oder Ägypten ganz anders aus. Dort wächst zwar der Absatz rasant, aber der Anteil der Nutzer an der Gesamtbevölkerung ist immer noch gering. Das wird sich mit höherem Wohlstand und preiswerteren Geräten, Programmen und Inhalten aber in den nächsten Jahren ändern.

Was bedeutet das aus wirtschaftlicher und Anlegersicht? Dass es eine Art Goldgrube ist und bleibt, wenn ein Unternehmen in einem Informations- und Medienbereich zu den ganz Großen gehört, solange es seine Technologieführerschaft behaupten oder ausbauen kann. Vom Wachstumselan der Informations- und Mediengiganten und ihrer Herausforderer profitieren aber auch Legionen an Zulieferern. Und die kommen vermehrt aus Asien, von Taiwan bis Indien, dem Mekka des Software-Outsourcing. Nicht ohne Grund macht Nokia seine Smartphone-Fertigung in Europa dicht und produziert nur noch in Asien, weil nur durch den engen Kontakt mit innovativen Zulieferern die technologische und preisliche Konkurrenzfähigkeit wiedergewonnen werden kann. Vom Megatrend der Informations- und Medienbranche profitieren also viele Unternehmen – von Marktführern über innovative Newcomer und Zulieferer bis hin zu ganz »normalen« Firmen, die mit ihren Internetauftritten und Social Media sowie der »Cloud« ihre Kosten senken und ihre Vertriebskanäle preiswert ausweiten können.

Entsprechend gibt es viele Aktien, mit denen wir Anleger diese wachstumsintensiven Perspektiven der jetzt schon weltgrößten Branche langfristig nutzen können. Doch nun muss ich leider etwas Essig in den Wein gießen.

Nirgendwo in der Wirtschaft ist der Konkurrenzkampf härter, wenn nicht gar brutaler, als in der Informations-, Technologie-, Internet- und Medienbranche. Hier herrscht Darwinismus pur. Ich habe in meinen über 40 Jahren an der Börse viele Neulinge kommen und wieder verschwinden sehen. Neuere Stars wie Nokia, Research in Motion, Dell, Hewlett-Packard und – hierzulande – Infineon, führen heute ein Schattendasein im Vergleich zu ihren besten Zeiten, weil sie entweder das rasante Innovationstempo nicht mithalten konnten oder wichtige neue Entwicklungen verschlafen oder aufs falsche Pferd gesetzt haben.

Ein besonderes Trauerspiel ist die Deutsche Telekom. Aus dem einstmals gefeierten Wachstumswert ist ein Schrumpfwert geworden. Seit ihrem Höchstkurs Anfang März 2000 von 104 Euro hat die Aktie, sage und schreibe, über 90 Prozent und gegenüber ihrem Ausgabekurs im November 1996 die Hälfte verloren. Die Deutsche Telekom hat allerdings immer eine hohe Dividende bezahlt – manchmal nicht aus den Gewinnen, sondern aus der Substanz –, sodass sich der Verlust bei denjenigen der leidgeprüften Anleger, die diese Dividende wieder angelegt haben, deutlich ermäßigt hat.

Insgesamt lässt die oft verlustreiche Erfahrung nur den Schluss zu: Vorsicht bei sogenannten Wachstumsaktien im Allgemeinen und bei Technologie- und Internetaktien im Besonderen.

Keine Frage, die phänomenalen technischen Errungenschaften werden weiterhin die Welt, in der wir leben, in unvorhersehbarer Weise verändern. Aber haben die Unternehmen, die in der Vergangenheit die bahnbrechenden Erfindungen machten, auch ihre Aktionäre reich gemacht? Nein, in den meisten Fällen nicht! Das führt zu einer ernüchternden Schlussfolgerung: Eine Errungenschaft, die die Lebensverhältnisse einer Gesellschaft dramatisch verändert und verbessert, bietet keine Gewähr für den Erfolg von Unternehmen, die in dem zukunftsträchtigen, neuen Geschäftsfeld tätig sind. Für den Anleger ist jedoch allein entscheidend, ob die Unternehmen für ihre Aktionäre dauerhaft einen Gewinn erwirtschaften und angemessene Dividenden zahlen können!

Und hierfür gibt es genügend Beispiele: Verdient haben meist nur die Ausstatter und Produzenten, nicht die Betreiber. Erwähnt seien nur die Fluggesellschaften, die den Massentourismus erst möglich gemacht haben. Viele sind schon pleitegegangen, manche werden nur durch Subventionen am Leben gehalten. Letztlich hat der Verbraucher, Sie und ich, von fast allen technischen Durchbrüchen am meisten profitiert, ob das nun die Elektrizität, das Radio, das Telefon, das Fernsehen, die Eisenbahn, das Automobil oder das Flugzeug waren. Und so wird es sich wohl auch langfristig beim Megatrend Medien und Information abspielen.

Neben den vielen Annehmlichkeiten, die uns, den Nutznießern der Informationstechnologie, im Alltag geboten werden und unser Leben erleichtern und bereichern ist das Internet auch eine gigantische Wissensbasis. Zum ersten Mal in der Geschichte der Menschheit ist das gesamte akkumulierte Wissen weltweit für Milliarden von Menschen zugänglich, die eine Internetverbindung haben. Es gibt kein Monopol in der Wissenschaft und Forschung mehr für wenige Privilegierte in Computer- und Forschungszentren. Zumindest auf dem Gebiet des Wissens schafft das Internet die Gleichheit unter den Menschen, die die Französische Revolution 1789 ausrief und die nie verwirklicht wurde.

Wenn gleichzeitig weltweit Millionen von Menschen, die miteinander vernetzt sind, forschen und ihr Wissen austauschen, bedarf es keiner großen Fantasie, um vorherzusehen, dass es große Fortschritte in der Forschung geben wird und dass die Zahl der Erfindungen auf allen Gebieten erheblich zunehmen wird. Hier wird Wachstum in Quantensprüngen stattfinden.

Aber gerade wegen dieses schnellen technologischen Wandels und unvorhersehbarer neuer Geräte und Anwendungen sollten Anleger nicht alles auf eine Karte setzen, sondern ihre Aktienengagements innerhalb der Medien- und Informationsbranche sehr breit streuen. Dafür eignen sich aktiv gemanagte Aktienfonds mit Schwerpunkt Informationstechnologie und Medien sowie ETFs. Hier bieten sich neben Indexfonds, die weltweit den MSCI-World-Index Informationstechnologie abbilden, ETFs an, die nur Aktien des MSCI-Emerging-Markets-Index Informationstechnologie beinhalten.

9. Der steile Aufstieg der Schwellenländer

Wenn wir über das verwirrende tägliche Auf und Ab an den Finanzmärkten hinausblicken und versuchen, uns ein Bild über die Trends der Zukunft zu machen, die unser Leben bestimmen werden, müssen wir zunächst zurückblicken. Wir stellen fest, dass sich in den letzten zwei Jahrzehnten in der Welt und in unserem Land mehr verändert hat als in vielen Jahrzehnten davor.

Es sind drei machtvolle Trends, die diese gravierenden Veränderungen bewirken:

➤ Der globale Markt, der auf der Ebene des Welthandels enorm gestiegen ist, und das weltumspannende Internet, das auf der Ebene des Konsumenten die Plattform eines globalen »Supermarkts« bietet. Ohne das Haus zu verlassen und mühsam von Kaufhaus zu Kaufhaus die günstigsten Angebote zu suchen, kann der Verbraucher in aller Ruhe zu Hause Preisvergleiche über das Internet machen und dort die Ware bestellen, wo sie am billigsten ist.

➤ Das Informationszeitalter. Information ist heute nicht mehr nur Produktionsfaktor, sondern Endprodukt. Information entgrenzt die Welt, denn sie überwindet Barrieren und Mauern. Ihr Einfluss auf Politik, Wirtschaft, Wissenschaft – auf letztlich alle Lebensbereiche – ist »grenzenlos«.

➤ Die weltweite Ausbreitung der Marktwirtschaft und die Auferstehung der Schwellenländer. Frei von den Fesseln des gescheiterten Sozialismus wird jetzt in weiten Teilen der Welt die Marktwirtschaft praktiziert, das heißt: Leistung, Wettbewerb, freies Unternehmertum und Profitsystem bestimmen das ökonomische Handeln.

Damit einher geht auch eine politische und wirtschaftliche Machtverschiebung. Vereinfacht gesagt: Die Industrieländer sind im Abstieg, die Schwellenländer (Emerging Markets) sind im Aufstieg.

Diese langfristige Sicht müssen wir auch auf unser Investmentverhalten und auf die Gestaltung unserer Geldanlagen übertragen. Wo findet Wachstum, wo Schrumpfung statt? Bei den Industrieländern ist Schrumpfung angesagt, sei es bei der Bevölkerung oder beim Sozialstaat. Das Wirtschaftswachstum wird unterdurchschnittlich sein, weil wegen Überschuldung jetzt und auf Jahre hinaus mehr gespart und Schulden abgebaut werden müssen, anstatt, wie bisher, auf Pump zu leben und zu konsumieren.

Ganz anders bei den Schwellenländern: Dort herrscht eine gesunde demografische Entwicklung, die Mehrzahl der Bevölkerung ist jung und voll Tatendrang. Sie machen sich ungeniert das Know-how der Industrieländer zunutze, um deren technologischen Vorsprung und deren hohen Lebensstandard so schnell wie möglich aufzuholen, und entsprechend rücksichtslos verhalten sie sich im Wettbewerb.

Sie sind nicht überschuldet und haben bisher keinen unbezahlbaren Sozialstaat europäischer Prägung aufgebaut. Sie werden angesichts der finanziellen Schwierigkeiten, in die die Industriestaaten wegen ihrer umfangreichen sozialstaatlichen Verpflichtungen geraten sind, niemals ein so unbeherrschbares Monstrum entstehen lassen.

Hier ein paar Fakten über die Schwellenländer:

> Dort leben 80 Prozent der Weltbevölkerung, das sind 5,6 Milliarden Menschen gegenüber 1,4 Milliarden in den Industrieländern. Sie verbrauchen jährlich beim Öl 55 Prozent, bei Kupfer 65 Prozent und beim Stahl 75 Prozent, und sie besitzen 80 Prozent der Devisenreserven der Welt. Sie haben mit Meilenstiefeln zu den Industrieländern aufgeholt. Während ihr Anteil am Weltbruttosozialprodukt gegenüber den Industrieländern, in US-Dollar ausgedrückt, 1990 nur 20 Prozent betrug, steht er heute bereits bei über 40 Prozent. Es wird geschätzt, dass ihr Anteil bereits in fünf Jahren die 50 Prozent erreicht haben wird.

> Noch dramatischer sieht die Aufholjagd aus, wenn man die Wirtschaftsleistung, anstatt in US-Dollar, adjustiert nach Kaufkraftparitäten ausrechnet. Dann zeigt sich, dass die Schwellenländer bereits 2008 mit den Industrieländern gleichgezogen haben und heute etwa 55 Prozent des Weltbruttosozialprodukts stellen. Zur Erläuterung: Kaufkraftparität bedeutet, dass der US-Dollar gegenüber den Währungen der Schwellenländer überbewertet ist und dass die tatsächliche Wirtschaftsleistung, ausgedrückt in den Heimatwährungen, statistisch höher ist.

Die Bäume wachsen nicht in den Himmel, aber sie wachsen

Die stürmische wirtschaftliche Entwicklung zeigt sich auch in der Rangfolge der größten Wirtschaftsmächte. Unter den zehn größten Volkswirtschaften gibt es bereits – in US-Dollar ausgedrückt – drei Schwellenländer: China steht schon an zweiter Stelle nach den USA, gefolgt von Japan und Deutschland. Wieder berechnet in Kaufkraftparität kommt Indien schon nach China auf die dritte Stelle, Japan und Deutschland rutschen ab auf die vierte bzw. fünfte Stelle.

Geht es in diesem Tempo weiter und können die Industrieländer bald einpacken? Wohl kaum. Auch in den Schwellenländern werden die Bäume nicht in den Himmel wachsen, denn mit allzu raschem Wachstum gibt es zunehmend auch Fehlentwicklungen und Probleme.

Nehmen wir China als Beispiel: Das Land wird schon in 15 bis 20 Jahren wegen der Einkindpolitik demografisch ungesünder dastehen als heute. Auch seine Kostenvorteile nehmen ab, weil bereits seit Jahren die Löhne, oft um 10 bis 20 Prozent pro Jahr, gestiegen sind. In Verbindung mit der sich verschlechternden Demografie und den höheren Kosten wird die Wettbewerbsfähigkeit abnehmen. Zwar ist die Verschuldung auf Landesebene bei rund 35 Prozent noch relativ gering, nicht aber auf Ebene der Kommunen. So mancher Bezirksfunktionär und Bürgermeister hat sich ein Denkmal gesetzt mit Sportpalästen, Schwimmbädern, Hochhäusern und kostspieligen Infrastrukturmaßnahmen, finanziert mit Krediten der örtlichen Banken. Als Folge sind manche Kommunen hoch verschuldet und viele regionale oder örtliche Banken stehen auf wackeligen Beinen.

Bei höheren Einkommen werden die Chinesen auch mehr konsumieren und nicht, wie bisher, bis zu 30 Prozent ihres Einkommens sparen. Die geringeren Spareinlagen vergrößern natürlich noch die Schwierigkeiten der Banken. Auch politisch steht China vor Problemen. Die Menschen fordern mehr demokratische Freiheiten, mehr Rechte, mehr Eigentumsschutz, weniger behördliche Willkür und weniger Korruption. Es ist fraglich, ob der Übergang von einer Diktatur zu einer Demokratie schnell genug und reibungslos gelingen wird.

Die nächsten »Frontstaaten« stehen schon bereit

Als Voraussetzung dafür, dass die Menschen stillhalten, muss die Wirtschaft weiter schnell wachsen. Daher können wir davon ausgehen, dass die kommunistische Partei alles tun wird, um die Wirtschaft am Laufen zu halten, neue Arbeitsplätze zu schaffen und auch den Lebensstandard der ärmeren Landbevölkerung zu erhöhen, damit die Kluft zwischen ihnen und der besser gestellten Stadtbevölkerung kleiner wird. Alle schnell wachsenden Schwellenländer haben mit den gleichen oder ähnlichen Problemen zu kämpfen. Daher werden im Lauf der nächsten Jahrzehnte die hohen Wachstumsraten etwas zurückgehen, werden aber immer noch größer sein als die der Industrieländer, denn der Nachholbedarf ist noch groß. Die Wachstumsstory der Emerging Markets wird also noch lange weitergehen. Und schon rücken zunehmend neue Schwellenländer, die nächsten »Frontstaaten«, in den Vordergrund.

Darunter befinden sich ...

in Europa:
Bulgarien, Estland, Kroatien, Litauen, Rumänien, Slovenien, Serbien, die Ukraine;

in Asien:
Bangladesch, Jordanien, Kasachstan, Kuwait, Pakistan, Qatar, Sri Lanka;

in Afrika:
Ghana, Kenia, Nigeria, Tunesien.

So manches Unternehmen aus den Industrieländern hat schon die Produktion teilweise oder ganz aus China oder Indien abgezogen und in diese nachwachsenden, »billigeren« Schwellenländer verlagert.

Die Börsen dieser Staaten sind aber noch im embryonalen Zustand. Dagegen haben sich die Börsen der etablierten Schwellenländer rasant entwickelt. Ihr Wirtschaftswachstum spiegelt sich auch in der Börsenentwicklung wider. Während ihr Anteil an der weltweiten Aktienmarkt-Kapitalisierung 1990 nur 7,5 Prozent betrug, ist er inzwischen auf 35 Prozent gestiegen. Der Börsenindex der Schwellenländer hat in den letzten zehn Jahren bis Anfang August 2012 trotz dreier Börseneinbrüche eine jährliche Rendite von +12,8 Prozent erbracht, während der Weltindex der Industrieländer mit +4,6 Prozent pro Jahr deutlich zurückliegt. Deutlicher lässt sich nicht demonstrieren, wo die Musik spielt und wo sie wohl auch weiterhin spielen wird.

Noch besser als der Index der Schwellenländer hat der Pro Fonds (Lux) Emerging Markets abgeschnitten. Ich hatte bereits Anfang der 1990er-Jahre, im Frühstadium der Börsen der Schwellenländer, die Überzeugung, dass sie zu Börsenstars werden würden. Ich war einer der Ersten in Deutschland, der bereits 1994 diesen Emerging-Markets-Aktienfonds auflegte und von Anfang an, zusammen mit Michael Keppler, New York, sehr erfolgreich managte. In diesen achtzehneinhalb Jahren erzielte der Pro Fonds (Lux) Emerging Markets, trotz mehrerer Börsenrückschläge, eine Rendite von 7,2 Prozent pro Jahr und übertraf dabei die Messlatte, den MSCI-Schwellenländer-Index, um 2,4 Prozentpunkte pro Jahr.

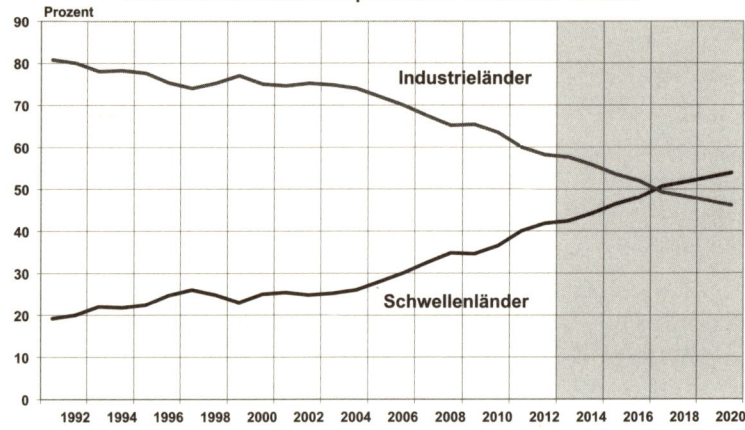

Schwellenländer überholen Industrieländer
Anteil am Weltbruttosozialprodukt in Prozent 1991 bis 2020

Quelle: The Economist, August 2011.

Wertentwicklung der Aktienindizes von Industrie- und Schwellenländern und des Pro Fonds Emerging Markets

Quelle: Bloomberg; FIDUKA-Depotverwaltung.

KAPITEL V

DIE ALTERSVORSORGE – WAS SCHIEFLÄUFT UND
WARUM EINE RADIKALE WENDE NÖTIG IST

»Weniger Kinder, später in den Beruf, früher raus, länger leben, länger Rente beziehen: Wenn man das nebeneinander legt, muss man kein Mathematiker sein, da reicht Volksschule Sauerland, um zu wissen: Das kann nicht gehen.«

Franz Müntefering, ehemaliger Minister für Arbeit und Soziales

Recht hatte er, der Sauerländer Franz Müntefering, als er diesen griffigen, fast alle wichtigen Fakten populär zusammenfassenden Satz prägte. Damals war der Sozialdemokrat als Bundesminister für Arbeit und Soziales Herr über die Altersvorsorge und den Ruhestand – und er wollte den Deutschen bildhaft klar machen, dass ein Rentenbeginn mit 67 und Abstriche bei der Rentenhöhe nicht zu vermeiden sind – ungeachtet der Proteste von Gewerkschaften, Sozialverbänden und Politikern, besonders seiner eigenen Partei. Inzwischen will die SPD den späteren Rentenbeginn ab 67 sogar wieder rückgängig machen. Die Gegner von Münteferings Rentenreform von 2006 hätten also wohl die Volksschule Sauerland nicht geschafft.

Ich habe schon mehrmals in diesem Buch auf die Riesenprobleme der deutschen Rentenversicherung und vor allem der künftigen deutschen Rentner hingewiesen, wenn nicht bald die Weichen neu gestellt werden. Für die Bundesbürger wie auch für die Mehrzahl der Politiker ist aber die jetzige Konstellation eine Art heilige Kuh. Alle tun so, als hätte es in Deutschland nie eine andere Art der Altersvorsorge gegeben als die staatliche Rente. Dabei gibt es das Umlageverfahren nicht, wie viele glauben, schon seitdem Otto von Bismarck 1889 die Rentenversicherung ins Leben gerufen hat. Vielmehr wurde der sogenannte Generationenvertrag erst 1957 von Konrad Adenauer eingeführt (s. auch Kapitel I.1, Abschnitt »Dem Generationenvertrag fehlt die Grundlage«).

Bis dahin gab es eine Kapitaldeckung. Das heißt, mit den von Arbeitgebern und Arbeitnehmern geleisteten Beiträgen wurde ein Kapitalstock – bestehend aus Wertpapieren und anderen Sparformen – gebildet, der stetig anstieg. Unter anderem übrigens auch dadurch, dass bei dem hohen Renteneintrittsalter sowie der relativ niedrigen Lebenserwartung nur wenige Renten ausbezahlt werden mussten.

Das hat es ermöglicht, dass die Rentenbeiträge bei der Währungsreform 1948 voll, also im Verhältnis eins zu eins von Reichsmark auf DM umgestellt werden konnten. Ansonsten galt das Verhältnis eins zu zehn, also pro zehn Reichsmark nur eine DM. Ergänzt wurde die Kapitaldeckung von Anfang an durch Staatszuschüsse. Da sind wir auch jetzt wieder angelangt, und zwar in wachsendem Umfang. Der Bundeszuschuss zur Rentenversicherung hat die 80-Milliarden-Euro-Marke pro Jahr längst übersprungen und macht mittlerweile rund ein Viertel der gesamten Zahlungen der Bundesrentenanstalt aus. Der Internationale Währungsfonds (IWF) hat deshalb Alarm geschlagen und davor gewarnt, dass Deutschland bis zum Jahr 2050 ein Defizit in der Rentenversicherung von zwei Billionen Euro aufhäufen werde – wenn sich am Status quo nichts ändert.

1. Mehr Rendite statt mehr Kinder

Ich möchte einmal anhand weniger Fakten aufzeigen, in welcher ausweglosen Lage sich die Rentenfinanzierung befindet. Jeder Sauerländer Volksschüler wird dann unschwer erkennen, welch gefährliches Unding es ist, wenn sich die Mehrzahl der Deutschen in der Altersvorsorge vorwiegend auf die staatliche Rentenversicherung verlässt. Ich zitiere einige Daten aus den amtlichen Statistiken und Vorausberechnungen:

➤ Der Anteil der über 65-Jährigen, der Altersquotient, liegt zurzeit in Deutschland bei rund 20 Prozent und steigt bis 2030 auf fast 30 Prozent. 1950 waren es erst 10 Prozent.

➤ Gleichzeitig schrumpft die Bevölkerung im erwerbsfähigen Alter (20- bis 65-Jährige) um 7,5 Millionen.

➤ Die Zahl der Geburten ist heute nur noch halb so hoch wie 1950.

> Die durchschnittliche Lebenserwartung der Deutschen ist in den letzten 50 Jahren um 10 Jahre gestiegen – von 70 auf 80 Jahre, in den letzten 120 Jahren hat sie sich verdoppelt.

> Die Lebenserwartung wird weiter steigen – den Prognosen zufolge auf 84 Jahre bis 2030 und 86 Jahre bis 2060. Das ist jeweils der Durchschnittswert von Männern und Frauen. Das schöne Geschlecht lebt jedoch im Durchschnitt etwa 5 Jahre länger als die Männer.

> Deutsche, die mit 65 Jahren in Rente gehen, können diese zurzeit im Durchschnitt 5 Jahre länger beziehen als vor 40 Jahren – 17 statt 12 Jahre.

Dass die geringe Geburtenrate und die steigende Lebenserwartung nicht ohne Auswirkungen auf unser Rentensystem bleiben können – zumindest nicht mit dem Umlageverfahren des Generationenvertrags –, sollte eigentlich jedem klar sein. Man muss dabei nicht einmal so radikal vorgehen wie Wirtschaftsprofessor Laurence Kotlikoff von der Boston University. Er vergleicht das Umlageverfahren der staatlichen Rentenversicherungen mit einem betrügerischen Schneeballsystem. Und das funktioniert bekanntlich nur, solange eine ständig wachsende Zahl neuer Einzahler dafür sorgt, dass die früheren Teilnehmer des Systems ihre versprochenen Zahlungen erhalten. Und diese Voraussetzung wird mit der demografischen Entwicklung mehr und mehr hinfällig. Was fehlt, sind schlicht und einfach genügend Kinder.

Wenn immer weniger Berufstätige immer mehr Rentner finanzieren müssen, werden irgendwann entweder die Beschäftigten mit stark steigenden Sozialversicherungsbeiträgen belastet, oder die Rentner müssen noch mehr Einbußen hinnehmen als ohnehin vorgesehen. Sogar die Bundesregierung geht davon aus, dass der berühmte Standardrentner, der 45 Jahre lang genau den Durchschnittsbeitrag zahlt, im Jahr 2025 nur noch 46,2 Prozent seines letzten Nettoeinkommens als Rente bekommen wird, gegenüber 51,6 Prozent 2010 und 54 Prozent 2007. Hier schlagen sich Korrekturen an der Rentenformel ebenso nieder wie der allmählich auf 67 Jahre steigende Renteneintritt.

2. Keine Chance mit Riester

Der Rentenschwund ist also schon in vollem Gang. Deshalb hat die rot-grüne Regierung mit der Rentenreform 2002 die private und betriebliche Vorsorge gestärkt. Stichworte wie Riester- und Rürup-Rente oder Pensionskasse (in Bezug auf die betriebliche Vorsorge) gehören seitdem zum unverzichtbaren Vokabular, wenn es um die zukünftige Rente geht. Die zweite und dritte Säule der Altersvorsorge sollen die Rentenlücke ausfüllen, die die erste hinterlässt. Soweit zumindest der Wunsch. Die Wirklichkeit sieht freilich anders aus und wird wohl das nicht verhindern können, was Wissenschaftler vorhersagen: dass 2050 die Menschen erst mit 70 bis 72 Jahren in Rente gehen können – zumindest ohne Abschläge, die zurzeit pro Monat früherem Ruhestand 0,3 Prozent der Rentenhöhe ausmachen. Und dass die Arbeitnehmer immer höhere Beiträge entrichten müssen.

Private Vorsorge tut also not. Sie ist für die meisten Menschen überlebenswichtig, vor allem für die jüngere Generation. Aber mit Riester und Rürup hat Rot-Grün zwei Modelle ins Leben gerufen, die das Problem leider nicht einmal im Ansatz lösen können. Mit der bekannten deutschen Gründlichkeit, mit Regulierungswut, Sicherheitswahn, Risikoscheu und Aktienfeindlichkeit sind bürokratische Ungetüme herausgekommen, die oberflächlich betrachtet ziemlich viel Sicherheit bringen, aber leider in der rauen Wirklichkeit viel zu wenig Ertrag abwerfen. Vor allem real, also nach Abzug der Inflation, sind sie oft genug ein Verlustgeschäft.

Das Deutsche Institut für Wirtschaftsforschung DIW hat in einer aufsehenerregenden Studie Ende 2011 bei der Riester-Rente gravierende Mängel festgestellt: Renditen auf Sparstrumpfniveau, hohe Gebühren und intransparente Kalkulationsgrundlagen machten demnach eine grundlegende Reform überfällig. Kornelia Hagen, Mitautorin der Studie, hat den Irrsinn an einem Beispiel verdeutlicht, das eigentlich unglaublich ist:

»Eine 35-jährige Frau, die heute einen Riester-Vertrag abschließt, muss – wird die Rendite auf die garantierte Rentenleistung und Überschüsse bezogen – mindestens 77 Jahre werden, um allein das herauszubekommen, was sie selbst eingezahlt und was sie an Zulagen vom Staat erhalten hat. Möchte diese Frau auch einen Inflationsausgleich und höhere Zinsen erwirtschaften, müsste sie sogar ihren 109. Geburtstag erleben.«

Das bezieht sich auf eine Riester-Versicherung, wie sie mehr als 75 Prozent aller 15 Millionen Riester-Sparer (Stand Frühjahr 2012) abgeschlossen haben. Bei Riester-Fonds oder Riester-Banksparplänen kann das Ergebnis anders ausfallen.

Es hängt beim Riester-Fonds von der Entwicklung der Märkte und dem Können der Fondsmanager ab, beim Riester-Banksparplan von der Zinshöhe. Das muss man sich vorstellen: Wer keine 109 Jahre alt wird, hat bei der Riester-Versicherung das Nachsehen!

Das größte Problem bei allen Riester-Produkten liegt darin, dass Garantien die Rendite zu Boden drücken. Die Anbieter müssen garantieren, dass zum Auszahlungszeitpunkt mindestens die Summe aller Einzahlungen vorhanden ist, sonst erhalten sie keine staatliche Zertifizierung, ohne die es wiederum keine Zulagen und Sonderausgabenabzüge gibt. Diese Garantien verschlingen, zusammen mit oft happigen Provisionen und Spesen, einen Großteil der möglichen Rendite. Das gilt für die Fondslösung, viel mehr aber noch für die Riester-Versicherung. Bei Fonds zwingen die notwendigen Umschichtungen zum kurzfristigen Schutz des eingezahlten Kapitals die Fondsmanager oft zu irrwitzigen Transaktionen, die jedes Mal Geld kosten und zudem prozyklisch wirken. Übrigens: Falls die Finanztransaktionssteuer kommt, wird das zwangsweise Umschichten noch teurer, weil diese Steuer bei jedem Kauf und Verkauf anfällt.

Wenn die Aktienkurse fallen, muss im Riester-Fondssparplan der Aktienfondsanteil verringert und der Rentenfondsanteil erhöht werden, um mit den Zinseinnahmen die Garantiesumme zu erreichen. Da die Zinsen in den letzten Jahren extrem tief gefallen sind, muss bei jedem stärkeren Börsenabschwung ein noch größerer Aktienfondsanteil getauscht werden, als das bei höheren Zinsen der Fall wäre. Oder es muss teuer mit Derivaten abgesichert werden. Ein Teufelskreis also, weil nach diesem Prinzip Aktienfonds vorwiegend dann verkauft werden, wenn die Kurse am Boden sind, und erst wieder gekauft werden, wenn die Aktien teuer sind. Auf diese Art und Weise wird systematisch Rendite vernichtet. Das ist das Verhalten von Dauerverlierern an der Börse: bei hohen Kursen kaufen, bei tiefen verkaufen. Mein Freund Kostolany nannte sie »Börsentrottel«.

Bei Riester-Versicherungen schlägt der Garantieaspekt noch stärker zu Buche. Hier kommt hinzu, dass dort ohnehin mehr als 90 Prozent der Anlagen in Zinspapieren erfolgen und der Ertrag dadurch von vornherein gedrückt wird. Richtig katastrophal wird es aber erst, wenn der Riester-Sparer glücklich die Auszahlphase erreicht hat. Dann geht der Garantie-Wahnsinn erst richtig los. Riester-Versicherungen behalten nämlich vom erreichten Kapital nach diversen Studien 20 bis 40

Prozent der Gesamtsumme ein, um das Langlebigkeitsrisiko zu versichern. Für die Versicherungen besteht die »Gefahr«, dass der Kunde älter als die bei Rentenzahlungen kalkulierten 85 Jahre wird und sie die Riester-Rente also noch einige Jahre länger bezahlen müssen. Auch bei Riester-Fonds muss von Gesetzes wegen ein erheblicher Teil des Auszahlungsbetrags in eine Versicherung fließen, die eine eventuelle Rentenzahlung nach dem 85. Lebensjahr übernimmt. Das kostet im Durchschnitt rund 15 Prozent des Kapitals. Diesem Wahnsinn entkommt keiner, da Einmalauszahlungen des Kapitals gesetzlich weitgehend tabu sind und mindestens 80 Prozent des Riester-Kapitals verrentet werden müssen. Zu schlechter Letzt sind Riester-Renten, die die Freibeträge übersteigen, auch noch zu versteuern – der Staat will schließlich seine Zulagen und Steuergeschenke wieder zurückhaben.

> **Mein Fazit**
>
> Das Ungetüm Riester-Rente (bei der Rürup-Rente sieht es nicht besser aus) verschlingt also mit enormen Kosten – bedingt durch übersteigertes Sicherheitsdenken und bürokratischen Aufwand – nahezu die ganzen Erträge, die bei einem so lang laufenden Sparvorgang möglich wären.

3. Das Ausland macht es besser

Dabei hätte ein Blick ins Ausland gereicht, um zu sehen, wie staatliche Förderung der Altersvorsorge effizient und renditestark aussehen kann – eine Altersvorsorge, die die Freiheit der Menschen nicht beschneidet, die für sie besten Anlagen selbst auszuwählen.

Beispiel USA: Dort ist der Anteil der staatlichen Rente geringer als in Deutschland, weil Arbeitnehmer und Arbeitgeber zusammen nur 12,4 Prozent des Bruttolohns in die Social Security einzahlen, Selbstständige müssen dies allein aufbringen. Der Beitragssatz ist seit fast 25 Jahren stabil! Die Altersgrenze beträgt 67 Jahre, mit Abschlag gibt es Rente frühestens mit 62. Da die Amerikaner also rund ein Drittel weniger in die staatliche Rentenversicherung zahlen als Arbeitnehmer in Deutschland, können sie mehr Geld in die private und betriebliche Vorsorge stecken. Und da genießen sie, anders als hierzulande, ziemlich viele Freiheiten. Das gilt vor allem für den sogenannten 401(k)-Plan. Die Bürger können nach diesem Paragrafen einen Teil ihres Lohns – bis zu 15 Prozent – unversteuert in verschiedene Anlagevehikel investieren.

Am beliebtesten sind Aktien und Aktienfonds, aber auch Renten- und gemischte Fonds erfreuen sich großen Zuspruchs. Jeder Amerikaner kann die Produkte nach seinem Chance-Risiko-Profil wählen und auch wieder wechseln. Die Transparenz ist groß, weil jeder Bürger jederzeit den Inhalt und den Stand seiner Altersvorsorge kennt. Das Geld kann ab 60 Jahren ausbezahlt werden. Es kann, muss aber nicht verrentet werden. Auch in dieser Frage besteht also mehr Freiheit als bei Riester und Rürup. Nach der Statistik des US Surveys of Consumer Finances ist zwar der Anteil der US-Haushalte, die Aktien oder Aktienfonds besitzen, in den letzten Jahren leicht gefallen, beträgt aber immer noch 54 Prozent, gegenüber 13 Prozent in Deutschland.

Nach den Schweizern, die ein belastungsfähiges Rentensystem haben, besitzen die Amerikaner – dank der stark aktienbasierten staatlich geförderten Altersvorsorge – im Durchschnitt das höchste Pro-Kopf-Geldvermögen der Welt. Allerdings ist es sehr ungleich verteilt. Im Durchschnitt besitzen US-Bürger laut *Allianz Global Wealth Report 2011* knapp 112 000 Euro. In Deutschland beträgt der Durchschnitt mit gut 60 000 Euro wenig mehr als die Hälfte!

Auch Schweden und Australien haben frühzeitig – Ende des vorigen Jahrtausends – beschlossen, die private Vorsorge und den Aufbau einer Kapitaldecke massiv zu fördern, insbesondere via Investmentfonds. Beide Staaten haben zwar in den Börsencrashs der letzten zwölf Jahre Rückschläge erlitten, aber die Umstellung gilt dennoch als geglückt. Andere Länder wie Frankreich lassen ihren Bürgern ebenfalls mehr Spielraum bei der Wahl des Vorsorgevehikels. Franzosen können mit dem sogenannten PEA (Plans d'Epargne en Actions) pro Einwohner in einen Aktiensparplan investieren, bis die Gesamtsumme von 132 000 Euro erreicht ist. Die Erträge daraus können steuerfrei vereinnahmt werden. Bei einer Haltedauer von über fünf Jahren sind auch eventuelle Veräußerungsgewinne steuerfrei. Investiert wird vorwiegend in Aktien und Aktienfonds (mindestens 51 Prozent des Kapitals), aber auch in Zinsprodukte. Ähnlich einfache Lösungen bieten auch andere Staaten.

Man muss sich wirklich fragen, wie es um den Verstand unserer Volksvertreter in Berlin bestellt ist, wenn sie Gesetze für die Altersvorsorge machen, die purer

Murks sind. Es gibt doch im Ausland schon seit langem Anschauungsmaterial für viel bessere Lösungen. Müssen sie das Rad immer neu erfinden und dann noch eins, das nicht einmal rund ist?

4. Raus aus der deutschen Sackgasse

Der deutsche Weg bedarf angesichts seiner Schwächen einer grundlegenden Überarbeitung: Die Riester- und Rürup-Produkte müssen um Angebote erweitert werden, die den Anlegern die Wahl bieten zwischen garantiertem Kapital mit niedrigem Ertrag einerseits und weniger Sicherheit und dafür auskömmlicher Rendite andererseits.

Ich plädiere daher vehement dafür, zusätzlich Produkte einzuführen und steuerlich zu fördern, die gezielt in Aktien und andere Sachwerte investieren. Und ich plädiere auch dafür, die Abgeltungssteuer entweder ganz abzuschaffen oder sie so abzuändern, dass Zocker nicht gleich behandelt werden wie Langfristanleger, die fürs Alter vorsorgen müssen (s. auch Kapitel II.1). Deshalb muss eine Spekulationssteuerfrist her, so wie früher, die Tradern viel Steuern abknöpft, Anlegern aber die Steuer erlässt oder zumindest reduziert, die ihre Investments – egal ob Aktien, Fonds, Anleihen oder Zinsanlagen – einige Jahre halten. Warum nicht fünf Jahre wie in Frankreich? Das schützt die Anleger vor sich selbst, hilft der Volkswirtschaft durch eine breitere inländische Eigentümerschicht bei Aktiengesellschaften und trägt zu einem langfristig renditestarken Kapitalaufbau bei. In ihrer jetzigen Form ist die Abgeltungssteuer eine Abschreckungssteuer für Langfristsparer, insbesondere für Aktienanleger, da Dividenden ja doppelt besteuert werden, beim Unternehmen und beim Anleger. Das ist ein ungerechter Irrsinn.

Dieses gesamte staatlich verordnete Hochsicherheitsdenken hat dazu geführt, dass Deutschland in einem 2011 erstellten Länderranking der Allianz über die Risikoaversion der Anleger in den letzten 15 Jahren auf dem 18. und letzten Platz landet. Ganz vorn liegen natürlich die USA. Mit anderen Worten: In keinem anderen Industrieland sind die Anleger so manisch auf Sicherheit erpicht wie bei uns – und verschenken damit die Renditechancen, die nötig sind, um für ein sorgenfreies Alter vorzubauen. Der Staat ist dumm, wenn er das nicht einsieht. Denn letztlich wird er mit Sozialleistungen für all diejenigen Rentner einspringen müssen, bei denen staatliche Rente plus eine eventuelle private und betriebliche Vorsorge fürs Leben zu wenig sind.

5. Frauen müssen cleverer sparen

Ein besonders großes Problem werden in den nächsten Jahrzehnten viele Frauen haben, wenn sie in den Ruhestand gehen. Für sie ist deshalb eine ertragreiche private Altersvorsorge noch dringlicher als für Männer. Denn die staatliche Rente wird für die meisten von ihnen hinten und vorne nicht reichen. Die Gründe kennen Sie: Frauen verdienen erstens im Durchschnitt deutlich weniger als Männer, zahlen also auch weniger in die Rentenversicherung ein. Sie weisen zweitens oft weniger Berufsjahre auf, da sie Kinder erziehen und den Haushalt bewältigen. Das zwingt sie drittens häufig zu Teilzeitarbeit, was mit weiteren Verdiensteinbußen verbunden ist. Viertens schließlich führen die zunehmenden Scheidungen dazu, dass Frauen weniger von den höheren Renten ihrer Exmänner haben. Diese Mischung ist explosiv. Nur 4 Prozent aller Frauen, die 2011 in Rente gegangen sind, hatten die beim sogenannten Standard- oder Eckrentner angenommenen 45 Berufsjahre auf dem Buckel. Bei den Männern waren es 40 Prozent. Kein Wunder, dass die westdeutschen Frauen im Durchschnitt mit 473 Euro Rente weniger als die Hälfte der Rente der Männer (970 Euro) bekamen. In Ostdeutschland sind die Bezüge mit 676 Euro deutlich höher, da Frauen dort im Durchschnitt länger berufstätig waren.

Wie können Frauen aber trotz all dieser Hindernisse einen Ruhestand erleben, bei dem sie sich auch etwas leisten können? Im Berufsleben heißt es ja, wenn eine Frau den gleichen Posten und das gleiche Einkommen wie ein Mann erringen will, muss sie doppelt so viel arbeiten. Doppelt so viel mag ja etwas übertrieben klingen, aber in der Tendenz stimmt es leider immer noch. Doppelt so viel Rendite also brauchen Frauen, das zeigen die Zahlen oben, um im Alter mit den Männern mithalten zu können – zumindest im Durchschnitt, zumal Frauen ja etwa fünf Jahre länger leben. Entsprechend muss die private Vorsorge länger reichen. Nicht nur Verbraucherschützer, sondern natürlich auch ich halten die kapitalbildende Lebensversicherung oder die private Rentenversicherung bei Frauen für völlig ungeeignet.

Was Frauen brauchen, sind keine ultralangfristigen Sparverträge, die hohe Kosten verschlingen und dermaßen unflexibel sind, dass sie in den meisten Fällen bei Kündigungen nur mit Verlust wieder herauskommen. Gefragt ist vielmehr eine Kombination aus Flexibilität und überdurchschnittlichem Ertrag. Und die finden Frauen – wie auch Männer – eher in Aktienfonds- oder ETF-Sparplänen. Die Renditevorzüge des langfristigen regelmäßigen Sparens mit diesen Produkten werden im nächsten Abschnitt ausführlich geschildert. Im Gegensatz zu Lebensversicherungen können Fonds-Sparpläne zudem jederzeit unterbrochen und zur Not auch gekündigt werden, ohne dass Zusatzkosten anfallen. Das folgende Beispiel ist natürlich nicht nur für Frauen gedacht, sondern für alle, die darauf angewiesen sind, aus kleinen monatlichen Sparraten ein auskömmliches Vermögen für den Ruhestand aufzubauen.

Es lohnt sich, sich einmal bewusst zu machen, welches Vermögen ein Sparer aufbauen kann, wenn man die durchschnittlichen Erträge zugrunde legt, die Lebensversicherungen auf der einen und Aktienfonds-Sparverträge auf der anderen Seite im Durchschnitt langfristig erzielen. Bei Lebensversicherungen setze ich 3 Prozent an. Das ist die Rendite, die sich bei einer durchschnittlichen Gesamtverzinsung von 4 Prozent für den Sparanteil ergibt, in den ja nur 75 bis 80 Prozent der Beitragszahlungen fließen. Zurzeit liegt die Gesamtverzinsung unter 4 Prozent, die Annahmen sind also eher optimistisch. Bei Aktienfonds habe ich 7 Prozent angesetzt. Das ist deutlich unterhalb des Mittelwerts der durchschnittlichen Renditen aller deutschen Aktienfonds in den letzten 20 bzw. 30 Jahren (per Ende Juli 2012 6,6 Prozent bei 20 und 8,6 Prozent bei 30 Jahren). Ich habe des Weiteren angenommen, dass regelmäßig 100 Euro monatlich einbezahlt werden. Das Endergebnis wird Sie überraschen:

Laufzeit In Jahren	Lebensversicherung 3 % Rendite	Aktienfonds-Sparplan 7 % Rendite
10	13.980,20 Euro	17.208,39 Euro
20	32.768,42 Euro	51.059,89 Euro
30	58.018,22 Euro	117.650,91 Euro
40	91.951,84 Euro	248.645,53 Euro

Tabelle 1: Lebensversicherung und Aktienfonds-Sparplan im Vergleich.

Sie können daran zweierlei erkennen:

➤ Erstens ist es ungeheuer wichtig, so früh wie möglich mit dem regelmäßigen Sparen zu beginnen. Der Zinseszinseffekt, den Albert Einstein als »achtes Weltwunder« bezeichnet hat, sorgt dafür, dass das Vermögen nicht linear, sondern exponentiell wächst, also umso dynamischer, je länger gespart wird. Denn die aufgelaufenen Zinsen werfen auch in der Folgezeit die gleichen Renditen ab wie die eingezahlten Beiträge.

➤ Zweitens spielen Renditeunterschiede besonders in der langen Frist eine enorme Rolle. So ist das Vermögen im Aktienfondssparplan mit durchschnittlich 7 Prozent Rendite nach zehn Jahren »nur« um 23 Prozent größer als bei den 3 Prozent der Versicherung. Nach 20 Jahren beträgt die Differenz aber schon fast 56 Prozent, nach 30 Jahren ist Ihr Vermögen mehr als doppelt so hoch und nach 40 Jahren gar um 170 Prozent größer als bei der Versicherungsvariante.

Pro 100 Euro monatlich ergibt sich also bei 40 Jahren Ansparzeit und 7 Prozent Rendite ein Vermögen von fast einer viertel Million Euro! Sparen Sie 200 Euro, sind es gar eine halbe Million. Ich habe Ihnen ja versprochen, dass es machbar ist, trotz einer kleineren Sparleistung mit etwas Mut zum kurzfristigen Risiko langfristig das Doppelte anzusparen wie ein sicherheitsbetonter Versicherungs- oder Banksparer. Um diese 248 000 Euro als Endsumme zu bekommen, müsste der Lebensversicherungskunde immerhin 270 Euro statt 100 Euro im Monat ansparen. Statt Lebensversicherung können Sie gern auch Zinsanlagen einsetzen. Dafür gibt es jetzt zwar keine 3 Prozent für sichere Anlagen, sondern höchstens 2 Prozent. Da die Zinsen aber in den nächsten Jahren wieder steigen dürften, können die 3 Prozent als Durchschnittswert für die nächsten Jahrzehnte durchaus hinkommen.

Die Beträge, die sich mit monatlichen Sparbeträgen von 100 Euro erreichen lassen, nehmen sich recht schön aus. Wir dürfen aber nicht unberücksichtigt lassen, dass die Inflation immer die realen Werte erheblich aushöhlt. Denn auch hier wirkt eine Art Zinseszinseffekt. Ich habe Ihnen ja in meinen Überlegungen zur Inflation in Kapitel I.5 schon dargelegt, wie sich das konkret auswirkt. Bei 40 Jahren Laufzeit eines Sparvertrags und angenommen nur 2 Prozent Durchschnittsinflation hätten 248 645 Euro beim Ablauf nur noch eine Kaufkraft von 112 563 Euro, also weniger als halb so viel wie jetzt. Oder anders ausgedrückt: Um in 40 Jahren die gleiche Kaufkraft wie jetzt mit den 248 645 Euro zu haben, müssten Sie 548 797 Euro ansparen. Und dazu sind natürlich Sparraten erforderlich, die im Laufe der Zeit wachsen.

Deshalb ist es, um das geplante Vermögen real zu erreichen, außerordentlich wichtig, die anfänglichen Sparbeträge zu dynamisieren, also von Zeit zu Zeit aufzustocken. Je kräftiger, desto besser. Dann lassen sich mit den beiden Stellschrauben »Zeit« und »Rendite« erkleckliche Vermögen bilden. Je früher Sie mit dem regelmäßigen Sparen anfangen und je höher die durchschnittliche Rendite ist, desto leichter werden Sie es im Ruhestand haben, mit dem Geld auszukommen. Deshalb mein erneutes Plädoyer, den Schwerpunkt der Langfristanlage in Aktien und aktienbasierte Produkte zu legen. Vermeiden Sie vor allem ein Übergewicht an Zinsanlagen, die nicht einmal genügend einbringen, um die Inflation auszugleichen.

Vielleicht sind Sie jetzt durch die Rechnerei ein wenig verwirrt. Aber es musste leider sein. Im Abschnitt 7 werde ich aufzeigen, wie Sie als Frau systematisch ermitteln können, welches Vermögen Sie vermutlich im Ruhestand brauchen werden. Man könnte auch sagen, wir versuchen gemeinsam, Ihre persönliche Rentenlücke herauszufinden – und wie Sie dieses Loch mit den richtigen Anlageprodukten am besten schließen können.

6. Frauen sind die besseren Langfristanleger

Männer fühlen sich in Finanzdingen Frauen überlegen. Sie trauen sich mehr zu als Frauen. Terrance Odean, Professor an der University of California, Berkeley, fand jedoch bei einer Auswertung der Kundendepots eines Discount-Brokers von 66 000 Haushalten über eine Zeitspanne von sechs Jahren heraus: Männer sind an der Börse schlechter, weil überheblicher.

Bei Befragungen glaubten Frauen, dass ihr Portfolio um 2 Prozent besser abschneiden werde als der Gesamtmarkt, aber Männer waren sich sicher, dass sie den Markt um fast 3 Prozent überbieten könnten. Die bescheidenere Annahme der Frauen beruht auf einem anderen Investmentverhalten. Männer legen riskanter an und denken kurzfristiger. Sie kaufen und verkaufen ihre Investments häufiger als Frauen. Das verursacht höhere Handelskosten und mindert die Rendite. Die alte Börsenweisheit stimmt: »Hin und Her macht Taschen leer.«

Zu allem Übel ergab die Studie, dass die von den übereifrigen Männern gekauften Aktien sich im Schnitt schlechter entwickelten als die Aktien, die sie verkauft hatten.

Frauen sind geduldiger, legen konservativer an und denken langfristiger. Das ergab auch eine Studie von Cortal Consors auf deutscher Seite. Männer investieren etwa 10 Prozent ihres Wertpapierdepots in riskanten Zertifikaten. Insgesamt legen sie 80 Prozent ihres Depots in Aktien, Optionsscheinen und Zertifikaten und nur 20 Prozent in Fonds und Anleihen an; Frauen legen dagegen in Letztere rund ein Drittel an. Zertifikate meiden sie völlig. Damit schneiden sie bei steigenden Börsen etwas schlechter ab als die Männer – wegen deren riskanteren Investments. Aber in Abschwungphasen an der Börse büßen ihre Depots weniger ein. Sie sind nicht so sehr in Gefahr, ihre Nerven zu verlieren und in Panik zu verkaufen.

Diesem Risiko sind Männer schon allein aufgrund ihrer biologischen Ausstattung öfter ausgeliefert als Frauen. Das zeigt eine Studie der University of Cambridge über das Investmentverhalten von Börsenhändlern. Sie kam zu dem Ergebnis, dass es eine direkte Verbindung zwischen erhöhten Testosteron-Werten und einer größeren Risikobereitschaft gebe, besonders nach einer erfolgreichen Börsenphase. Gleichzeitig fanden die Forscher heraus, dass das durch Stress ausgelöste Hormon Cortisol sie bei einem Börsencrash veranlasse, jegliches Risiko zu meiden. Auf der anderen Seite könne das Testosteron bei Börsenblasen wie eine Droge wirken und Händler zu überhöhten Risiken hinreißen.

Die Hormone üben also an der Börse (und vielleicht nicht nur dort?) einen schädlichen Einfluss auf die Herren der Schöpfung aus. Doch das ist noch nicht alles. Forschungsergebnisse, die 2002 im *International Journal of Bank Marketing* veröffentlicht wurden, ergaben, dass Frauen Investment-Informationen umfassender und gründlicher bearbeiteten als Männer. Frauen achteten auch mehr darauf, wenn eine Information widersprüchlich war oder wenn sie eine ursprünglich getroffene Entscheidung nicht bestätigte. Dagegen neigten Männer dazu, solche Informationen nicht zu beachten und nur die Informationen zu bearbeiten, die ihre ursprüngliche Entscheidung bestätigten.

Schließlich noch eine Beobachtung von Glenda Stone, Chefin der British Recruitment and Marketing Intelligence Company: »Als Anleger wenden Frauen 60 Prozent mehr Zeit auf als Männer, bevor sie eine Entscheidung treffen. Sie denken eher ganzheitlich.«

Fazit

Meine in diesem Buch dargebotene Investmentstrategie ist den weiblichen Anlegern wie auf den Leib geschnitten. In meinen eigenen Worten ausgedrückt: Frauen haben mehr Köpfchen (Männer mehr Dickkopf), mehr Feingefühl und vor allem mehr Geduld.

Mein Freund Kostolany hat mir oft einen der Sprüche der Frankfurter jüdischen Börsianer erzählt:

»An der Börse macht man mehr Gewinn mit dem Hintern als mit dem Hirn.«

Ich vermute, dass meine Ausführungen mir nicht allzu viele Freunde unter meinen Geschlechtsgenossen machen. Aber vielleicht bringt es sie dazu, öfter mal auf den Rat einer Frau zu achten.

Den Frauen möchte ich mit auf den Weg geben, dass sie mit weniger Hemmungen und mehr Selbstvertrauen an das Investieren herangehen sollten. Wenn sie an ihre häufig unzureichende Altersversorgung und ihre oft geringeren Finanzmittel denken, sollten sie klug, ja klüger und vernünftiger anlegen, als viele ihrer männlichen Zeitgenossen.

Ich kann nur immer wieder an den weisen Rat des Wirtschaftspolitikers und erfolgreichen Börsianers Bernard Baruch erinnern, der auch Berater von US-Präsident F. D. Roosevelt war:

»Es gibt tausend Möglichkeiten, Geld auszugeben, aber nur zwei, es zu verdienen: Entweder wir arbeiten für Geld oder wir lassen Geld für uns arbeiten.«

---

7. Eine Bestandsaufnahme – wo stehen Sie und wohin wollen Sie?

Ihre Rentenlücke ist größer, als Sie denken

»Ich bin gut versorgt im Ruhestand.« Das glauben die meisten Deutschen, wie eine viel beachtete Studie im Auftrag der Fondsgesellschaft Fidelity im Jahr 2010 ergab. In dieser repräsentativen Stichprobe mit dem Namen Real (für Renten- und Alterssicherungs-Index), die erstmals alle drei Säulen der Altersvorsorge zusammenfasste, schätzen die Befragten im Durchschnitt, nach dem Ende des Berufslebens 70 Prozent ihres letzten Bruttoeinkommens zur Verfügung zu haben. Die tatsächliche Summe aus gesetzlicher Rente, betrieblicher und privater Vorsorge erreichte jedoch nach den Berechnungen lediglich 56 Prozent. Mit anderen Worten: Wer zuletzt brutto 4000 Euro verdient hat, rechnete selbst mit 2800 Euro Bruttoeinnahmen pro Monat im Ruhestand. In der rauen Wirklichkeit hätten sie oder er jedoch lediglich 2240 Euro zu Verfügung. Das macht immerhin 560 Euro Differenz aus. Brutto wohlgemerkt, da es schwer ist, die individuelle Steuerbelastung auszurechnen, zumal sich in den nächsten Jahrzehnten in der Steuergesetzgebung vermutlich noch sehr viel ändern wird. Halten wir also fest: Die Rentenlücke beträgt demnach rund 44 Prozent in der Wirklichkeit, aber nur 30 Prozent in der Selbsteinschätzung.

Am besten ergeht es der Studie zufolge den Beamten, die im Schnitt auf 93 Prozent ihrer Bezüge kommen dürften. Dabei gilt es zu berücksichtigen, dass Beamtenpensionen – im Gegensatz zu Renten, bei denen die nachgelagerte Besteuerung im Gegenzug zu Steuerermäßigungen erst nach und nach eingeführt wird – voll zu versteuern sind. Nach Steuern sieht es bei ihnen nicht ganz so gut aus, aber immer noch so komfortabel, dass man mit Fug und Recht sagen kann: Staatsdiener – zumindest die aus dem mittleren und gehobenen Dienst – sind die einzige Gruppe, die sich wenig Sorgen um ihre Alterseinkünfte machen muss. Ihre Leistungen werden vermutlich zwar weiter gekürzt werden, schon allein wegen der Staatsverschuldung, aber, wie in den letzten Jahren geschehen, recht moderat.

Am schlechtesten stehen Selbstständige da, die, so die Real-Studie, im Durchschnitt nur 44 Prozent ihrer letzten Bruttoeinkommen erhalten werden. Bei den Selbstständigen klafft die Einkommensschere im Berufsleben so weit auseinander wie sonst nirgendwo, weil nun einmal auf der einen Seite Ärzte, Anwälte, Unternehmensberater oder Chefs eigener Firmen üblicherweise sehr gut verdienen, dagegen Menschen, die sich aus einer Arbeitslosigkeit heraus notgedrungen selbstständig machen, häufig nur das Nötigste zum Leben haben. Um hier für mehr Sicherheit im Alter (und damit weniger Sozialhilfekosten für den Staat) zu sorgen, will die Bundesregierung eine Altersvorsorge für Selbstständige verpflichtend machen, weil sie als einzige Gruppe nicht zwangsweise rentenversichert sind. In etwa auf Durchschnittsniveau bewegen sich die Ruhestandsbezüge von Angestellten und Arbeitern mit rund 55 Prozent ihrer Bruttogehälter. Sie sind ja alle Pflichtmitglieder der gesetzlichen Rentenversicherung und weisen deshalb ein Mindestniveau an Alterssicherung auf – sieht man einmal von Geringverdienern und vielen Frauen ab, wie ich im Kapitel zuvor beschrieben habe.

Welche wichtige Information können wir dieser Studie entnehmen? Dass die tatsächliche finanzielle Situation im Ruhestand bei den meisten Bundesbürgern wesentlich schlechter ist, als sie selbst annehmen. Und wer seine eigene Versorgungssicherheit überschätzt, wird sich beim Sparen weniger anstrengen – und spätestens im Ruhestand merken, dass sie oder er viel kleinere Brötchen backen muss. Um diesen Realitätsverlust und die Folgen zu vermeiden, sollten Sie systematisch vorgehen und Schritt für Schritt Ihren Bedarf ausrechnen. Es ist, getreu dem Motto meines Buches, relativ einfach zu bewerkstelligen.

Schritt 1: Jetzige Lebenshaltungskosten und Gespartes bestimmen

Das ist vermutlich die leichteste Übung. Sie sollten entweder eine Zeit lang ein Haushaltsbuch führen (im Internet elektronisch verfügbar) oder alle Ausgaben eines Jahres zusammenzählen. Oder Sie rechnen Ihr jetziges jährliches Netto-Haushaltseinkommen zusammen (Gehälter, Sonderzahlungen, Kindergeld, Zinseinnahmen, Dividenden, Mieteinnahmen etc.) und ziehen davon den Betrag ab, den Sie bisher gespart haben. Angenommen ein Ehepaar mit zwei Kindern kommt auf 50 000 Euro Einnahmen und hat 5000 Euro – also 10 Prozent und damit die durchschnittliche Sparquote der Deutschen – davon auf die hohe Kante gelegt, dann belaufen sich die aktuellen Lebenshaltungskosten auf 45 000 Euro.

Schritt 2: Einsparpotenziale herausfinden

Wenn Sie Ihre Ausgaben schwarz auf weiß vor sich haben, sollten Sie schauen, ob es Posten gibt, die verzichtbar sind oder die Sie günstiger bekommen könnten. Verbraucherverbände behaupten, dass sich in der Regel mindestens 10 Prozent der Ausgaben vermeiden oder reduzieren lassen, ohne die Lebensqualität einzuschränken. Das stimmt wohl eher, wenn sich Ihre Einkünfte im mittleren oder gar oberen Drittel der gesamten Einkünfte befinden, aber eine kritische Überprüfung der Ausgaben – zumindest alle paar Jahre – kann auf keinen Fall schaden.

Schritt 3: Sparziele definieren

Wir alle sparen nicht allein für die Altersvorsorge, sondern auch für andere Ziele. Sie sollten deshalb definieren, wozu Sie sonst noch größere Ersparnisse brauchen: zum Beispiel für ein neues Auto, Einrichtungsgegenstände für die Wohnung oder eine größere Reise. Und natürlich für einen Immobilienerwerb, die größte Investition im Leben eines normalen Haushalts. Wenn Sie bauen oder kaufen wollen, hat das jahrzehntelang große Auswirkungen auf Ihre Ersparnisse und Ihre Lebenshaltung. Aber es hat den Vorteil, dass Sie mit der Immobilie einen Wert schaffen, der mit der Schuldentilgung und der inflationsbedingten Wertsteigerung Ihr Vermögen kräftig aufstockt. Spätestens im Ruhestand sparen Sie sich dann in der Regel die Mietzahlungen, die bei den deutschen Mieterhaushalten immerhin 20 bis 40 Prozent der Nettoeinkommen ausmachen. Entsprechend sinkt Ihr Finanzbedarf im Ruhestand gehörig.

Schritt 4: Lebenshaltungskosten im Ruhestand berechnen

Natürlich ist es extrem schwierig, jetzt schon zu sagen, wie viel Geld Sie einmal – je nach aktuellem Alter – in 10, 20 oder gar 40 Jahren brauchen werden. Aber Sie sollten sich zumindest der Größenordnung bewusst sein. Leider gibt es keine einfache Faustformel, denn der Finanzbedarf in Ihrer Rentnerphase unterscheidet sich ganz erheblich, je nachdem, ob Sie dann in einer eigenen Immobilie oder zur Miete wohnen. In Städten mit weit überdurchschnittlich hohen Wohnungsmieten, wie beispielsweise München, kann diese Differenz schon einmal bis zu 1000 Euro pro Monat betragen.

Aber auch über Ihre berufliche und private Zukunft können Sie – zumindest in jüngeren Jahren – noch keine sehr konkreten Aussagen machen. Ganz zu schweigen von schwerwiegenden Krankheiten, die Sie treffen, oder – um auch etwas wirklich Positives zu erwähnen – von unverhofften Erbschaften, die Sie ereilen können. Sie sehen, es gibt keine wirklich objektiven Größen für Ihren Finanzbedarf als Rentner. Und dieser kann – und wird – sich sogar in Ihrem Leben ändern, durch Faktoren und Ereignisse, die Sie nicht oder nur in geringem Umfang beeinflussen können. Dies sollte Sie aber nicht dazu verleiten, planlos die Zukunft auf sich zukommen zu lassen.

Angenommen, der Ruhestand unseres Ehepaares mit zwei Kindern beginnt in 30 Jahren und Sie haben sich ausgerechnet, dass Sie – auf der Basis Ihrer heutigen Ausgaben und dem Wegfall verschiedener Sonderaufwendungen, insbesondere der Aufwendungen für die Kinder – monatlich 2000 Euro zur Verfügung haben müssten, um auch als Rentner Ihren heutigen Lebensstil weiter pflegen zu können. Diese heute ermittelten 24 000 Euro pro Jahr werden aber in den kommenden 30 Jahren durch kontinuierliche Preissteigerungen deutlich »schrumpfen«, d. h., Sie werden in 30 Jahren für diesen Betrag erheblich weniger bekommen als heute. Selbst bei einer durchschnittlichen Inflationsrate von lediglich 2 Prozent pro Jahr müssten Sie in 30 Jahren 43 473 Euro zur Verfügung haben, um sich etwa die gleichen Dinge leisten zu können wie heute für 24 000 Euro. Bei 3 Prozent Inflation, wovon ich eher ausgehe, wären es 58 354 Euro.

Jeder von Ihnen hat andere Vorstellungen darüber, wie viel er als Rentner »zum Leben« benötigt und jeder hat wohl auch andere »Voraussetzungen«. Hinzu kommt, dass es fast unmöglich ist, eine zuverlässige Prognose für die zukünftige inflationäre Entwicklung abzugeben. Anhand der Tabelle auf der folgenden Seite können Sie jedoch relativ leicht – auf der Basis Ihrer Annahmen und Schätzungen – die Größenordnung Ihres Finanzbedarfs ermitteln. Darin wird von einem Bedarf in Höhe von 10 000 Euro pro Jahr ausgegangen. Wenn wir bei unserem Beispiel bleiben, dass Sie 24 000 Euro pro Jahr benötigen – und Sie von durchschnittlich 3 Prozent Inflation pro Jahr ausgehen –, dann erhöht sich der benötigte Finanzbedarf auf rund 58 300 Euro in 30 Jahren. Diesen Wert erhalten Sie durch Multiplikation von 24 273 (Betrag, der sich bei 3 Prozent Inflation in 30 Jahren für den Basiswert 10 000 Euro aus der Tabelle ergibt) mit 2,4 (24 000 Euro geteilt durch den Basiswert 10 000 Euro). Denn der in diesem Beispiel verwendete Finanzbedarf »in der Rente« – 24 000 Euro pro Jahr – ist 2,4 Mal größer als der Basiswert in der Tabelle, nämlich jeweils 10 000 Euro.

Ein Betrag in Höhe von 10 000 Euro müsste bei einer Inflation von durchschnittlich … Prozent pro Jahr in … Jahren auf … Euro steigen, um den Wertverlust auszugleichen			
Zeitraum in Jahren	Jährliche Preissteigerungsrate (Inflation) in Prozent		
	2	3	4
10	12.190	13.439	14.802
20	14.859	18.061	21.911
30	18.114	24.273	32.434
40	22.080	32.620	48.010

Tabelle 2: Erforderliche Wertsteigerung für den jährlichen Inflationsausgleich.

Aus der Grafik können Sie – zumindest grob – jeden Finanzbedarf ermitteln, der sich innerhalb einer Ansparzeit von 10 bis 40 Jahren bei einer angenommenen durchschnittlichen Inflation zwischen 2 und 4 Prozent pro Jahr im selben Zeitraum ergibt. So käme man beispielsweise bei einem Zeitraum von 25 Jahren und durchschnittlich 2½ Prozent Inflation pro Jahr auf einen benötigten Finanzbedarf von rund 18 500 Euro.

Schritt 5: Gesetzliche Rentenansprüche feststellen

Mit wie viel Rente kann ich im Ruhestand rechnen? Diese Frage zu beantworten, ist natürlich umso einfacher, je näher Sie am Ruhestand sind. Dann haben Sie als Beamter, Angestellter oder Arbeiter bereits Ansprüche angesammelt. Gehen wir von einem Arbeitnehmerhaushalt aus, der Beiträge in die gesetzliche Rentenversicherung bezahlt hat. Dann erhalten Sie von der Deutschen Rentenversicherung Bund regelmäßig eine Renteninformation zugeschickt – sofern Sie älter als 27 Jahre sind und mindestens fünf Jahre Beiträge gezahlt haben. Aus dieser Information, die Sie auch online einholen können, ersehen Sie die bisher erreichten Leistungen – und eine Hochrechnung, wie viel Rente Sie einmal beziehen können, wenn Sie wie bisher weiterzahlen. Diese Informationen bilden die Basis des »Dreisäulen-Modells«. Ehepaare und Lebenspartner sollten natürlich die Daten für beide zusammenzählen. Die Hochrechnung der Deutschen Rentenversicherung Bund stellt allerdings im Normalfall die optimistischste Variante dar, da künftige Maßnahmen zur Rentenkürzung noch nicht einberechnet sind.

Schritt 6: Betriebliche und private Vorsorgeansprüche feststellen

Der aktuelle Stand der privaten und betrieblichen Altersvorsorge ist nicht so leicht zu ermitteln, vor allem wenn es sich um Versicherungen wie Riester-Versicherung, Direktversicherung oder Leistungen einer Pensionskasse handelt. Hier gibt es nämlich im Normalfall keine regelmäßigen Informationen über den Stand Ihrer jeweiligen Leistungsansprüche. Alle – zumindest grob hochgerechneten – Ansprüche, die sich beim Eintritt in den Ruhestand ergeben würden, sollten Sie zum gesetzlichen Rentenanspruch dazuaddieren.

Schritt 7: Sonstiges Vermögen feststellen

Auch die Ersparnisse sowie Ihr sonstiges Vermögen außerhalb der drei Säulen der Altersvorsorge sollten Sie auflisten:

> Geld, das auf Bankkonten angelegt ist, von Tagesgeld bis zum Sparbrief
> angespartes Vermögen bei Lebens- und privaten Rentenversicherungen
> Wertpapiere, also Aktien und Anleihen, in Ihrem Depot
> Vermögen, das in Fonds, ETFs oder Zertifikaten angelegt ist
> Gold und andere Edelmetalle
> Immobilie – falls vorhanden

Von der Gesamtsumme müssen Sie Ihre Schulden abziehen, also Hypotheken, Bauspardarlehen, Konsumentenkredit und Privatdarlehen von Verwandten und Freunden.

Schritt 8: Vermögensaufteilung auf die Anlageklassen feststellen

Nach diesen aufwendigen Vorarbeiten können Sie nun Ihr gesamtes bisher angespartes Vermögen außerhalb der staatlichen Rentenversicherung zusammenzählen, also betriebliche Altersvorsorge (Direktversicherung, Pensionskasse, Pensionsfonds), staatlich geförderte private Altersvorsorge (Riester und Rürup) und sonstiges Privatvermögen abzüglich eventueller Schulden. Die Gesamtsumme können Sie anschließend in zwei Blöcke aufteilen:

Geld- oder Nominalanlagen. Darunter fallen:

> Einlagen bei Banken und Bausparkassen
> Lebensversicherungsguthaben
> Verzinsliche Wertpapiere und Rentenfonds
> Direktversicherungen und Pensionskassen bei den betrieblichen Vorsorgeprodukten, da dort, ähnlich wie bei Lebensversicherungen, nahezu das gesamte Vermögen in Zinsanlagen steckt

Sach- oder Realwerte. Dazu zählen:

> Direktanlagen in Aktien sowie Aktienfonds, ETFs und Index Zertifikate
> Gemischte Fonds, soweit sie überwiegend aktienorientiert sind, ebenso Immobilienfonds
> Immobilien
> Edelmetalle sowie Rohstoffindizes

Vermutlich werden Sie feststellen, dass der weit überwiegende Anteil Ihres Vermögens in Zinsanlagen schlummert. In der jetzigen extremen Tiefzinsphase bedeutet das reale Verluste Ihrer Ersparnisse, weil Ihre Durchschnittsrendite aus Bankeinlagen, Anleihen, Rentenfonds, Lebensversicherungen und den meisten Produkten der privaten und betrieblichen Vorsorge die Inflationsrate in nächster Zeit nicht übersteigen wird – vor allem nicht nach Steuern und Kosten. Diese Unwucht gilt es zu beseitigen – wie Sie das machen können, zeige ich Ihnen im Kapitel VII ausführlich –, wobei es darauf ankommt, wie viel Risiko Sie ertragen können. Das können Sie im Anlegertest in Kapitel VII.3 feststellen.

Schritt 9: Notwendiges Vermögen für den Ruhestand ausrechnen

In Schritt 4 habe ich aufgezeigt, wie Sie überschlagen können, welchen Finanz-bedarf Sie etwa zu Beginn Ihres Ruhestands haben werden – in den Folgejah-ren natürlich mehr, weil ja die Inflation munter fortschreitet. Die Frage liegt so-mit auf der Hand: Wie schaffen Sie es, das von Ihnen ermittelte Finanzpolster bis zum Beginn Ihrer Rente zu erwirtschaften? Die gesetzlichen Renten des gewähl-ten Muster-Ehepaares dürften nach 30 Jahren zusammen rund 2500 Euro im Monat betragen, also 30 000 Euro im Jahr. Nach Adam Riese fehlen damit rund 20 000 Euro zu den als notwendig berechneten Lebenshaltungskosten von gut 50 000 Euro.

Um die weitere Berechnung etwas zu vereinfachen, nehme ich einmal an, dass bei-de nur geringe monatliche Beiträge in einen Riester-Vertrag einzahlen, der sie ab Rentenbeginn mit gut 400 Euro monatlich, d.h. pro Jahr rund 5000 Euro, »be-reichern« wird. Unser Ehepaar bekommt demnach in 30 Jahren von der gesetzli-chen Rente plus »Riester« pro Jahr 35 000 Euro. Somit fehlen ihnen pro Jahr noch rund 15 000 Euro zu den als notwendig erachteten 50 000 Euro.

Schritt 10: Das nötige Kapital berechnen und Anlageformen wählen

Wie viel Kapital ist nötig, um in 30 Jahren monatlich 1250 Euro zuschießen zu können? Diese Größe ist im Wesentlichen von drei Faktoren abhängig:

➤ der Länge der Ansparphase, d. h. dem Zeitraum bis zum Rentenbeginn,
➤ dem monatlichen oder jährlichen Sparbeitrag und
➤ der durchschnittlichen Verzinsung, die Sie erreichen.

In Tabelle 3 habe ich die Ergebnisse einer monatlichen Sparleistung in Höhe von 100 Euro bei unterschiedlichen durchschnittlichen Verzinsungen (2 bis 8 Pro-zent) sowie unterschiedlich langen Ansparphasen (10 bis 40 Jahre) zusammen-gestellt. Bei einer Durchschnittsrendite von 3 Prozent beispielsweise, also dem Zinssatz, der bei Lebensversicherungen (für den Sparanteil), Banksparverträ-gen, Anleihen und anderen Zinsanlagen angenommen wird, ergeben sich nach 30 Jahren 58 018 Euro. Falls die Sparleistungen dynamisiert werden, also etwa im

Gleichschritt mit der Inflation gesteigert werden, kommt natürlich mehr heraus. Bei 2,5 Prozent jährlicher Dynamisierung wächst das Vermögen in 30 Jahren immerhin schon auf 80 413 Euro.

Wie sieht es bei Sparplänen mit Aktien- oder gemischten Fonds aus, oder auch ETF-Fonds, die im langfristigen Durchschnitt 7 Prozent gebracht haben? Bei gleichbleibender Rate von 100 Euro pro Monat werden daraus in 30 Jahren 117 651 Euro, also gut doppelt so viel wie bei 3 Prozent. Inklusive Dynamisierung entstehen daraus sogar 152 634 Euro.

Die Tabelle zeigt auf, wie enorm der Einfluss der Rendite und der Dauer der Sparleistungen für das Endvermögen ist. Selbst wer nur durchschnittlich 2 Prozent Rendite erzielt, hat bei 40 Jahren Spardauer mit 73 268 Euro mehr als 5,5-mal so viel wie nach 10 Jahren mit 13 282 Euro. Der Zinseszinseffekt wirkt nun einmal umso stärker, je länger die Dauer ist. Und er wirkt umso gewaltiger, je höher die Renditen sind. Bei 40 Jahren Spardauer werden aus den 100 Euro monatlich mit 8 Prozent Rendite fast 18-mal so viel wie mit 10 Jahren – 324 339 Euro gegenüber 18 137 Euro!

Aus 100 Euro monatlicher Sparleistung werden ...								
Anlagephase in Jahren	Jährliche Verzinsung (Rendite) in Prozent							
	2	3	4	5	6	7	8	9	10
10	13.282	13.980	14.719	15.502	16.331	17.208	18.137	19.120	20.161
20	29.473	32.768	36.508	40.754	45.577	51.060	57.294	64.385	72.453
30	49.209	58.018	68.760	81.886	97.953	117.651	141.831	171.543	208.085
40	730.268	91.952	116.501	148.886	191.750	248.646	324.339	425.225	559.880

Tabelle 3: Endvermögen bei 100 Euro monatlicher Sparleistung.

Sie können aus der Tabelle 3 selbst ablesen, wie wichtig es erstens ist, die richtige Anlageform zu wählen, und zweitens, möglichst frühzeitig mit regelmäßigen Sparleistungen zu beginnen. Diese beiden Fakten entscheiden maßgeblich, wie gut Sie im Ruhestand leben werden.

Zusammen mit der gesetzlichen Rente sowie der geförderten privaten oder betrieblichen Vorsorge sollten die Erträge aus dem angesparten »Endvermögen« den gesamten Ruhestand über reichen. An dieser Stelle möchte ich noch einmal darauf hinweisen, dass eine schuldenfreie, selbst genutzte Immobilie das für Ihren Ruhestand notwendige Kapitalvermögen deutlich reduziert. Denn mit der Zahlung der letzten Monatsrate haben Sie einen manchmal nicht unerheblichen Sparvorgang abgeschlossen. Sie profitieren nun in Form nicht zu leistender Mietzahlungen von den »Erträgen« dieses Sachvermögens. Freilich haben Sie auch bei einem eigenen Haus oder einer Eigentumswohnung laufende Kosten, die aber im Allgemeinen nur etwas größer sein dürften als die Mietnebenkosten – der »berühmten« zweiten Miete.

Um eine Vorstellung davon zu bekommen, wie hoch ein »Endvermögen« zu Beginn des Renteneintritts sein sollte, habe ich in der Tabelle 4 aufgezeigt, wie viel Geld Sie – bei unterschiedlichen Verzinsungssätzen – jeden Monat abheben können,

➤ ohne dass sich Ihr Vermögen in Höhe von 100 000 Euro verringert,
➤ und wann Ihr Vermögen von anfangs 100 000 Euro nach einer bestimmten Dauer (20 bis 40 Jahre) »aufgebraucht« sein wird.

Dauer der Zahlungen in Jahren	Jährliche Verzinsung (Rendite) in Prozent					
	3	5	7	3	5	7
	monatlich ... Euro bei Kapitalerhalt			monatlich ... bei Kapitalverzehr		
10	246	406	562	961	1051	1143
15	246	406	562	687	782	882
20	246	406	562	551	651	758
25	246	406	562	471	576	689
30	246	406	562	418	528	647

Tabelle 4: Monatliche Einkünfte aus 100 000 Euro Vermögen.

Die Berechnung der ersten Variante ist relativ einfach, wenn die Entnahme immer erst am Jahresende erfolgt. Dann ergibt sich bei einem Vermögen von 100 000 Euro und beispielsweise 3 Prozent Zins eine Gutschrift von 3000 Euro am Jahresultimo. Entnehmen Sie jedoch Raten regelmäßig zum Monatsende, dann können Sie nicht jeweils ein Zwölftel von 3000 Euro abheben, ohne dass sich Ihr Vermögen reduziert, sondern lediglich 246 Euro. Schließlich erhalten Sie ab dem 1. Februar nicht mehr Zinsen auf 100 000 Euro, sondern nur noch auf 99 900 Euro.

Wenn Sie Ihr Kapital in Höhe von 100 000 Euro zumindest nominal bewahren wollen, können Sie bei einer laufenden Verzinsung von 7 Prozent monatlich rund 562 Euro abheben. Möchten Sie Ihr angespartes Kapital dagegen »aufbrauchen«, dann stehen Ihnen – bei einer ebenfalls unterstellten Verzinsung in Höhe von 7 Prozent pro Jahr – beispielsweise 20 Jahre lang monatlich 758 Euro oder 25 Jahre lang monatlich 689 Euro zur Verfügung.

Kehren wir wieder zu unserem Ehepaar zurück, das ab Rentenbeginn einen zusätzlichen Bedarf von monatlich rund 1250 Euro haben wird. Es bräuchte: demnach zu Rentenbeginn ein Vermögen von gut einer halben Million (1250 : 246 × 100 000), wenn es – bei einer durchschnittlichen Verzinsung von 3 Prozent p. a. – sein Kapital immer erhalten will. Möchten die beiden dagegen ihr angespartes Vermögen »aufbrauchen«, dann würde Ihnen beispielsweise bei einer durchschnittlichen Verzinsung in Höhe von 7 Prozent pro Jahr bereits ein angesammeltes Kapital zu Rentenbeginn von rund 165 000 Euro (1250 : 758 × 100 000) ausreichen, wenn sie mit einer Entnahmephase von 20 Jahren rechnen. Wenn sie vorsichtig kalkulieren (30 Jahre Auszahlungsphase), müssten es gut 193 000 Euro (1250 : 647 × 100 000) sein.

Bei diesen recht einfachen Berechnungen sind sowohl der Kaufkraft mindernde Effekt der Inflation als auch eine steuerliche Belastung nicht berücksichtigt. Die Kaufkraft der angegebenen Monatszahlungen wird zukünftig weitaus geringer sein als heute – und sie schrumpft natürlich im Laufe des Ruhestands weiter.

Alle diese Berechnungen, sowohl zum Vermögensaufbau als auch zur Entnahme im Ruhestand, können Sie selbstverständlich selbst im Internet ausführen. Es gibt zahlreiche gute Zins- und Sparplanrechner, mit deren Hilfe Sie Ihre individuelle Kalkulation einfach durchführen und mit unterschiedlichen Sparraten und Renditen variieren können.

Wir sind am Ende unserer Musterrechnung angekommen. Ich wollte damit und mit den zehn Schritten insgesamt vor allem aufzeigen, welch himmelweiten Unterschied es ausmacht, ob man die Altersvorsorge ängstlich allein mit Hochsicherheitsanlagen aufbaut, die nach Inflation und Steuern wenig Ertrag oder gar Verluste bringen, oder aber die sehr lange Zeit, die einem beim Vorsorgesparen zur Verfügung steht, geschickt nutzt, um die langfristig rentabelsten und am besten vor der Inflation schützenden Investments auszuwählen.

Anlage-phase in Jahren	Jährliche Verzinsung (Rendite) in Prozent						
	2	3	4	5	6	7	8
10	753	715	679	645	612	581	551
20	339	305	274	245	219	196	175
30	203	172	145	122	102	85	71
40	136	109	86	67	52	40	31

Tabelle 5: Monatliche Sparraten, um ein Endvermögen von 100 000 Euro zu erreichen. Gerundet auf volle Euro.

Besonders wichtig ist es, die aktuelle Vermögensstruktur festzustellen und die richtigen Schlüsse daraus zu ziehen. Wenn Sie, was bei der Mehrzahl der Deutschen ja leider der Fall ist, bisher fast ausschließlich auf zinsabhängige Anlagen bauen – und damit darauf, dass die Schuldner, denen Sie direkt oder über den Umweg Bank oder Versicherung Ihr Erspartes leihen, ihren Verpflichtungen stets nachkommen – sollten Sie zumindest Ihre künftigen Sparleistungen verstärkt Richtung Sachwerte lenken.

KAPITEL VI

BERATEN UND VERKAUFT –
IN WEN SETZEN WIR UNSER VERTRAUEN?

»Noch immer wird versucht, gutgläubigen Kunden riskante Finanzprodukte anzudrehen. Viele Kunden fühlen sich nicht beraten, sondern verkauft.«

Ilse Aigner, Verbraucherschutzministerin

Was Verbraucherschutzministerin Ilse Aigner im Dezember 2009 in einem Interview mit dem *Hamburger Abendblatt* in Bezug auf die Bankberatung beklagte, ist in meinen Augen unverändert richtig und hochaktuell. Leider, kann ich nur sagen. Das gilt genauso für Versicherungen und freie Finanzvertriebe, zumindest dann, wenn man das Adjektiv »riskant« auch noch anders als landläufig verwendet – nämlich nicht nur kurz-, sondern auch langfristig. Mit anderen Worten: Gerade in einer Zeit, in der ein Anlagenotstand herrscht und die Sparer händeringend nach guter Beratung suchen, finden sie in vielen Fällen keine. Woran liegt das?

Ganz einfach geantwortet: zu einem Gutteil am System. Anleger wollen von Banken, Versicherungsvertreten oder Finanzvertrieben beraten werden. Sie glauben, dass jeder Berater und Vermittler ihr Wohl im Blick hat und ihnen die bestmöglichen Vorschläge für die Geldanlage macht. Denn er ist ja der Experte. Das ist ein Irrglaube. Die Finanzindustrie ist so strukturiert, dass sie unter Beraten vor allem Verkaufen versteht. Der Begriff Bank- oder Finanzberater ist deshalb falsch. Er müsste Bank- oder Versicherungsverkäufer lauten. Aber bleiben wir bei dem Begriff, weil er sich nun einmal eingebürgert hat. Und wenden wir uns zuerst den Bankberatern zu.

1. Die Tücken der Bankberatung

Ich kenne gute Bankberater und ich kenne schlechte Bankberater. So wie in jedem anderen Beruf auch schwanken die Fähigkeiten außerordentlich stark. Aber selbst wenn Sie Glück haben und bei einem guten Banker gelandet sind, schützt Sie das keinesfalls davor, schlecht beraten zu werden. Denn das liegt in der Natur der Sache. Banken leben nun einmal davon, mit ihren Kunden Geld zu verdienen. Das ist nicht verwerflich, sondern ein normales Geschäftsmodell. Aber diejenigen, die den Kunden Bankprodukte verkaufen, befinden sich dadurch in einem kaum lösbaren Interessenkonflikt. Sie müssen loyal ihrem Brötchengeber gegenüber sein, weil sie von ihrer Bank ihr Gehalt beziehen. Und sie sollten loyal den Kunden gegenüber sein, weil die sich auf die Vorschläge ihrer Berater verlassen. Beiden Herren gleichzeitig zu dienen – das gelingt in den seltensten Fällen. Denn die Interessen der Bank liegen darin, dass ihre Beraterinnen und Berater möglichst hohe Einnahmen generieren. Da die Provisionen für die einzelnen Anlageprodukte unterschiedlich sind, ist es natürlich für die Bank besser, der Berater verkauft viel von den Angeboten, die hohe Einnahmen einbringen. Und das ist im Normalfall auch für den Berater reizvoller, weil das seine Karriere befördert und meistens auch sein Einkommen, das in der Regel teilweise erfolgsabhängig ist.

Was wird ein normaler Berater wohl machen, wenn er die Wahl hat, dem Kunden entweder eine Aktie zu verkaufen oder ein Anlagezertifikat? Bei sagen wir einmal 100 Siemens-Aktien zu je 70 Euro erhält die Bank bestenfalls 1,0 Prozent Provision vom Gesamtbetrag von 7000 Euro, also 70 Euro. 1,0 Prozent zahlen aber nur unaufgeklärte Kunden, mit etwas Geschick lassen sich die Konditionen drücken – dank der Konkurrenz der viel preiswerteren Direktbanken. Bei einem Bonus-Zertifikat, nehmen wir wieder an auf Siemens, erhalten die Geldinstitute dagegen nach Angaben der Stiftung Warentest vom September 2010 bis zu 5,0 Prozent Abschlussprovision – also bei 7000 Euro Summe bis zu 350 Euro. Hinzu kommen noch bis zu 2,0 Prozent Bestandsprovision pro Jahr, macht also jährlich weitere maximal 140 Euro aus.

Wer wäre da nicht versucht, aus Eigeninteresse Bonus-Zertifikate zu verkaufen und dem Anleger von der Siemens-Aktie abzuraten? Das passiert leider viel zu häufig und ist ein Hauptgrund dafür, dass die Aktie in Deutschland so ein kümmerliches Dasein führt. Seltsamerweise kaufen die Deutschen immer noch wie verrückt Zertifikate, obwohl viele im Gefolge der Pleite der Lehman-Bank Total-verluste erlitten haben. Lehman hat für seine Zertifikate besonders hohe Provisio-nen an die Geldinstitute gezahlt, deshalb haben Banken deren Produkte auch lie-bend gern verkauft. Da waren die Anleger also im wahrsten Sinne verraten und verkauft. Und wenn der Kunde schon auf kostengünstigen Wertpapieren wie Akti-en oder ETFs besteht, wird eben versucht, das Depot immer wieder umzuschich-ten. Damit das Geldinstitut wenigstens ein bisschen am Kunden verdient. Das ist sicherlich auch ein Hauptgrund für die Trader-Mentalität, die sich in Deutschland bei Aktien entwickelt hat.

Ich erinnere mich an ein Telefongespräch mit einem Anlageberater einer Groß-bank. Dabei fragte ich ihn auch, weshalb einer seiner Kollegen, den ich kannte und schätzte, in den Frühruhestand gegangen sei.

»Ach, wissen Sie, der war noch einer von der alten Schule. Der hat nur ganz wenig gemacht in den Wertpapierdepots, die er zu betreuen hatte.«

Dann fügte er noch hinzu: »Aber sein Nachfolger, der ist aktiv. Da läuft was.«

Darauf ich: »Und wer profitiert davon? Ihre Bank oder die Kunden?«

An der provisionsorientierten Strategie der Banken hat sich leider allen Gesetzen zum Trotz nichts geändert, wie unsere Verbraucherministerin in dem eingangs er-wähnten Interview festgestellt hat. Wo Sorgfalt und Transparenz geboten wären, sagte sie, werde »getrickst und getäuscht«. Das ist deutlich. Was ich über die Ab-neigung der Banken gegenüber Aktien gesagt habe, gilt im Übrigen gleichermaßen auch für ETFs auf Aktienindizes oder Anleihen. Auch sie bringen zu wenig Ein-nahmen für die Banken. Deshalb verkaufen sie ungern börsengehandelte Produk-te. Statt einer Anleihe wird lieber ein hauseigener Sparbrief verscherbelt, statt des kostengünstigen ETF eher ein Investmentfonds mit Ausgabeaufschlag. Selbst Be-rater, die guten Willens sind, können meistens den Kunden nicht das raten, was das Beste für sie ist. Denn sie stehen unter Verkaufsdruck des Abteilungsleiters – und dem wieder sitzt der Bereichsleiter oder der Vorstand im Nacken.

Der Abteilungsleiter einer Großbank erzählte mir einmal, wie so eine Morgenbe-sprechung des Bereichsleiters abgelaufen sei. Der habe gesagt, dass die vorgegebenen Ziele für die Provisionseinnahmen mehrfach nicht erreicht worden seien. Wenn das nicht besser werde, könne er sich gut vorstellen, dass demnächst die Besprechung nur mit vier oder fünf Abteilungsleitern stattfände, anstatt mit sieben!

Wie ich schon sagte: Das System verhindert eine Beratung, die sich nur am Interesse des Kunden orientiert. Aber wenn Sie das wissen, ist schon viel gewonnen. Dann gehen Sie weniger blauäugig in die Bank, und dann beurteilen Sie die Angebote der Bank kritischer.

2. Milliardenschaden durch Falschberatung

Dass es dabei nicht um die berühmten Peanuts des Ex-Deutsche-Bank-Chefs Hilmar Kopper geht, können Sie daraus ablesen, dass das Verbraucherschutzministerium vor einigen Jahren schon den Schaden falscher Bankberatung auf 20 bis 30 Milliarden Euro jährlich geschätzt hat. Verbraucherschützer veranschlagen ihn teilweise noch deutlich höher.

Wenn Sie glauben, dass das Sparbuch oder das Festgeld kostengünstigere Anlagen sind, weil gar keine Provisionen anfallen, befinden Sie sich leider auf dem Holzweg. Hier holen die Geldinstitute ihre Gewinne eben auf andere Weise herein: über die Zinsspanne. Das ist der Unterschied zwischen den Zinsen, die Banken für Kredite verlangen, und den Sätzen, die sie den Kunden für ihre Sparprodukte zahlen.

Mitte 2012 beispielsweise zahlte so manche Geschäftsbank für Spareinlagen mit dreimonatiger Kündigungsfrist gerade mal 0,25 Prozent Zinsen. Sie erinnern sich: Das ist immer noch die beliebteste Anlageform der Deutschen. Für Privatkredite (zum Beispiel zum Möbelkauf) berechnen die Geldhäuser dagegen etwa 11,0 Prozent, für Dispokredite noch mehr. Bei einem Sparbuchbetrag von wiederum 7000 Euro bekommt der Sparer also 17,50 Euro an jährlichen Zinsen – aber die Bank 770 Euro für den Privatkredit in gleicher Höhe. Mit der Differenz muss das Geldhaus natürlich seine Kosten bestreiten – aber per saldo bleibt gerade bei Zinsanlagen für die Bank so viel übrig, dass sie den Kunden mit Vorliebe Sparbuch und Co. schmackhaft macht. Bei einem Zinsgewinn von 755 Euro bei einer 7000-Euro-Spareinlage können Sie sich leicht ausrechnen, was das für ein Geldinstitut bedeutet, das Spareinlagen in dreistelliger Millionenhöhe aufweist. Vor allem Sparkassen und Genossenschaftsbanken, bei denen das Einlagengeschäft eine weitaus größere Rolle spielt als bei privaten Banken, machen damit ein gutes Geschäft. Klar, dass diese beiden Institutsgruppen nach einer Statistik der Bundesbank bei den Wertpapierdepots im Verhältnis zur Kundenzahl gegenüber den privaten Banken auch weit hinterherhinken.

Angesichts der pleitegefährdeten, international tätigen Großbanken bin ich aber froh darum, dass es in Deutschland ein sogenanntes 3-Säulen-Bankwesen mit den regional verwurzelten Sparkassen und Genossenschaftsbanken gibt. Diese zwei Säulen verleihen dem deutschen Bankensystem mehr Stabilität. Sie sind Kreditgeber für den Häuslebauer genauso wie für mittelständische Unternehmen. Wir sollten an diesem System festhalten, ungeachtet der Forderungen der EU-Bürokratie in Brüssel.

Inzwischen müssen die Banken zwar ihre Provisionen offenlegen und für fast jede Beratung ein Beratungsprotokoll erstellen, aber nur für Wertpapiere, nicht für Spareinlagen, Versicherungen oder geschlossene Fonds. Nach den Erfahrungen der Verbraucherverbände haben die von Ilse Aigner eingeführten Neuerungen die Stellung der Sparer, allen guten Absichten zum Trotz, kaum verbessert. Das Beratungsprotokoll wird sogar oft so konstruiert, dass sich die Bank leichter als früher der Haftung für Falschberatung entziehen kann, und die Gebührentransparenz muss erst beweisen, dass dadurch die Kosten für die Anleger sinken. Bisher hat sie das nicht geschafft.

Nun gibt es inzwischen auch einen Berufsstand, der die Provisionsproblematik weitgehend vermeidet. Das sind die Honorarberater, die üblicherweise Stundenhonorare verlangen, oder aber Honorare, die abhängig sind von der Anlagesumme. Sie versprechen dafür, die Provisionen, die sie als Vermittler bekommen, an den Kunden weiterzureichen. Bisher nehmen das nur wenige Anleger wahr, weil es nun einmal in Deutschland nicht üblich ist, für Beratung direkt Honorar zu zahlen. Abgesehen davon hat das Konzept auch seine Tücken – zum Beispiel, dass der Honorarberater, anders als der Bankberater, nach getaner Arbeit die Anlagen des Kunden nicht weiterverfolgt – es sei denn, er wird damit gegen Honorar beauftragt. Trotzdem: Wer langfristig auf einfache Anlagen setzt, kann für den Einstieg durchaus einen Honorarberater beauftragen. Das kostet zwar anfangs Geld, spart aber anschließend Provisionen, falls selten umgeschichtet und der Fokus auf kostengünstige Produkte wie ETFs gelegt wird.

Das lässt sich einfach mit einer anderen Art der Bankdienstleistung verbinden: Die Direktbanken locken mit sehr viel niedrigeren Gebühren und meistens höheren Zinsen als die Filialbanken – aber dafür bieten sie in der Regel keine Beratung an. Wer seine Strategie langfristig und einfach aufbaut, der kann zur Not nach der Festlegung der Ziele und der Strategie auf eine kontinuierliche Beratung verzichten und seine Sparpläne und Einzelanlagen bei einer Direktbank führen. Ein Anleger, der über etwas höhere Anlagesummen verfügt, kann sich der Dienste eines Vermögensverwalters und dessen Know-how und Erfahrung bedienen und sich dabei die Mühe und die Zeit sparen, die eine professionell gestaltete Vermögensanlage heute erfordert.

Die Vergütung von Vermögensverwaltern basiert in der Regel auf einer Kombination aus einer moderaten Verwaltungsgebühr und einem erfolgsabhängigen Gewinnhonorar. Dieses Gewinnhonorar muss aber von Mal zu Mal vom Verwalter neu verdient werden, denn es fällt nur an, wenn der letztmalige Höchststand des Depots überboten wurde. Diese Art der Honorierung ist also leistungsbezogen und nicht umsatzbezogen wie bei Banken. Zwischen Kunde und Vermögensverwalter besteht daher Interessensgleichheit: Beide wollen, dass unter dem Strich mehr herauskommt. Ist dies nicht der Fall, bekommt der Verwalter auch kein Honorar. Dieses faire Entlohnungssystem habe ich, als einer der ersten in Deutschland, bei der FIDUKA-Depotverwaltung eingeführt, die ich zusammen mit André Kostolany 1971 gegründet habe.

3. Versicherungsvertreter und Finanzvertriebe suchen Provisionsopfer

Ich habe Ihnen in diesem Buch schon sehr viel darüber erzählt, welch ein teurer Unsinn Lebensversicherungen in der jetzigen Zeit sind. Das hindert aber Versicherungsvertreter, Mitarbeiter von Finanzvertrieben und freie Finanzberater nur selten daran, dieses Produkt als das beste und sicherste der Welt zu loben. Natürlich ist es das beste und sicherste – aber nur für die Verkäufer. Denn sie leben, wenn sie willige Kunden finden, gut und sicher mit den hohen Abschlussprovisionen, die sie mit jedem neuen Vertrag einstreichen. Außerdem erhalten sie von der Versicherungsgesellschaft noch eine Bestandspflegeprovision – liebevoll »Bepro« genannt –, solange der Vertrag nicht gekündigt wird. Ich beziehe mich bei den Kosten wieder auf die Stiftung Warentest. Sie beziffert die Abschlussprovisionen auf 1,0 bis 5,5 Prozent und die »Bepros« auf jährlich 0,1 bis 2,5 Prozent. Die großen Spannen erklären sich mit den unterschiedlichen Vertriebsarten. Direktversicherungen ohne Außendienst verlangen deutlich weniger als Versicherungen, die ihre Kunden über Vertreter oder Agenturen gewinnen. Versicherungsexperten sprechen davon, dass dann im Schnitt 3,5 bis 4,0 Prozent Abschluss- und 1,5 bis 2,0 Prozent Bestandsprovision normal sind. Bei einem Lebensversicherungsvertrag über 100 000 Euro wären das also 3500 bis 4000 Euro Abschlussprovision und dazu noch eine Bestandspflegeprovision, die auf die jährlichen Zahlungen des Versicherungskunden anfällt.

Ich weiß wirklich nicht, wie ein Versicherungsvertreter oder freier Finanzberater guten Gewissens heute noch eine Lebensversicherung empfehlen kann, wenn klar ist, dass ein großer Teil der Mickerzinsen, die den Versicherern aufgrund ihrer vorsichtigen Anlagestrategie zufließen, für Provisionen an die Verkäufer und sonstige Kosten draufgehen. Keine Frage: Ich gönne den Versicherungsverkäufern ihr Einkommen. Sie müssen ja auch leben. Aber müssen sie das auf Ihre Kosten?

Finanzvertriebe und freie Finanzberater haben natürlich noch andere Produkte im Sack. Es ist wenig verwunderlich, dass es sich dabei vorwiegend um solche handelt, die hohe Provisionen abwerfen. Zum Beispiel geschlossene Fonds. (Meist in der Rechtsform der KG gebildete Steuersparkonstruktionen für Kapitalanleger mit hohem Einkommen.) Das *Handelsblatt* betitelte sie im April 2011 als »schlechteste Geldanlage der Welt«. Da gibt es immer wieder Moden, mal sind es Medienfonds, dann Schiffsfonds, immer wieder natürlich Immobilienfonds und seit einigen Jahren sind Erneuerbare-Energien-Fonds das Hype-Thema. Ob Solar-, Windkraft- oder Wasserkraft-Fonds – damit lässt sich in Zeiten der Energiewende leicht punkten und man kann den Anlegern, die glauben, zur Rettung der Erde beizutragen, die Euros aus der Tasche ziehen. Laut Stiftung Warentest fallen bei geschlossenen Fonds bis zu 15 Prozent allein an Provisionen an, die Kosten insgesamt bezifferte die *Wirtschaftswoche* für 2010 sogar auf bis zu 31,9 Prozent. Kommentar überflüssig.

Mein Fazit

Glauben Sie einem Verkäufer, egal ob von der Bank, einer Versicherung oder einem Finanzvertrieb, nicht alles. Wägen Sie gut ab, bevor Sie unterschreiben. Und denken Sie immer daran, dass der Verkäufer provisionsgetrieben ist. Noch besser ist es, Sie vermeiden happige Provisionen ganz und lassen die dadurch ersparten Kosten für sich arbeiten. Das zahlt sich im Lauf der Jahre enorm aus, gerade jetzt angesichts der extrem tiefen Zinsen.

Einfach Gebühren und Provisionen sparen

Wie aber können Sie den Provisionsjägern ausweichen? Beispielsweise, indem Sie einen Schwerpunkt Ihrer Investments auf Wertpapiere mit nahezu keinen Gebühren legen. Gerade beim langfristigen Anleger, sei es über einen Sparplan oder anderweitig, gibt es Anlageformen, bei denen die Provisionen kaum eine Rolle spielen. Das sind Indexfonds oder ETFs (englisch: Exchange-Traded Funds; deutsch: börsengehandelte Fonds, s. auch Kapitel III.1). Dass sich diese Art des sogenannten passiven Anlegens durchgesetzt hat, ist ein Verdienst des Amerikaners John Bogle. Er gründete die Fondsgesellschaft Vanguard Group, die als Erste auf die aktive Auswahl von Wertpapieren verzichtete und dafür einen Index exakt nachbildete. Das erwies sich als so kostengünstig, dass seine Indexfonds wuchsen und wuchsen. Inzwischen verwaltet Vanguard 1,7 Billionen Dollar Vermögen.

Die Rolle von Vanguard haben in Deutschland in den letzten Jahren die ETFs übernommen, die ich im Kapitel über die Anlageformen (Kapitel III.1) ausführlich dargestellt habe. Sie überzeugen mit sehr niedrigen jährlichen Kosten, die bei herkömmlichen Indizes wie dem DAX, dem EuroStoxx 50 oder dem S & P 500 selten über 0,3 Prozent hinausgehen. Ansonsten fallen nur die üblichen Kauf- und Verkaufsgebühren der Bank an. Deshalb eignen sie sich als Teil meiner einfachen, langfristigen Anlagestrategien, die ich Ihnen im letzten Kapitel VII vorstelle, in besonderer Weise. Denn die Kostenersparnis päppelt gerade bei langer Spardauer die Renditen kräftig auf. Dort habe ich allerdings darauf hingewiesen, dass auch ETFs nicht die allein selig machenden Investments sind, weil sie manchmal eigene inhärente Risiken bergen. Näheres finden Sie in Kapitel III.1.

KAPITEL VII

RICHTIG ANLEGEN – MEHR RENDITE
UND WENIGER RISIKO

»Die meisten Deutschen ziehen Anleihen den Aktien vor. Mit ihrem übertriebenen Sicherheitsdenken bringen sie sich aber um einen beträchtlichen Vermögenszuwachs.«

André Kostolany

1. In fünf Schritten zu ertragsstarken und risikoarmen Depots: Wie sich »Fremdgehen« in der Geldanlage auszahlt

Ein Verlust schmerzt die Anleger doppelt so stark wie ein Gewinn ihnen Freude macht. Das konnten Sie in Kapitel II lesen. Unser ehemaliger Bundespräsident Walter Scheel hat es trefflich beschrieben: »Ganz ohne Risiko geht es nicht.« Anders ausgedrückt: Zu viel Risiko oder zu wenig Risiko, beides kann schädlich sein. Gehen Sie als Anleger zu viel Risiko ein, laufen Sie Gefahr, alles zu verlieren, gehen Sie zu wenig Risiko ein, indem Sie Ihr Geld nur aufs Sparbuch legen, riskieren Sie, dass Inflation und Steuern Ihr Erspartes auffressen.

Wie lässt sich nun am besten ein Wertpapierdepot zusammenstellen, das langfristig so etwas Ähnliches wie die Quadratur des Kreises darstellt? Ein Portfolio, das gleichzeitig überdurchschnittlich hohe Erträge und ein unterdurchschnittliches Risiko aufweist? Nach herkömmlicher Meinung ist ja ein höherer Ertrag untrennbar mit einem höheren Risiko verbunden. Ich will Ihnen jedoch zeigen, dass diese Regel durch relativ einfache anlagepolitische Entscheidungen ausgehebelt werden kann:

> ➤ Aktieninvestments breit streuen
> ➤ international investieren, auch in Schwellenländern
> ➤ langfristig überlegene Anlageklassen übergewichten und
> ➤ den Anlagehorizont verlängern

Ich dokumentiere diese Methode anhand von Indizes, weil diese erstens bereits eine Streuung beinhalten, zweitens eine lange Historie aufweisen und drittens einfach eins zu eins mit ETFs nachgebildet werden können. Eine Einschränkung allerdings gibt es: Da ich die Untersuchung für einen Zeitraum von 30 Jahren (also eine übliche Periode in der privaten Altersvorsorge) aufgebaut habe, konnte ich nur Indizes berücksichtigen, die bis zum Starttermin 31.12.1981 zurück verfügbar sind und die am Endpunkt meiner Untersuchung, dem 31.12.2011, immer noch existiert haben. In zwei Fällen musste ich trotzdem Kompromisse eingehen.

Um Ihnen den Weg zu einem optimalen Langfrist-Depot systematisch und gleichzeitig plakativ darzustellen, gehe ich in fünf Schritten vor, dargestellt in Kuchendiagrammen. Zu dieser Darstellungsform hat mich das Buch von Paul A. Merriman mit Richard Buck *Financial Fitness Forever* inspiriert. Das Endergebnis, das Wertpapierdepot nach Schritt 5, bildet dann die Basis für meine anschließenden konkreten Vorschläge, wie Sie ein Langfristdepot am besten und einfachsten selbst aufbauen können – und das selbstverständlich mit relativ geringen Kosten.

Jedes Depot besteht aus den beiden Anlageklassen Aktien und Anleihen, aber in unterschiedlicher Zusammensetzung. Ich beginne mit nur zwei Indizes, dem deutschen Aktien-Leitindex DAX und dem deutschen Staatsanleihen-Index REXP. Beim Aktienanteil füge ich mit jedem Schritt weitere Indizes zulasten des DAX hinzu, bis ich zu einer breiten internationalen Streuung mit einem Übergewicht von Value-Aktien, Nebenwerten und Schwellenländern komme. Ich habe Ihnen ja bereits ausführlich geschildert (s. Kapitel III.3), dass Value-Aktien (oder auch Substanzaktien) langfristig Standardwerte und Wachstumsaktien aus dem Feld schlagen. Der Anteil der Anlageklasse Anleihen, also des REXP, bleibt unverändert. Nach jedem Schritt stelle ich Ihnen die Rendite- und Risikoauswirkungen vor.

Im Folgenden erläutere ich Ihnen die einzelnen Schritte. Die dazu nötige gewaltige Rechenarbeit hätte ich allein nie und nimmer bewerkstelligen können. Deshalb habe ich meinen Freund und langjährigen Geschäftspartner Michael Keppler gebeten, mir mit seinem statistischen Know-how und seiner umfangreichen Formel- und Datenbank zur Seite zu stehen. Ich habe fast ein schlechtes Gewissen ihm gegenüber, weil er und einer seiner Mitarbeiter, Roderick Cameron, viel Zeit in die Berechnungen investiert haben, viel mehr, als ich ursprünglich angenommen hatte.

Michael Keppler wurde 1949 in Ingolstadt geboren. Er ist Inhaber und Geschäftsführer der 1992 gegründete Keppler Asset Management Inc. Zuvor war er Vice President der Commerzbank in New York. Als einer der Pioniere des quantitativ-fundamentalen Investment-Managements steuert er seitdem erfolgreich internationale Aktienfonds mit innovativen Value-Konzepten, deren Anlageziel die Erreichung einer langfristig überdurchschnittlichen Wertentwicklung bei reduziertem Risiko ist. In mittel- bis langfristigen Zeiträumen liegen die von ihm betreuten Fonds in den jeweiligen Spitzengruppen und wurden von Standard & Poor's, Morningstar, Feri und Lipper mit über 50 Fund Awards ausgezeichnet. Er veröffentlichte zahlreiche Aufsätze in amerikanischen und deutschen Fachzeitschriften. Er kritisiert die Markteffizienz-These und das CAPM-Kapitalmarkt-Modell (»Capital Asset Pricing Model«) der Professoren Harry Markowitz und William Sharpe, die für diese Theorie den Nobelpreis erhielten, weil ihre Annahmen völlig unrealistisch seien. Ich bin derselben Meinung, wie übrigens auch mein verstorbener Partner Kostolany.

Bevor ich mit der Beschreibung der oben genannten fünf Schritte beginne, möchte ich die statistischen Begriffe neben den Kuchendiagrammen kurz erklären:

➤ »Rendite« ist der Jahresdurchschnittsertrag aus 30 Jahren in Prozent.

➤ »Standardabweichung« zeigt die jährlichen Kursschwankungen in Prozent. Sie ist das gängige Risikomaß oder – neudeutsch – die Volatilität. Aber Volatilität ist nicht gleich Risiko, denn die Schwankungen nach oben stellen ja Kursgewinne dar. Den Anleger interessieren aber die Schwankungen nach unten – die Verluste.

➤ Daher benutze ich zusätzlich einen von Michael Keppler entwickelten »Verlusterwartungswert«, der die statistische Wahrscheinlichkeit eines Jahresverlustes misst. Je niedriger der Wert – in Prozent –, desto geringer war das Verlustrisiko. Sowohl die »Standardabweichung« als auch der »Verlusterwartungswert« basieren auf Vergangenheitswerten und sind keine Prognosen für zukünftige Entwicklungen.

Schritt 1

Ich gehe von einem rein deutschen Depot aus, einem Depot, wie es für viele Anleger typisch ist. Denn die meisten Bundesbürger bleiben, anders als im Urlaub, am liebsten im eigenen Land und setzen vornehmlich auf inländische Wertpapiere. Wissenschaftliche Studien haben diesen sogenannten »Home Bias«, also die klare Übergewichtung heimischer Anlagen, untersucht und kommen zum Ergebnis, dass mehr als 75 Prozent aller von deutschen Privatanlegern gehaltenen Aktien deutsche Dividendenwerte sind, und hier wiederum überwiegend DAX-Titel. Die Wissenschaft ist sich darin einig, dass dieser Home Bias ein großer Fehler ist. Das meine ich auch – und werde Ihnen aufzeigen, warum.

Depot 1

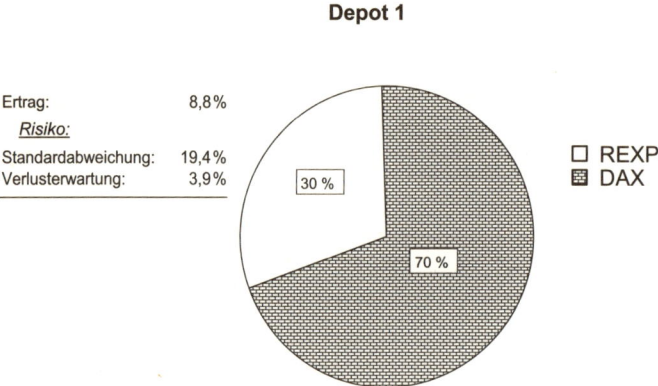

Ertrag:	8,8 %
Risiko:	
Standardabweichung:	19,4 %
Verlusterwartung:	3,9 %

☐ REXP
▦ DAX

30 %

70 %

Quelle: Deutsche Börse; Bloomberg; Keppler Asset Management.

Das Depot 1 ist ganz einfach aufgebaut: Es besteht zu 30 Prozent aus sicheren Staatsanleihen und zu 70 Prozent aus DAX-Aktien. Der einzige verfügbare Anleihe-Index in Deutschland, der bis 1981 zurückreicht, ist auch der bedeutendste, der REXP. REX steht für Deutscher Rentenindex, P für Performance, weil er die gesamte Wertentwicklung von Staatsanleihen misst, also Zinseinnahmen plus Kursveränderungen. Und das für jeweils 30 Staatsanleihen mit Laufzeiten von einem Jahr bis zu zehn Jahren. Das Ergebnis dieser einfachen Mischung aus DAX-30, wie man unser Aktien-Leitbarometer auch nennt, und REX-30, wie man den REXP bezeichnen könnte, kann sich durchaus sehen lassen: Im Jahresdurchschnitt brachte das Depot 1 immerhin 8,8 Prozent Rendite. Aus 10 000 Euro wurden in den 30 Jahren dadurch 127 100 Euro, also mehr als das Zwölffache. DAX und REXP sind sogenannte Performance-Indizes, das bedeutet, dass die Erträge – Dividenden und Bezugsrechte bei Aktien, Zinsen und Tilgungen bei Anleihen – automatisch wieder in den gleichen Index angelegt werden.

Allerdings war das Risiko, das mit der Standardabweichung der Jahreserträge gemessen wird (für mathematisch Interessierte: das ist ein Maß für die Streuung oder auch Schwankung der Kurse um ihren Mittelwert), mit 19,4 Prozent relativ hoch. Das liegt vor allem daran, dass der DAX in den letzten 30 Jahren wie ein Betrunkener hin und her geschwankt ist und wesentlich stärkere Ausschläge nach oben und unten gezeigt hat als die meisten anderen Standardwerte-Indizes von Industriestaaten. Jährlichen Kursgewinnen von bis zu 66,4 Prozent (1985) stehen Verluste von bis zu 43,9 Prozent (2002) gegenüber. Aber immerhin: 21 der 30 Jahre ist der DAX gestiegen – in 13 Jahren sogar um 20 Prozent und mehr. Der REXP war das ausgleichende, das stabilisierende Element. Er verbuchte lediglich zwei Verlustjahre, mit Gewinnen bis zu 18,6 Prozent (1983) und Einbußen bis zu 4,0 Prozent (2000).

Schritt 2

Nun gibt es ja in Deutschland nicht nur die großen Standardwerte des DAX, sondern auch eine weitaus größere Zahl mittlerer und kleiner Unternehmen. Und die wachsen in der Regel schneller als die Konzerne (zumindest was das interne Wachstum angeht, also ohne Zukäufe), steigern ihre Gewinne stärker – wie im Kapitel »Unternehmen« beschrieben – und sind häufig beliebte Objekte von Firmenübernahmen. Der Aktionär profitiert dabei meist von den hohen Preisen, der sogenannten Übernahmeprämie, die Käufer bezahlen müssen, damit ihnen die Anleger ihre Aktien verkaufen.

Depot 2

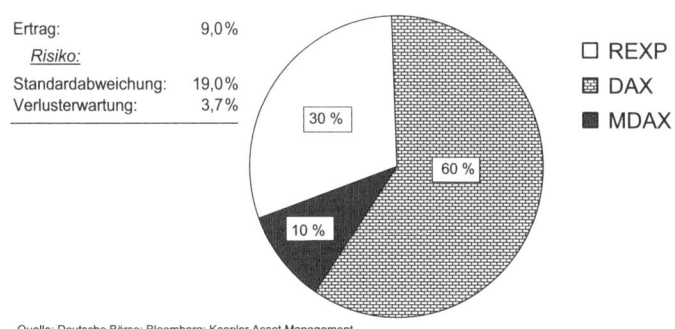

Ertrag:	9,0 %
Risiko:	
Standardabweichung:	19,0 %
Verlusterwartung:	3,7 %

☐ REXP
▨ DAX
■ MDAX

Quelle: Deutsche Börse; Bloomberg; Keppler Asset Management.

Wir nehmen in unserem Depot 2 dem DAX 10 Prozentpunkte weg und schlagen sie dem M-DAX zu, der die 50 deutschen Aktien der zweiten Reihe – der sogenannten Nebenwerte – umfasst (s. auch Kapitel III.3, Abschnitt » Nebenwerte übertrumpfen Standardwerte«). Da es den M-DAX nur bis Ende 1988 zurückgerechnet gibt, dient in den ersten Jahren der DAX als Ersatz. Das Ergebnis: Die Rendite klettert trotz der relativ geringen Veränderung zu Schritt 1 auf 9,0 Prozent, und das Risiko, gemessen am Verlusterwartungswert, fällt von 3,9 Prozent auf 3,7 Prozent. Zum einen, weil der M-DAX zwar nicht immer, doch meist ähnlich wie der DAX läuft, aber sichtlich etwas besser abschneidet. Zum anderen, weil der M-DAX nicht ganz so hektisch schwankt wie der DAX, also für den Anleger nervenschonender ist. In Zahlen ausgedrückt: Der MDAX hatte während der 30 Jahre nur acht Minus-Jahre, der DAX hatte neun, der Durchschnittsverlust war kleiner und folglich war die Rendite im Jahresdurchschnitt mit 10,1 Prozent gegenüber 8,6 Prozent beim DAX um jährlich 1,5 Prozentpunkte höher. Aus 10 000 Euro wurden mit 133 900 Euro immerhin 6800 Euro mehr als bei Depot 1, und das bei geringerem Risiko.

Schritt 3
Jetzt nehmen wir im Depot 3 dem DAX weitere 20 Prozent auf 40 Prozent Anteil weg und legen sie je zur Hälfte im MSCI Europe und im MSCI World Value an. MSCI ist die Abkürzung für den Finanzdienstleister Morgan Stanley Capital International, der die wichtigsten Aktienindizes für Großanleger – und generell für weltweite Vergleiche – aufgelegt hat und berechnet. Der MSCI Europe enthält 449 Aktien aus 16 europäischen Industriestaaten. Er umfasst somit Aktien aus fast allen Staaten des Kontinents, ohne die osteuropäischen, die noch als Emerging Markets, also als Schwellenländer gelten. Mit diesem Index haben wir unser Anlageuniversum also erheblich ausgedehnt und weite Teile Europas, auch außerhalb der Eurozone, mit einbezogen.

Der MSCI World Value ist ein Unterindex des MSCI World, des Barometers für die wichtigsten Aktien aller Industrieländer weltweit. Im Value-Index sind nur große und mittlere Aktien von Unternehmen aus 24 Ländern enthalten, die als besonders werthaltig eingestuft werden, also eine günstige Bewertung in Bezug auf das Kurs-Gewinn-Verhältnis (KGV) (s. Kapitel III.1, »Aktien«) und andere fundamentale Kennzahlen aufweisen – sogenannte Substanzwerte. Mit anderen Worten: Aktien, die billiger sind als der Durchschnitt der Aktien im MSCI World. Mit diesem Index haben wir sowohl eine nochmals breitere internationale Streuung erreicht – nämlich weltweit – als auch eine qualitative Verbesserung, indem wir uns hier auf Value-Aktien beschränken.

Depot 3

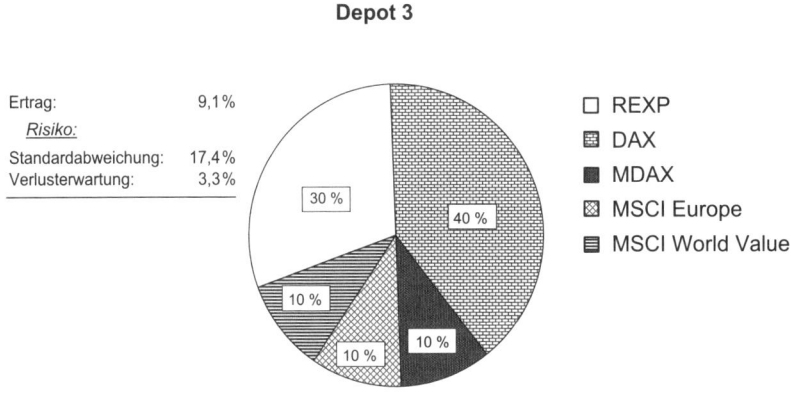

Ertrag:	9,1 %
Risiko:	
Standardabweichung:	17,4 %
Verlusterwartung:	3,3 %

☐ REXP
▨ DAX
■ MDAX
▨ MSCI Europe
▤ MSCI World Value

Quelle: Deutsche Börse; Bloomberg; Keppler Asset Management.

Das Ergebnis ist auf den ersten Blick nur leicht besser als das von Depot 2. Die Rendite klettert lediglich von 9,0 auf 9,1 Prozent. Auf den zweiten Blick sehen wir aber das, worauf es uns hier ankommt: eine schlagartige Reduzierung des Risikos, von 3,7 Prozent auf nur noch 3,3 Prozent. Wir erzielen also eine leicht höhere Rendite mit einem wesentlich geringeren Risiko.

Aus 10 000 Euro werden nach 30 Jahren 134 900 Euro, also 1000 Euro mehr als mit Depot 2.

Schritt 4

Das ist ein großer Schritt: Den DAX-Anteil reduzieren wir auf die Hälfte gegenüber Depot 3, also auf 20 Prozent. Was wir dem DAX weggenommen haben, fügen wir mit jeweils 10 Prozent Anteil dem MSCI Emerging Markets und dem US Large Cap Value hinzu. Ich habe Ihnen ja in diesem Buch schon mehrmals erläutert, warum es so eminent wichtig ist, Aktien aus den Schwellenländern ins Depot aufzunehmen. Diese Vorliebe ist bei mir keineswegs neu, ich war einer der Ersten in Deutschland, der bereits 1994 einen Emerging-Market-Aktienfonds, den Pro Fonds (Lux) Emerging Markets, aufgelegt und gemanagt hat. Sehr erfolgreich übrigens, mit einer Gesamtperformance von rund 262,5 Prozent bis Ende Juli 2012, während es der Vergleichsindex MSCI Emerging Markets nur auf 138,8 Prozent brachte.

Das entspricht einem jährlichen Ertrag von knapp 7,2 Prozent. In der gleichen Zeit hat der MSCI Emerging Markets nur um 4,8 Prozent zugelegt. Der Pro Fonds (Lux) Emerging Markets hat also die Messlatte jährlich um 2,4 Prozentpunkte übertroffen. Von Anfang an hat Michael Keppler als Berater des Fondsmanagements wesentlich zu den guten Ergebnissen beigetragen. Im Kapitel IV, »Megatrends«, können Sie nachlesen, warum Aktien aus den Schwellenländern in keinem Depot fehlen sollten, in Zukunft noch weniger als in der Vergangenheit. Die Börsen der Schwellenländer sind heute keine Exoten mehr. Ihr Anteil an der Börsenkapitalisierung der Welt ist von 7,5 Prozent im Jahr 1990 auf 35 Prozent im Jahr 2010 gestiegen.

Depot 4

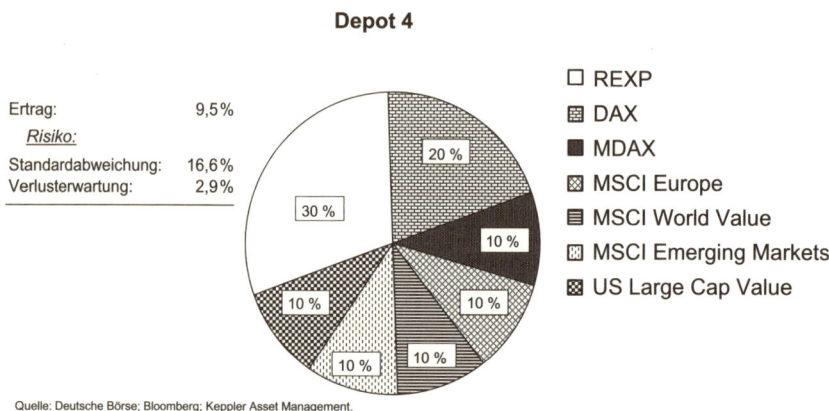

Ertrag: 9,5 %
Risiko:
Standardabweichung: 16,6 %
Verlusterwartung: 2,9 %

□ REXP
▦ DAX
■ MDAX
▨ MSCI Europe
▤ MSCI World Value
▩ MSCI Emerging Markets
▨ US Large Cap Value

Quelle: Deutsche Börse; Bloomberg; Keppler Asset Management.

Die 10 Prozent, die in den US Large Cap Value fließen, bringen erstmals den bedeutendsten Aktienmarkt der Welt direkt ins Depot – über den MSCI World Value sind die USA bereits indirekt vertreten. Der US Large Cap Value ist ein Teilindex des MSCI US Large Cap, der die 300 größten US-Unternehmen (nach Börsenwert) umfasst. Der Value-Index filtert die dort am günstigsten bewerteten Aktien aus.

Mit den Aktien der Schwellenländer und den Value-Titeln unter den großen US-Konzernen haben wir das Anlageuniversum geografisch stark erweitert, und das mit zwei Indizes, die langfristig sehr gut abschneiden. Das spiegelt sich im Ergebnis wider: Die Jahresdurchschnittsrendite springt auf 9,5 Prozent hoch, und das Risiko fällt gleichzeitig deutlich auf 2,9 Prozent. Die Abnahme des Risikos hängt zum einen mit der noch breiteren Streuung zusammen, zum anderen mit dem oft unterschiedlichen Kursverlauf von Aktien der Industrie- und der Schwellenländer, der die Schwankungen des Depots insgesamt etwas dämpft. Auf Fachchinesisch: Die Korrelation zwischen Schwellenländer- und Industrieländer-Aktien ist geringer als die zwischen den Börsen der einzelnen Industriestaaten. Salopp gesagt: Sie laufen nicht im Gleichschritt – was wir ja wollen. Aus 10 000 Euro wurden mit diesem Depot 153 000 Euro, immerhin 14 910 Euro mehr als mit Depot 3.

Schritt 5

Wir wenden nun die wissenschaftlich erhärtete Erfahrung an, dass Aktien kleiner Unternehmen langfristig besser abschneiden als die großer. Ich habe das bereits in Schritt 2 bei der Aufnahme des M-DAX erwähnt. Zu den wenigen Ländern, in denen die Kurshistorie für kleine Aktien – »Small Caps« genannt – mindestens 30 Jahre zurückreicht, zählen die USA. Deshalb nehmen wir aus pragmatischen Gründen in unser Depot US Small Caps auf. Die Ergebnisse wären mit deutschen oder europäischen Nebenwerten im Trend ähnlich. Und zwar packen wir zusätzlich zum breiten Small-Cap-Index noch dessen Value-Variante ins Depot, eingedenk der Tatsache, dass Value-Titel langfristig eine Überrendite bringen. Damit haben wir mit rund zwei Drittel der Aktien in Value-Aktien (Substanzwerten) und Nebenwerten (Small Caps) eine deutliche Übergewichtung dieser beiden Anlagegattungen erreicht. Da wir die 70 Prozent Aktienquote auf acht Indizes verteilen, reduziert sich der Anteil jedes einzelnen Aktienbarometers auf 8,75 Prozent. Alle Einzelteile sind also gleich gewichtet. Wir haben nun die vier Investmentmethoden zur Anwendung gebracht, die Grundlage für langfristig überdurchschnittliche Renditen bei unterdurchschnittlichem Risiko:

1. Breite Diversifizierung
2. Internationales Investieren
3. Günstige Bewertung (Value-Investing)
4. Gleichgewichtung

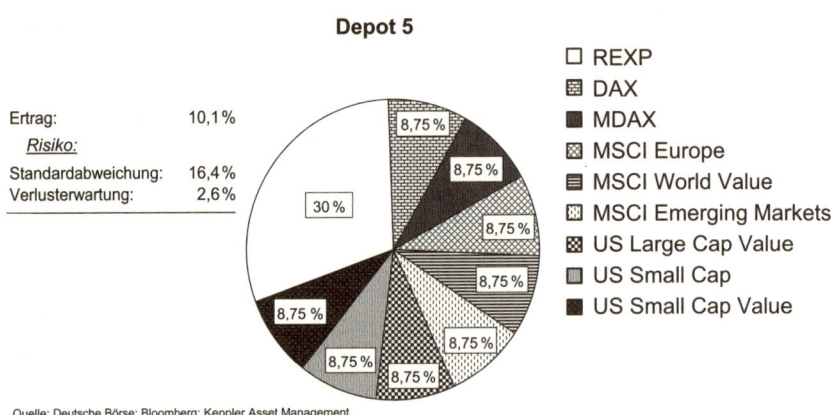

Depot 5

Ertrag: 10,1%

Risiko:

Standardabweichung: 16,4%
Verlusterwartung: 2,6%

☐ REXP
▦ DAX
■ MDAX
▨ MSCI Europe
▤ MSCI World Value
▥ MSCI Emerging Markets
▨ US Large Cap Value
▦ US Small Cap
■ US Small Cap Value

Quelle: Deutsche Börse; Bloomberg; Keppler Asset Management.

Das Ergebnis ist frappierend: Die Durchschnittsrendite klettert auf 10,1 Prozent, und das Risiko sinkt auf 2,6 Prozent. Damit haben wir gegenüber unserem Ursprungsdepot eine gewaltige Qualitätsverbesserung erzielt: Die Rendite liegt um 1,3 Prozentpunkte höher und – das ist noch wichtiger – das Risiko gleichzeitig um 1,3 Prozentpunkte – also um ein Drittel – niedriger. Aus 10 000 Euro wurden mit Depot 5 stolze 178 900 Euro und somit 51 800 Euro mehr als mit Depot 1. Das sind glatte 40 Prozent mehr Vermögen. Und das mit weniger Risiko. Ich würde sagen: Die Quadratur des Kreises ist geglückt. Die These, man müsse eine höhere Rendite immer auch mit höheren Risiken erkaufen, ist widerlegt.

Ich darf Sie an mein Beispiel der Aufstellung einer Fußballmannschaft im Kapitel III.3, »Die richtige Vermögensaufteilung«, erinnern. Dort heißt es: »Erste Priorität hat das Risikomanagement – das ist die Verteidigung.« Wie in einer Fußballmannschaft müssen auch die Bestandteile eines Wertpapierdepots gegensätzliche, sich ergänzende Eigenschaften besitzen. Sie müssen Schwächen der anderen »Mannschaftsteile« abdecken. Die deutsche Nationalelf hat in der Europameisterschaft 2012 das Halbfinale gegen Italien hauptsächlich deshalb verloren, weil sie das Risikomanagement – die Verteidigung – sträflich vernachlässigt hat.

Bei der Gestaltung eines Wertpapierdepots kommt es nicht darauf an, dass jede weitere Beimischung eine *Erhöhung* der Rendite mit sich bringt. Ein Kaufkandidat qualifiziert sich auch dann, wenn er die gleiche Rendite liefert, aber einen wesentlichen Beitrag zur *Senkung* des Risikos beisteuert. Jetzt sind die Kuchenstücke alle gleich groß, das heißt im Depot gleich stark gewichtet. Die Gleichgewichtung von kleinen und großen Werten ist ein wichtiges Element der Strukturierung eines Depots, um die Rendite zu steigern. Warum?

Wir wissen, dass Nebenwerte (Small Caps) langfristig besser abschneiden als Haupt- oder Standardwerte, aber eben nicht immer. So hatte der M-DAX im Jahr 1991 ein Minus von 6,69 Prozent, während der DAX mit einem Plus von 12,86 Prozent abschnitt. Im Jahr danach (1992) verlor der M-DAX 12,8 Prozent, der DAX nur 2,09 Prozent. Auch im Jahr 2008 schnitt der M-DAX mit einem Verlust von 43,21 Prozent schlechter ab als der DAX, der »nur« einen Verlust von 40,37 Prozent erlitt. Doch in der Hälfte der Jahre schnitt der M-DAX zum Teil deutlich besser ab als der DAX und wies etwas geringere Schwankungen auf, und daher lag die Rendite bei Schritt 2 etwas höher bei geringerem Risiko.

Wir wissen auch, dass Value-Aktien (Substanzwerte) langfristig bei geringerem Risiko eine höhere Rendite erzielen – aber eben nicht immer. Im Jahr 1986 verloren der US Large Cap Value und der US Small Cap Value 6,37 Prozent beziehungsweise 9,66 Prozent, während fast alle anderen Indizes mit Plus endeten. Der MSCI World Value erlitt im Jahr 1990 einen Verlust von 26,55 Prozent und der US Small Cap Value gar von 33,66 Prozent – höher als alle anderen hier verwendeten Indizes. Auf der anderen Seite schlugen die Value-Aktien die Standardwerte oft um Längen. Der US Small Cap wies in 10 aus 30 Jahren klotzige Gewinne zwischen 43 und 69 Prozent aus – mit Ausnahme der Schwellenländer höher als alle anderen Indizes.

Wenden wir uns schließlich noch den Schwellenländern zu. Sie wachsen, ähnlich wie aufstrebende junge Bäume, sehr schnell, sind aber auch nicht so standfest wie stabile, alte Bäume. Das zeigt sich beim MSCI Emerging Markets. In sechs Jahren im Zeitraum zwischen 1988 und 2009 schlug er mit Gewinnen von 54 bis 95 Prozent alle der hier verwendeten Indizes mit großem Abstand. Aber er endete auch in elf Jahren – also 3- bis 4-mal mal öfter als die anderen Indizes – mit Verlusten, im Jahr 2008 mit dem höchsten Minus von 51 Prozent.

Das Risiko ist mit einem Verlusterwartungswert von 8,1 Prozent beim MSCI Emerging Markets am höchsten. Er korreliert am schlechtesten mit den anderen Indizes und das ist gut: Wenn er schwächelt, sind die meisten anderen stark und umgekehrt.

Mein Fazit

Keiner der einzelnen Indizes hat ein erträgliches Risikomaß, mit dem man ruhig schlafen kann. Der Verlusterwartungswert aller einzelnen Indizes liegt zwischen 4,1 und 8,1 Prozent. Würde man versuchen, immer zum richtigen Zeitpunkt da auszusteigen, wo ein Verlust droht, und dort einzusteigen, wo ein Gewinn winkt, käme man überhaupt nicht mehr zum Schlafen, und alle Mühe wäre ohnehin vergeblich, weil erfolglos! Durch die Vereinigung von ganz unterschiedlichen, schwankenden Börsen, wie in Kuchendiagramm 5, gelingt es, einen ruhenden Pol mit weniger Risiko und mehr Rendite zu schaffen.

Als langfristiger Anleger, der nach dieser Methode vorgeht, befinden Sie sich in der gleichen beneidenswerten Lage wie der Igel, der mit dem Hasen um die Wette läuft. Sie kennen sicher die Geschichte »Der Hase und der Igel« der Brüder Grimm: Der Hase macht sich lustig über die krummen Beine des Igels. Das ärgert den Igel und er fordert den Hasen zu einem Wettlauf auf. Der Hase lacht, denn er fühlt sich mit seinen langen Beinen dem Igel haushoch überlegen. Sie suchen einen großen Acker für einen Wettlauf aus. Der Hase soll in der einen Furche, der Igel in der anderen Furche laufen. Der schlaue Igel nimmt aber seine Frau mit, die genauso aussieht wie er. Er stellt sich an einem Ende, seine Frau am anderen Ende des Ackers auf. Jedes Mal, wenn der Hase am Ende ankommt, ruft ihm der Igel entgegen: »Ich bin schon hier.« Der Hase rennt noch schneller, doch am anderen Ende ruft ihm wieder der Igel entgegen: »Ich bin schon hier.« Der Hase traut seinen Augen nicht. Er rennt noch schneller, auf und ab, aber jedes Mal ist der Igel vor ihm da. Beim 74. Mal fällt er tot um.

Ähnliches droht vielen, die in den »Furchen« der heutigen Finanzmärkte hektisch und kopflos auf und ab rennen. Sie aber spielen besser den Igel, der zuschaut und seine Aktien oder Aktienfonds laufen lässt!

Schritt 5a

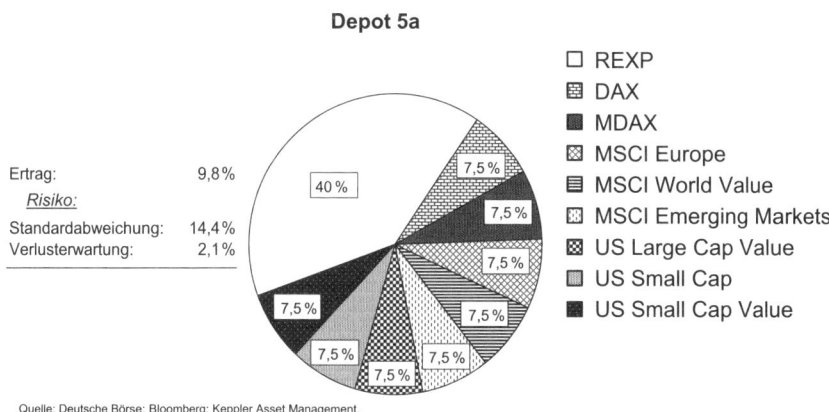

Depot 5a

Ertrag: 9,8%
Risiko:
Standardabweichung: 14,4%
Verlusterwartung: 2,1%

□ REXP
⊞ DAX
■ MDAX
⊠ MSCI Europe
▤ MSCI World Value
⊡ MSCI Emerging Markets
⊠ US Large Cap Value
▥ US Small Cap
■ US Small Cap Value

Quelle: Deutsche Börse; Bloomberg; Keppler Asset Management.

In den bisherigen Schritten waren die Depots gleichbleibend mit 30 Prozent Anleihe- und 70 Prozent Aktienanteil bestückt. Ich bezeichne das in der jetzigen Phase (2012) extrem tiefer Zinsen als ausgeglichenes Depot. In normalen Zinszeiten gilt eher ein Rentenanteil von 40 und eine Aktienquote von 60 Prozent als »Balanced Portfolio« (zu Deutsch: »ausgewogenes Depot«). Auch diese Relation haben wir durchgerechnet und ich nenne es für die jetzige Zeit das Depot für den vorsichtigen Anleger. 40 Prozent entfallen auf den Deutschen Rentenindex REXP, und je 7,5 Prozent auf die acht Indizes aus Schritt 5. Die Rendite geht in diesem Depot auf jährlich 9,8 Prozent zurück, und das Risiko, oder der Verlusterwartungswert, sinkt sehr stark auf beachtlich niedrige 2,1 Prozent. Aus 10 000 Euro werden 163 500 Euro und damit 15 400 Euro weniger als mit dem risikoreicheren Depot 5. Aber immer noch deutlich mehr (36 400 Euro) als im Depot 1, das keine internationale und stilmäßige Streuung aufweist.

Schritt 5b

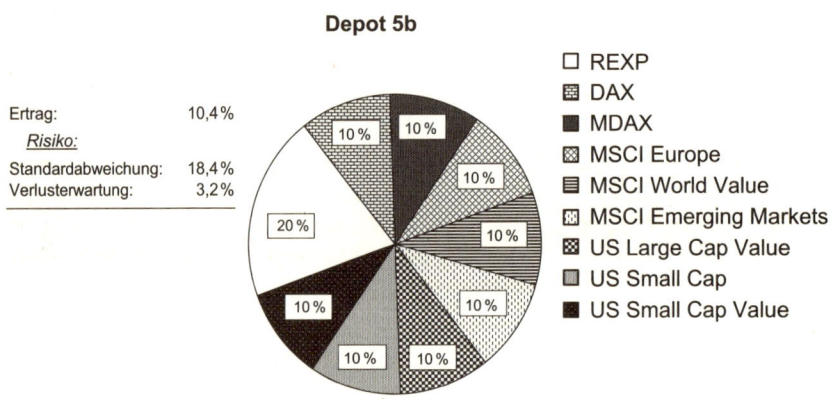

Depot 5b

Ertrag: 10,4%
Risiko:
Standardabweichung: 18,4%
Verlusterwartung: 3,2%

□ REXP
▨ DAX
■ MDAX
▨ MSCI Europe
▤ MSCI World Value
▨ MSCI Emerging Markets
▨ US Large Cap Value
□ US Small Cap
■ US Small Cap Value

Quelle: Deutsche Börse; Bloomberg; Keppler Asset Management.

Für den risikofreudigen, insbesondere den jungen Anleger haben wir die Kombination mit 20 Prozent Anleihen und 80 Prozent Aktien durchgerechnet. Jeder Index erhält dabei 10 Prozent Anteil. Das Ergebnis überrascht kaum: Die durchschnittliche Jahresrendite erreicht mit 10,4 Prozent den klaren Spitzenwert, aber auch das Risiko – der Verlusterwartungswert – steigt merklich an. Mit 3,2 Prozent liegt es um 0,3 Prozentpunkte über dem Wert von Depot 5 mit 30 Prozent Anleihequote und sogar um 1,1 Prozentpunkte über Depot 5a mit 40 Prozent Rentenanteil. Aber es liegt noch immer um 0,7 Prozentpunkte unter dem von Depot 1 (3,9), hat aber eine um 1,6 Prozentpunkte höhere Rendite. Aus den 10 000 Euro Ursprungskapital werden mit Depot 5b in den 30 Jahren dafür stolze 193 000 Euro, also nahezu das 20-Fache – und 65 900 Euro mehr als mit dem Basisdepot 1. Der Mehrertrag gegenüber Depot 1 beträgt also fast 52 Prozent!

Mit den fünf Kuchendiagrammen habe ich Ihnen exemplarisch gezeigt, wie man systematisch die Rendite steigern und das Risiko mindern kann. Wir haben den manchmal fallsüchtigen DAX stabilisiert, den wilden MSCI Emerging Markets gezähmt und durch Beifügung renditestarker Anlageklassen die Rendite deutlich erhöht und gleichzeitig das Risiko erheblich gesenkt. Aber ganz ausschalten können wir das Risiko nicht. Selbst die beste Fußballmannschaft gewinnt nicht jedes Spiel.

Ein ganz wichtiger Aspekt bei allen drei Varianten ist, dass ein gewisser Rentenanteil, seien es 20, 30 oder 40 Prozent, in Ihrer Geldanlage wie eine Art Stoßdämpfer wirkt, der etwaige Börsenschocks abfedert. Das schützt Sie davor, in Panik zu verfallen oder in die Abhängigkeit einer Bank zu geraten.

	Jahresdurchschnittsertrag (%)	Standardabweichung (%) (Risiko)	Erwartungswert eines Jahresverlusts (%)	Wachstum von 10 000 Euro	Mehrertrag zu Depot 1 in Euro
Depot 1	8,8	19,4	3,9	127.000	
Depot 2	9,0	19,0	3,7	133.900	6.800
Depot 3	9,1	17,4	3,3	134.900	7.800
Depot 4	9,5	16,6	2,9	153.000	25.900
Depot 5	10,1	16,4	2,6	178.900	51.800
Depot 5a	9,8	14,4	2,1	163.500	36.400
Depot 5b	10,4	18,4	3,2	193.000	65.900
Zinsanlage	4,0	-	-	32.400	-

Tabelle 6: Steigerung der Rendite und gleichzeitige Verminderung des Risikos im Vergleich.

Während aber einzelne Indizes in unserem Betrachtungszeitraum von 30 Jahren 8 bis 11 Verlustjahre hatten, haben wir das Risiko immerhin eingehegt und in Depot 5 und 5b die Verlustjahre auf 7 Jahre, in Depot 5a sogar auf 6 Jahre reduziert. Noch wichtiger ist, dass der höchste Jahresverlust in Depot 5 nur -26,7 Prozent, in Depot 5a nur -22,1 Prozent und in Depot 5b -33,3 Prozent ist. Jeder einzelne der verwendeten Aktienindizes hatte höhere Jahresverluste von 35 bis 50 Prozent.

2. Die passende Mischung für jedes Alter

Es ist uns durch eine kompakte Strukturierung gelungen, die Depots 5, 5a und 5b schwankungsärmer und renditestärker zu machen. Aber ein gewisses Risiko bleibt.

Wie viel Risiko der Einzelne ertragen kann, ist individuell sehr verschieden. In meinen über 40 Jahren an der Börse und in der Vermögensverwaltung habe ich schon alles an Schocks und Crashs erlebt, was man sich denken kann. Ich habe dank schmerzhafter Erfahrung inzwischen ein dickes Fell und bin in der Einschätzung meines verstorbenen Partners Kostolany sicher kein »Zittriger«, sondern ein »Hartgesottener«. Wenn ich in Zeiten von Krisen und Börsencrashs schlaflose Nächte hatte, dann nicht wegen meiner eigenen Investments, sondern wegen der meiner Kunden.

Ich erinnere mich lebhaft, wie ich einmal in den 1970er-Jahren im Urlaub unterwegs im damaligen Jugoslawien in der *International Herald Tribune* las, der Dow Jones und der US-Dollar seien gefallen. Das ließ mir keine Ruhe und ich beschloss, Kostolany in Paris anzurufen, um mit ihm zu beraten, was wir in dieser Lage tun sollten. Telefonieren im damaligen Jugoslawien war ein Geduldsspiel. Ich musste stundenlang im Telefonamt warten, bis ich eine Verbindung bekam. Jedenfalls haben mir früher die Börsen oft genug die Urlaubsfreude getrübt.

Wenn es um die Umsetzung des aufgezeigten Wegs geht, stellt sich als Erstes die Frage, wie viel Risiko Sie ertragen können, und daraus ergibt sich der richtige Anlage-Mix für Sie. Das Risikomaß, das für Sie individuell tragfähig ist, hängt ab von Ihrem Alter, Ihrem fachlichen und psychischen Rüstzeug und Ihren finanziellen Mitteln. In jungen Jahren kann man höhere Risiken eingehen als nahe dem Ruhestandsalter.

Wenn Sie fachlich in Sachen Geldanlage beschlagen sind, können Sie selbstständig Ihre Vermögensanlagen gestalten. Aber da gibt es immer noch einen Haken: Wie ist es nun mit Ihrer psychischen Ausstattung bestellt? Ich habe so manchen fachlich gut gerüsteten Kollegen erlebt, der aber trotzdem erfolglos war, weil er in entscheidenden Situationen versagte: in Krisen die Nerven verlor oder in günstigen Momenten zu lange zögerte und nicht umsetzte, was ihm sein Verstand befahl.

Der legendäre Börsianer Benjamin Graham sagte den weisen Satz:

»Der Anleger ist wahrscheinlich sein eigener schlimmster Feind.«

Und Kostolany erfand zur Ausschaltung der menschlichen Schwächen, die meist dem Erfolg im Weg stehen, die Metapher, der Anleger solle ein solides internationales Depot erstellen, anschließend zur Apotheke gehen, Schlaftabletten kaufen und sich dann auf fünf bis sechs Jahre schlafen legen. Wenn er dann aufwache, werde er meist ein angenehmes Erlebnis haben. Er wollte damit den Anleger vor seinen eigenen Dummheiten und Fehlreaktionen bewahren. Das Zeitmaß von fünf bis sechs Jahren war wohl gewählt, weil solide Aktienanlagen in dieser Zeitspanne mit nahezu 100-prozentiger Wahrscheinlichkeit einen Gewinn aufweisen.

Wie ermittelt man den altersgemäß richtigen Anlage-Mix? Vielleicht kennen Sie die Faustregel, dass der Anteil Aktien in einem Wertpapierdepot 100 minus Alter betragen solle. Das hieße, ein 40-Jähriger könnte 60 Prozent, ein 60-Jähriger nur 40 Prozent Aktien halten, aber auch ein junger Mensch mit 25 Jahren könnte nach dieser starren Formel nur noch 75 Prozent Aktien halten. Das ist eine zu grobschlächtige Regel. Sie ist für junge Menschen, die noch 30 bis 40 Jahre Spartätigkeit bis zum Ruhestand vor sich haben, geradezu kontraproduktiv.

Ich habe daher eine differenziertere Tabelle entwickelt, die einerseits stufenweise den Aktien-/Rentenanteil verändert und andererseits 3-teilig ist, je nach dem Grundgefühl eines Anlegers: offensiv mit mehr Risiko, ausgewogen mit mittlerem Risiko und konservativ mit geringem Risiko. Die Tabelle beginnt bei 30-Jährigen mit einer Schlüsselzahl von 130, sodass der risikofreudige »offensive« junge Anleger mit 100 Prozent Aktien beginnt. Beim »Ausgewogenen« beginnt er mit 90 Prozent und beim »Konservativen« mit 80 Prozent.

Alter	30	35	40	45	50	55	60	65	70
Offensiv									
Schlüsselzahl	130	130	130	130	120	120	120	120	120
Aktien	100	95	90	85	70	65	60	55	50
Anleihen	0	5	10	15	30	35	40	45	50
Ausgewogen									
Schlüsselzahl	120	120	120	120	110	110	110	110	110
Aktien	90	85	80	75	60	55	50	45	40
Anleihen	10	15	20	25	40	45	50	55	60
Konservativ									
Schlüsselzahl	110	110	110	110	100	100	100	100	100
Aktien	80	75	70	65	50	45	40	35	30
Anleihen	20	25	30	35	50	55	60	65	70

Tabelle 7: Altersabhängige Aufteilung in Aktien und Anleihen in Prozent.

Eine weitere Besonderheit meiner Tabelle zeigt sich beim Alter von 50 Jahren. Der Gedanke dahinter ist, dass junge Anleger am Anfang mit einem höheren Aktienanteil quasi »Vollgas« fahren, aber etwa ab 50 einen Gang runterschalten sollten. Sie sehen auch, dass ich selbst im Ruhestandsalter von 65 und 70 Jahren beim »Konservativen« einen Aktienanteil von 35 bzw. 30 Prozent beibehalte. Der Grund dafür ist, dass zum Schutz vor der Inflation ein gewisser Aktienanteil immer im Depot sein sollte. Ich selbst halte mich nicht an diese Regel. Mein Aktienanteil ist angesichts der niedrigen Zinsen von Anleihen deutlich höher, als er regelgerecht sein sollte. Jedenfalls sollten Sie in der Zukunft mit mehr Inflation rechnen!

Nachdem Sie mithilfe der Alterstabelle einen ersten Anhaltspunkt bekommen haben, steht der endgültige Mix aber noch nicht fest. Im nächsten Schritt geht es um den »menschlichen Faktor«. Jetzt ermitteln Sie mit dem Anlegertest, wie es um Ihr fachliches und psychisches Rüstzeug bestellt ist. Hier wollen Sie herausfinden, ob Sie fachlich das Zeug haben, selbstständig Ihre Vermögensanlagen zu gestalten, und wie es um Ihre mentale Stärke und Ihre Entschlusskraft bestellt ist. Fachlich ausgedrückt geht es um die Frage Ihrer Risikotragfähigkeit und Ihrer Risikotoleranz.

3. Anlegertest – wie viel Risiko vertragen Sie?

Es ist nicht sinnvoll, wenn Sie Ihre Lebensqualität schmälern und vor lauter Angst schlecht schlafen, weil Sie ein für Ihre Verhältnisse zu hohes Risiko eingegangen sind. Umgekehrt ist es aber auch nicht vernünftig, wenn Sie fachlich und psychisch einen höheren Risikograd eingehen könnten, aber sehr renditeschwach in Anleihen mit Mickerzinsen investiert sind und dadurch erhebliche langfristige Vermögenszuwächse verschenken. Die Zeiten sind nicht so, dass Sie leichtfertig etwas zu verschenken hätten.

Vorab möchte ich aber klarstellen, dass es sich um keinen fundierten, gar tiefenpsychologischen Test handelt, der in Fragestellung und Auswertungsmethode wissenschaftlichen Ansprüchen genügen würde. Nein, ich habe zusammen mit meinen klugen, menschen- und börsenkundigen Freunden Hans Linder (ehemals Chefredakteur von *Börse-Online*) und Erich Gluch (ehemals wissenschaftlicher Referent im Ifo-Institut für Wirtschaftsforschung) in monatelanger Arbeit einen Test entwickelt, der dem Anleger lediglich Anhaltspunkte über seine fachliche und charakterliche Ausstattung für das begrenzte Sachgebiet »Geldanlage« liefern soll. Suchen Sie also bitte nicht gleich einen Psychiater auf, wenn Sie beim psychologischen Teil nicht so gut abschneiden sollten, sondern überlegen Sie sich stattdessen, ob es für Sie nicht klüger und nervenschonender wäre, wenn Sie sich einen kompetenten, vertrauenswürdigen Berater für Ihre Vermögensanlagen nehmen würden.

Der Test ist ganz einfach aufgebaut und umfasst 72 Fragen. Nehmen Sie sich eine Viertelstunde Zeit und beantworten Sie die Fragen mit größter Ehrlichkeit gegenüber sich selbst.

Welcher Anlegertyp bin ich?

		trifft zu	trifft eher zu	unent-schieden	trifft eher nicht zu	trifft nicht zu
1	Langfristig zählt für mich nur die Wertentwicklung meines Gesamtdepots.					
2	Kursrückgänge sind oft eine gute Gelegenheit, um günstig einzukaufen.					
3	Die täglichen Kursbewegungen spielen für meine Anlageentscheidungen keine entscheidende Rolle.					
4	Ein Sparbuch ist immer noch die beste Geldanlage, die es gibt.					
5	Ich zögere oft Entscheidungen hinaus, weil ich nichts falsch machen möchte.					
6	Ich verkaufe – auch mit kleinen Gewinnen –, weil ich Angst vor Verlusten habe.					
7	Ich blicke trotz Krisen optimistisch in die Zukunft.					
8	Ich habe keine Angst vor neuen Aufgaben und Herausforderungen.					
9	Ich bin auch bei Hektik und Stress nicht so leicht aus der Fassung zu bringen.					
10	Längere Verlustphasen belasten mich stark – und ich werde deutlich vorsichtiger.					
11	Mir gelingt es oft auszusteigen, wenn die Kurse am höchsten sind.					
12	Selbst bei kleineren Kursrückgängen an der Börse gerate ich leicht aus der Fassung.					
13	Für mich sind Fakten wichtiger als Gefühle.					
14	Ich führe eine getroffene Entscheidung auch konsequent aus.					
15	Ich habe eine konkrete Strategie für meine Altersvorsorge – und setze sie konsequent um.					

	trifft zu	trifft eher zu	unent- schieden	trifft eher nicht zu	trifft nicht zu
16 Aktien sind etwas für Reiche und Zocker.					
17 Ich verkaufe eine Aktie grundsätzlich nicht mit Verlust.					
18 Wenn einige meiner Aktien stark gefallen sind, schaue ich einfach nicht mehr hin.					
19 Bei meiner Geldanlage denke ich immer an das Ganze, ich setze nicht alles auf eine Karte.					
20 Ich kenne mich bei Geldanlagen ganz gut aus, trotzdem tausche ich mich gern mit Freunden darüber aus.					
21 Für den Kauf von Aktien würde ich nie einen Kredit aufnehmen.					
22 Meine Kaufentscheidungen treffe ich gern auf der Basis positiver Empfehlungen in den Medien.					
23 Ich treffe meine Kauf- und Verkaufsentscheidungen im Allgemeinen sehr spontan.					
24 Ich sammle so viele Informationen, dass ich oft die Übersicht verliere.					
25 Ich treffe meine Entscheidungen nach gründlicher Überlegung.					
26 Ich habe meine Stimmungen meist gut unter Kontrolle; spontane Entscheidungen liegen mir nicht.					
27 Kursrückgänge sind an der Börse genauso normal wie Kursanstiege – das macht mich nicht nervös.					
28 Es fällt mir schwer, mich zu entscheiden – auch bei der Kapitalanlage.					
29 Von einem Aktienerwerb hält mich vor allem die Angst vor einem Verlust ab.					
30 Ich habe schon Verluste mit Investments gemacht, weil ich nicht kritisch genug war.					
31 Historische Entwicklungen spielen bei meiner Geldanlage auch eine Rolle.					

		trifft zu	trifft eher zu	unent- schieden	trifft eher nicht zu	trifft nicht zu
32	Der Verkauf einer Aktie hängt bei mir nicht davon ab, ob ich bereits einen Gewinn damit gemacht habe.					
33	Bei wichtigen Anlageentscheidungen hole ich mir gern Rat von Experten.					
34	Ich verzichte lieber auf eine höhere Rendite, wenn dafür die Kurse meiner Investments nicht schwanken können.					
35	Ich möchte nur sehr kurzfristige Investments bei meiner Geldanlage					
36	Beim Kauf eines Wertpapiers ist der Kaufzeit- punkt am wichtigsten.					
37	Meine Geldanlage ist gut strukturiert: An erster Stelle steht die Streuung auf verschiedene Anlageklassen.					
38	Ich besitze ein gutes Grundwissen über die Mög- lichkeiten der Geldanlage.					
39	Ich habe mich bereits in jüngeren Jahren für Geldanlagen und Börse interessiert.					
40	Ich kaufe Garantie-Zertifikate, weil sie Gewinn ohne Risiko versprechen.					
41	Ich nehme bei Aktien schon bei kleineren Kurs- anstiegen Gewinne mit.					
42	Wenn die Kurse an der Börse längere Zeit steigen, werde ich mutiger beim Aktienkauf.					
43	Meine Geldanlagen sehe ich auch unter dem Ge- sichtspunkt der Altersvorsorge – also langfristig.					
44	Ich finde es gut, wenn man regelmäßig den glei- chen Betrag anlegt; da muss man nicht permanent neue Entscheidungen treffen.					
45	Ich würde gern weniger abhängig von den Anla- geempfehlungen meiner Bank sein.					
46	Ich lege immer Geld in die Produkte an, die mir mein Bankberater empfiehlt.					

	trifft zu	trifft eher zu	unent-schieden	trifft eher nicht zu	trifft nicht zu
47 Ich habe nie die Zeit, um mich einmal umfassend um meine Geldanlagen zu kümmern.					
48 Ich bevorzuge Sparbriefe gegenüber Aktien, weil ich hier keine Kursverluste erleiden kann.					
49 Beim Aktienkauf suche ich nach preiswerten, eher vernachlässigten Werten.					
50 Ich möchte bei meiner Geldanlage eine hohe Rendite erzielen, dafür nehme ich auch mehr Risiko in Kauf.					
51 Vor dem Aktienkauf hole ich möglichst viele Informationen über dieses Unternehmen ein.					
52 Wenn an den Börsen Hochstimmung herrscht, kaufe ich Aktien auch auf Kredit.					
53 Ich kaufe keine ausländischen Aktien, weil damit mein Risiko steigt.					
54 Aktien sind mir zu langweilig; ich bevorzuge Optionsscheine und Turbo- oder Express-Zertifikate.					
55 Ich habe bereits erfolgreich in Aktien bzw. Fonds investiert.					
56 Ich lese regelmäßig Artikel zu Finanz- und Wirtschaftsthemen.					
57 Bei der Aktienauswahl achte ich auf eine gute Streuung nach Branchen und Ländern.					
58 Ich suche laufend nach Gelegenheiten, um kurzfristig Gewinne zu machen.					
59 Ich bin von einer Aktie nur überzeugt, wenn sie auch die Mehrzahl der Analysten zum Kauf empfiehlt.					
60 Ich kaufe am liebsten Aktien, die schon seit Monaten tendenziell gestiegen sind.					
61 Ich habe mich über Geldanlage gut informiert, denn ich möchte nicht allein von Empfehlungen meines Bankberaters abhängig sein.					

		trifft zu	trifft eher zu	unentschieden	trifft eher nicht zu	trifft nicht zu
62	Anlagen in Sachwerte, vor allem Aktien, sind ein guter Schutz vor Inflation.					
63	Wenn eine meiner Aktien deutlich steigt, verkaufe ich nicht – solange die Bewertung günstig ist.					
64	Ich gehe bei der Geldanlage auf Nummer sicher, denn ich möchte auf keinen Fall Verluste erleiden.					
65	Bei meinen Geldanlagen spielen steuerliche Überlegungen die entscheidende Rolle.					
66	Ich versuche, immer den tiefsten Kurs beim Kauf zu erwischen.					
67	Im Urlaub kann ich durchaus zwei Wochen lang auf Börsenkurse verzichten.					
68	Ich kaufe gern, wenn Aktien tief stehen, auch wenn die anderen Anleger verkaufen.					
69	Ich habe keine Probleme, eine Aktie auch einmal unter meinem Kaufkurs zu veräußern.					
70	Bei meinen Verkaufsentscheidungen halte ich mich strikt an Stop-Loss-Vorgaben.					
71	Ich bin nicht überzeugt, dass Aktien langfristig eine höhere Rendite bringen als Anleihen.					
72	Ich habe bislang noch nie in Aktien oder Aktienfonds investiert.					

Die Auswertung des Tests finden Sie am Ende des Buches.

4. Brauche ich einen Anlageberater oder Vermögensverwalter?

Wenn Sie das Buch nun zu Ende gelesen und erfahren haben, dass es einen einfachen Weg gibt, um mit Ihrer Geldanlage eine höhere Rendite mit weniger Risiko zu erzielen, können Sie theoretisch alles Nötige selbstständig, ohne professionelle Hilfe, umsetzen. Wenn Sie es dann ins Werk setzen wollen, werden Sie jedoch möglicherweise feststellen, dass die beschriebenen Prinzipien zwar einfach sind, die Umsetzung aber nicht.

Ich habe bereits im Zusammenhang mit dem Anlegertest darauf hingewiesen, dass es, selbst wenn Sie im Test gut abgeschnitten haben, trotzdem sinnvoll sein mag, einen guten Berater oder Verwalter zu suchen.

Ich muss an dieser Stelle vorausschicken, dass ich in diesem Punkt voreingenommen bin, denn ich habe ja 1971 zusammen mit André Kostolany, einem Investment-Veteranen, die FIDUKA-Depotverwaltung gegründet. Es war ein glücklicher Zufall, dass ich Kostolany bei einer Veranstaltung in München traf. Ich war kurz zuvor nach einem sechsjährigen Aufenthalt in den USA nach Deutschland zurückgekehrt. Nach der Tagung fragte ich Kostolany, ob er bereit wäre, in einer gemeinsamen Investmentfirma seine große Erfahrung und sein Know-how einzubringen. Er gab mir zur Antwort, dass er das mit dem richtigen Partner gerne machen würde. Schon im Herbst 1970 fassten wir den Beschluss, die Firma FIDUKA-Depotverwaltung zu gründen. Das war der Beginn einer erfreulichen, erfolgreichen Partnerschaft, die 30 Jahre bis zu Kostolanys Tod währte.

Kostolany zählte immer wieder auf, welche Voraussetzungen ein Anleger erfüllen müsse, um eine überlegte Geldanlage tätigen zu können: Zeit, um über Gelddinge nachdenken zu können; eine eigene Meinung, um selbstständig handeln zu können und nicht einfach den Herden von Anlegern nachzulaufen oder blind die Empfehlungen von Anlageberatern zu befolgen; eine gewisse Distanz zu Banken und Gurus, da diese oft recht eigennützige Ratschläge geben.

Kostolany teilte die Anleger in zwei Gruppen ein: in die »Hartgesottenen« und die »Zittrigen«. Die »Hartgesottenen« haben die Mittel, die Erfahrung und die Nerven, um bei ihren Investments erfolgreich zu sein. Die »Zittrigen« haben zwar das Geld, aber nicht die Nerven, oder es fehlt ihnen gar an beidem.

Ein Anleger braucht für den Erfolg eine solide fachliche Grundlage, um vernünftige Entscheidungen treffen zu können, sowie die Fähigkeit, seine Emotionen unter Kontrolle zu halten. Letzteres ist bei vielen Anlegern die Schwachstelle. Wenn es an den Finanzmärkten blitzt und kracht, werden sie von ihren Emotionen überwältigt und lassen sich zu Fehlreaktionen hinreißen. Benjamin Graham, der legendäre Investor und Lehrer von Warren Buffett, sagte einmal: »Der Investor ist wahrscheinlich sein eigener schlimmster Feind.« Für diese Anleger ist ein Berater oder Verwalter von großem Nutzen.

Ein Berater kostet zwar Geld, aber das macht sich bezahlt, wenn er für Sie entsprechend Ihrer Vorgaben, Ihrem Anlageziel und Ihrer Risikobereitschaft treuhänderisch handelt. Dabei bringt er nicht nur sein Investment-Know-how und seine Erfahrung zum Tragen, sondern er muss auch die nötige Disziplin aufbringen, besonders in turbulenten Börsenphasen. Ein Teil seiner Gebühr ist gewissermaßen »Schmerzensgeld«. Überdies tut er für Sie all das, wofür Sie vielleicht nicht das fachliche Rüstzeug haben oder wozu Sie keine Neigung oder Zeit haben.

Das Verhältnis eines Verwalters zu Ihnen muss loyal sein; er muss ausschließlich Ihre Interessen vertreten. Und er muss neben seinem fachlichen Können und seiner Erfahrung auch gewisse Grundsätze befolgen. Wir haben bei der FIDUKA folgende Verhaltensregeln immer befolgt und befolgen sie weiterhin:

1. Wir haben nur Geldanlagen empfohlen oder für Kunden getätigt, in die wir auch selber investiert hätten oder haben.

2. Wir haben nur in Dinge investiert, die wir auch verstanden haben. Komplizierte Anlagen wie schwer durchschaubare Zertifikate oder komplexe Derivate aller Art haben wir nicht angefasst.

3. Wir haben immer darauf geachtet, dass die von uns getätigten Anlagen kurzfristig verkäuflich, also liquide sind. Geschlossene Fonds aller Art (Immobilien, Medien, Schiffe etc.) haben wir daher gemieden.

4. In Anlagen, deren Nutzen ausschließlich in einer Steuerersparnis bestand, die sich oft als verlustreiche Fehlinvestition erwiesen, haben wir nie investiert. Wir haben uns nicht von den fetten Provisionen verlocken lassen, die geboten wurden.

5. Von Börsenspekulationen auf Kredit haben wir immer abgeraten. So manche haben damit schon ihre Gemütsruhe und ihr Vermögen aufs Spiel gesetzt.

6. In Geldanlagen, die gerade groß in Mode waren – seien es heiße Aktien oder Zertifikate, die es heute für jeden Schnickschnack gibt –, haben wir nicht investiert. Was die große Masse macht, ist fast immer falsch, und Modeware ist meist überteuert.

7. Unser Honorar besteht nicht aus Umsatzprovisionen, sondern aus einer mäßigen Verwaltungsgebühr und einer Gewinnbeteiligung. Zwischen Kunden und Verwalter besteht daher Interessensgleichheit: Beide wollen, dass unter dem Strich mehr herauskommt.

8. In unserem Tun und Lassen haben wir uns stets als Partner der Kunden betrachtet, der für sie in ihrem besten Interesse handelt, mit Fairness und Verantwortungsbewusstsein.

5. Meine Depotvorschläge – für jeden Anlegertyp die richtige Mischung

Nun geht es darum, die Ergebnisse unserer fünf Schritte in die Praxis umzusetzen. Ich habe ja für die im Endeffekt erreichten ertragsstarken und gleichzeitig risikoarmen Depots nach Schritt 5 drei Vorschläge gemacht – für den offensiven, den ausgewogenen und den konservativen Anleger. Wie aber lassen sich diese Depots mit Leben erfüllen? Im Rahmen dieses Buches kann ich natürlich keine konkreten Vorschläge machen, wie jedes passende Grunddepot genau bestückt sein könnte. Ich weiß weder, wann Sie das Buch lesen, noch, wie sich bis dahin die Kurse der Aktien und Anleihen entwickelt haben – und ich weiß noch viel weniger, wie viel Kapital und Zeit Sie in das Depot investieren wollen. Um Ihnen aber eine Hilfestellung zu geben, habe ich Auswahllisten erstellt. Sie beinhalten Einzelaktien, Fonds und ETFs, mit denen sich die Aktien- und Anleihequoten der drei Grunddepots bestücken lassen.

Bei den **Einzelaktien** habe ich mich auf große Standardwerte aus Industriestaaten beschränkt. Mit einer Ausnahme: Der Elektronik-Riese Samsung, der im Smartphone-, TV- und Halbleiterbereich Weltspitze ist, stammt aus Südkorea. Das asiatische Land steht jedoch dicht an der Schwelle zum Industriestaat – und ist dies mehr als beispielsweise Griechenland oder Portugal.

Mid Caps und Small Caps (Nebenwerte) gibt es weltweit Zigtausende. Deshalb wäre es vermessen, in einem Buch eine Auswahl zu treffen, die auch langfristig Bestand hat. Das bedeutet keineswegs, dass Sie keine Aktien mittlerer und kleiner Unternehmen kaufen sollen. Im Gegenteil, ich habe Ihnen meine Vorliebe für dieses Segment geschildert und mit Ertrags- und Risikodaten unterfüttert und erläutert, warum »small« auch an der Börse »beautiful« ist. Aber die Streuung sollte in diesem Fall noch viel breiter sein als bei den Standardwerten, weil die Kurse oft stärker schwanken und die Einzelrisiken manchmal beträchtlich sind – deshalb erzielen Sie in der Summe auch die höheren Erträge. Und daher bieten sich Fonds und ETFs an.

Dasselbe gilt für Aktien aus den Emerging Markets. Als Fondsmanager, der fast 20 Jahre lang erfolgreich einen Schwellenländer-Fonds gemanagt hat, kenne ich mich dort gut aus und weiß, dass – um auf das Beispiel der Fußballmannschaft zurückzukommen – die Spieler öfter ausgewechselt werden müssen, um gute Ergebnisse zu erzielen. Das schaffen Profis aufgrund der für Schwellenländer schwieriger zu beschaffenden Informationen meistens besser als Privatanleger. Deshalb beschränke ich mich sowohl bei Emerging Markets als auch bei kleinen und mittelgroßen Aktien auf Fonds und ETFs – mit denen sich eine breite, risikoreduzierende Streuung bestens bewerkstelligen lässt.

Bei den **Einzelaktien** habe ich

> 20 Substanzaktien, auch Value-Aktien genannt,
> 12 Wachstums- oder Growth-Aktien und
> 10 zyklische, also stark konjunkturabhängige Aktien

herausgefiltert. Um Ihnen eine Einordnung zu erleichtern, sind Land, Branche und drei wichtige fundamentale Kennzahlen aufgeführt.

Die Kennzahlen sind

> Das **Kurs-Gewinn-Verhältnis (KGV)**, das angibt, um wie viel Mal der Kurs den Gewinn je Aktie übersteigt. Angegeben ist der von den Analysten im Durchschnitt erwartete Gewinn für 2013. Ein niedriges KGV spricht für eine günstige Bewertung.
> Die **Dividendenrendite**, die den Anteil in Prozent ausdrückt, den die 2013 erwartete Bruttodividende im Vergleich zum Aktienkurs ausmacht. Hier ist natürlich eine hohe Rendite vorteilhaft.
> Das **Kurs-Buchwert-Verhältnis (KBV)**. Es drückt aus, um wie viel Mal der Aktienkurs den Buchwert übersteigt. Der Buch- oder Substanzwert wiederum entspricht, vereinfacht gesagt, der Summe aller Vermögensgegenstände eines Unternehmens abzüglich seiner Verbindlichkeiten. Man sagt dazu auch Liquidationswert. Das ist der Wert eines Unternehmens im Falle seiner Liquidation, also eines Verkaufs der Einzelteile nach einer Betriebsaufgabe.

Allerdings sind diese Kennziffern für mich immer nur Anhaltspunkte für eine Investitionsentscheidung und nicht die alleinigen Auswahlkriterien. Sie sollten das ähnlich handhaben und die drei Kennziffern für einen ersten Überblick stets gemeinsam betrachten. Eine große Rolle für die Güte einer Aktie spielen auch die

Nachhaltigkeit der Gewinne, die Dividendenfreundlichkeit und -kontinuität , die Stellung des Unternehmens auf dem Weltmarkt und – eng damit zusammenhängend – seine Macht, Preise festzusetzen.

Sie finden in meinen Aktien-Auswahllisten fast nur die Titel von Weltmarktführern. Ein wesentlicher Punkt ist bei fast allen von ihnen der Wert der eigenen Marke. Der aber geht in den Buchwert und damit in das KBV nicht mit ein, obwohl er bei Marken wie Coca-Cola, IBM, Siemens oder SAP einen immensen Wert verkörpert. Auch Lizenzen, wie sie zum Beispiel Coca-Cola von seinen Auslandstöchtern vereinnahmt, sind im KBV nicht enthalten. Eine Aktie wie Colgate ist trotz eines immens hohen KBV eine attraktive Aktie, wie die ununterbrochene Dividendenzahlung seit 1895 zeigt, die zudem nahezu Jahr für Jahr in ihrer Höhe zugelegt hat.

Bei meiner Aktienauswahl habe ich überhaupt großen Wert auf Dividendenkontinuität und hohe Dividendenrendite gelegt, weil das gerade in der extremen Niedrigzinsphase, in der wir uns befinden, noch stärker als sonst die Attraktivität einer Aktie bestimmt. Und die Ausschüttungen machen, wie ich in den Kapiteln zuvor mehrmals geschildert habe, bei vielen Wertpapieren den Großteil des langfristigen Gesamtertrags aus. So hat beispielsweise die Aktie des deutschen Pharmakonzerns Bayer in den vergangenen 20 Jahren (bis August 2012) insgesamt seinen Wert ziemlich genau verzehnfacht, also im Durchschnitt um knapp 13 Prozent pro Jahr zugelegt. Aber nur gut ein Drittel des Ertrags entfiel auf Kursteigerungen – entsprechend fast zwei Drittel auf die Dividendenzahlungen. Allerdings ist in meinen Auswahllisten mit Berkshire Hathaway (neben dem »jungen« Unternehmen Google) auch eine Aktie dabei, die noch nie eine Dividende gezahlt hat. Das ist jedoch insofern ein Sonderfall, als Warren Buffett, der Gründer und Chef der Holding, mit den Erträgen fast immer lohnende Anlageziele gefunden hat, sprich in unterbewerteten Aktien investiert oder ganze Unternehmen aufgekauft hat.

Die Aktien-Listen beinhalten 20 Value-Aktien, 12 Growth-Titel und 10 zyklische Aktien – damit Sie »Ihre« Fußballmannschaft aus dieser Auswahl aufstellen können. Denn trotz meiner Vorliebe für Value – es ist die Streuung auch in verschiedene Investmentstile, die den Anlageerfolg ausmacht. Deshalb sollten Anleger, die auch auf Einzelwerte setzen, Aktien aus jeder der drei Gruppen ins Depot aufnehmen – allerdings mit Schwerpunkt Value.

Bei den **Substanz- oder Value-Aktien** sind weit überwiegend Papiere aufgeführt, die eine beständig hohe Dividendenrendite aufweisen und dazu noch niedrige KGVs und KBVs. Der Schwerpunkt liegt bei Pharma-, Telekommunikations- und Energieaktien, die allesamt relativ konjunkturunabhängig sind und von den Megatrends profitieren, die ich in Kapitel IV geschildert habe. Mit einem Wort: Aktien wie Bayer, Novartis, Telefonica, AT & T, Statoil oder Royal Dutch Shell sind typische Papiere für die lange Anlagedauer. Sie bilden sozusagen die Abwehr unserer Fußballmannschaft. Ergänzt werden sie um substanz- und ertragsstarke Aktien wie BASF, Linde oder Munich Re, wie sich die Münchener Rückversicherungs-Gesellschaft nennt.

Auch die Deutsche Post gehört dazu, die zudem noch mit einer Besonderheit aufwartet: Die Dividenden werden an inländische Anleger ohne Abzug von Abgeltungssteuer ausgezahlt, da sie aus der Kapitalrücklage des Unternehmens stammen und nicht aus Gewinnen. Erst wenn die Rücklage aufgebraucht ist, fällt Steuer an. Aber Achtung: Wer die Aktie seit Einführung der Abgeltungssteuer 2009 gekauft hat, muss die Erträge beim Verkauf nachversteuern, falls die Summe aus Verkaufskurs und Dividenden den Kaufkurs übersteigt.

Die Trennlinie zwischen Value- und Growth-Aktien ist häufig nicht besonders scharf. Deshalb könnte man einige der Value-Titel durchaus auch in die Rubrik Growth einstellen – und umgekehrt. Wachstum und Substanz schließen sich eben nicht aus – oft ist sogar das Gegenteil der Fall. Ich habe ja schon erwähnt, dass ein hohes Kurs-Buchwert-Verhältnis nicht immer einen geringen Substanzwert ausdrückt, weil manche Werte eben nicht in die Bilanz Eingang finden. Meine **Growth-Liste** weist deshalb mit Konsumgüter-Riesen wie Unilever, Colgate, Coca-Cola, McDonald's oder Nestlé Aktien aus, die ein von der Konjunktur wenig abhängiges stetiges Wachstum mit Substanz in Form wertvoller Marken und starker Marktstellung verbinden. Aber auch typische Wachstumswerte aus dem Hightech-Bereich sind mit Samsung, Intel, SAP und Microsoft gut vertreten.

Zyklische Aktien weisen in der Regel die höchsten Kursschwankungen auf und müssen deshalb in unserer Fußballmannschaft am häufigsten ausgewechselt werden. Ihre Erträge hängen stark vom Auf und Ab der Konjunktur ab. Im Aufschwung verdienen sie prächtig, im Abschwung gehen die Unternehmensgewinne dagegen deutlich zurück. Das gilt für die drei deutschen Autoperlen BMW,

Daimler und Volkswagen zwar nur noch eingeschränkt, weil sie es schaffen, mit ihrer Qualität und ihrer weltweiten Verbreitung – insbesondere in den Schwellenländern – auch im Abschwung eine bemerkenswerte Ertragsstärke zu bewahren. Ähnliches gilt für die Rohstoffwerte BHP Billiton und Rio Tinto, die eine große Marktmacht errungen haben und deshalb im Abschwung zwar leiden, aber längst nicht so stark wie kleinere Rohstoffunternehmen. Banken sind ebenfalls zyklisch – ich habe mit der im Asiengeschäft extrem gut aufgestellten britischen HSBC und der amerikanischen JP Morgan die meiner Ansicht nach solidesten Titel ausgewählt. Auch die Mischkonzerne Siemens und United Technologies sind in konjunktursensiblen Bereichen aktiv – aber dank der breiten Streuung ihrer Aktivitäten und Märkte doch vergleichsweise robust.

Bei den **Fonds** habe ich aus der Vielzahl der Produkte diejenigen herausgefiltert, die in der Vergangenheit bewiesen haben, dass sie eine überdurchschnittlich gute Performance mit einer relativ geringen Schwankungsbreite verbinden können. Das spricht dafür, dass das Management seine Märkte bestens kennt und in der Lage ist, auch unter schwierigen Bedingungen eine Erfolg versprechende Strategie einzuschlagen.

Natürlich habe ich auch auf die Kostenquote geachtet, die angibt, wie hoch der Prozentsatz ist, der jährlich für Fondsmanagement und -verwaltung anfällt. Aber sie allein kann kein Auswahlkriterium sein. Es ist allemal für Sie lohnender, einen guten Fonds mit durchschnittlichen Kosten zu kaufen als einen schlechten mit niedrigen. Qualität hat seinen Preis. Wie Sie sehen, haben die ETFs durchweg niedrigere Kosten. Das liegt daran, dass sie keine gemanagten Fonds sind, sondern meist einen Index nachbilden und deshalb keine Managementkosten haben. Daher können sie nicht besser sein als der entsprechende Index, die Messlatte, sondern sie sind wegen ihrer – wenn auch geringen – Kosten sogar etwas schlechter. Dagegen haben die meisten der hier aufgeführten gemanagten Fonds mittel- bzw. langfristig ihre jeweilige Messlatte (Benchmark) übertroffen.

Verzichtet habe ich auf die Angabe des Ausgabeaufschlags, da er je nach Vertriebskanal unterschiedlich ist und zudem bei Kauf oder Verkauf über die Börse keine Rolle spielt. Zu Ihrer Orientierung ist bei jedem Fonds die Wertpapier-Kennnummer ISIN angegeben, die das Auffinden der Produkte im Internet oder in den einschlägigen Zeitschriften und Newslettern erleichtert – und auch die Auftragserteilung bei der Bank. Die Währung ist ebenfalls verzeichnet, da es Fonds gibt, die nicht in Euro notiert werden, sondern in US-Dollar.

Die gleiche Ordnung wie bei den Investmentfonds herrscht bei den ETFs, die ja von ihrem rechtlichen Status her ebenfalls Fonds sind. Unterteilt habe ich die Produkte nach den verschiedenen Teilmärkten, damit Sie »Ihr« Depot bequem selbst zusammenstellen können – oder von einem Finanzberater zusammenstellen lassen. Ich habe in den Auswahllisten allerdings etwas stärker regional und stilmäßig differenziert. Der Grund liegt darin, dass ich die Grunddepots (Kuchendiagramme) nur mit Indizes bestücken konnte, die eine lange Historie aufweisen. Das ist bei US-Börsenbarometern im Gegensatz zu anderen der Fall. Beispielsweise können Sie die Rubrik US Large Cap Value auch mit Large Caps aus anderen Ländern ergänzen, wie sie in den Teillisten europäische Value-Aktien und Value-Aktien global aufgeführt sind.

Neu aufgenommen habe ich ETFs auf Immobilienaktien. In Deutschland gibt es davon zwar nur wenige, aber international spielen sie eine große Rolle, weil sie relativ stabile Erträge aufweisen und sich meistens nicht im Gleichlauf mit Aktien oder Anleihen bewegen. Dadurch wirken sie auf das Depot stabilisierend und risikosenkend. Ein kleiner Teil des Depots kann deshalb durchaus mit dieser Aktiengattung beziehungsweise ETFs darauf bestückt werden.

Für den Anleiheteil habe ich nur Fonds und ETFs aufgeführt, die nicht schwerpunktmäßig in Staatsanleihen investieren. Ich habe Ihnen bereits geschildert, wie hoch die Risiken in diesem Bereich geworden sind. Die Produkte in der Liste sind entweder breit international gestreut oder konzentrieren sich auf Anleihearten, die wie Pfandbriefe noch eine einigermaßen akzeptable Rendite abwerfen.

20 langfristig erfolgreiche Substanz/Value-Aktien

Aktie	Land	Branche	KGV	Div. Rend.	KBV
BASF	Deutschland	Chemie	8,1	4,9	2,1
Bayer	Deutschland	Pharma	9,8	3,4	2,5
K+S	Deutschland	Düngemittel	9,8	4,0	2,4
Deutsche Post	Deutschland	Logistik	10,2	5,5	1,3
Linde	Deutschland	Industriegase	13,5	2,5	1,6
E.ON	Deutschland	Energie	9,2	6,6	0,9
Munich Re	Deutschland	Versicherungen	7,0	6,0	0,8
ENI	Italien	Energie	6,7	6,5	1,0
Total	Frankreich	Energie	6,1	6,8	1,2
Royal Dutch Shell	NL/GB	Energie	6,8	7,3	1,3
Statoil	Norwegen	Energie	7,6	5,0	1,9
Telefónica	Spanien	Telekom.	7,3	11,0	1,8
Vodafone	Großbritannien	Telekom.	10,6	7,7	1,1
AT&T	USA	Telekom.	13,8	5,1	2,0
ExxonMobil	USA	Energie	9,7	2,7	2,6
Berkshire Hathaway	USA	Holding	15,1	-	1,3
Sanofi-Aventis	Frankreich	Pharma	9,4	5,0	1,5
Novartis	Schweiz	Pharma/Chemie	9,7	5,0	2,1
Johnson & Johnson	USA	Pharma/Konsum	12,1	3,9	3,2
Pfizer	USA	Pharma	9,6	3,9	2,1

12 Growth-Aktien mit starker internationaler Marktstellung

Aktie	Land	Branche	KGV	Div. Rend.	KBV
Beiersdorf AG	Deutschland	Konsumgüter	22,0	1,8	4,0
SAP	Deutschland	Software	13,0	2,0	4,8
Nestlé	Schweiz	Lebensmittel	15,0	4,0	3,2
Unilever	NL/GB	Konsumgüter	15,0	4,0	5,4
Colgate-Palmolive	USA	Konsumgüter	17,3	2,5	14,0
Coca-Cola	USA	Getränke	17,2	2,9	5,5
McDonald's	USA	Gastronomie	14,5	3,5	6,3
Google Inc.	USA	Internet/Software	11,2	-	3,4
Samsung El.	Korea	Elektronik	6,3	0,6	2,0
IBM	USA	IT	11,5	1,8	11,1
Intel	USA	Halbleiter	9,7	3,4	2,8
Microsoft	USA	Software	9,7	2,7	3,8

10 zyklische Aktien mit solider Kapitalbasis und starker Marke

Aktie	Land	Branche	KGV	Div. Rend.	KBV
BMW	Deutschland	Automobil	6,6	5,2	1,4
Daimler	Deutschland	Automobil	5,8	7,7	0,9
Volkswagen VZ	Deutschland	Automobil	5,0	3,6	1,1
Siemens	Deutschland	Mischkonzern	8,9	4,8	1,7
BHP Billiton	Australien/GB	Rohstoffe	8,1	3,9	1,8
Rio Tinto Group	GB/Australien	Rohstoffe	6,8	3,0	1,3
Caterpillar	USA	Baumaschinen	7,4	2,3	4,2
United Technologies	USA	Mischkonzern	10,9	2,8	3,0
HSBC	Großbritannien	Bank	8,5	0,1	0,9
JP Morgan	USA	Bank	6,8	4,0	0,8

Quellen für Aktien: Bloomberg, finanzen.net.

Alle Daten beziehen sich auf die Kurse von Ende Juli 2012.

KGV und Dividendenrendite sind mit den für 2013 vom Durchschnitt der Analysten erwarteten Gewinnen und Dividenden berechnet, das KBV bezieht sich auf die letzte veröffentlichte Bilanz.

Fonds und ETFs mit Schwerpunkt deutsche Aktien

Fonds	Gesellschaft	Kostenquote	Währung	ISIN
DWS Deutschland	DWS	1,40	€	DE0008490962
Concentra A	Allianz GI	1,75	€	DE0008475005
Pioneer German Equity	Pioneer	1,30	€	DE0009752303
UBAM-Dr. Ehrhardt German Equity	UBAM	2,08	€	LU0087798301
Acatis Aktien Deutschl. ELM	Wallberg Inv.	2,75	€	LU0158903558
FPM Stockpicker S/M Cap	DWS	1,30	€	LU0207947044

ETF	Gesellschaft	Kostenquote	Währung	ISIN
iShares DAX	BlackRock	0,16	€	DE0005933931
Lyxor DAX	Lyxor	0,15	€	LU0252633754
iShares DivDAX	BlackRock	0,32	€	DE0002635273

Fonds und ETFs mit Schwerpunkt europäische Value-Aktien

Fonds	Gesellschaft	Kostenquote	Währung	ISIN
Allianz RCM Europe Equity	Allianz GI	1,85	€	LU0256839191
DEKA Dividend Value Europa	DEKA	1,43	€	DE000DK0A0H2
Metzler European Focus	Metzler (Irl)	1,46	€	IE00B29W4T70
MST Europ. Value Equity A	Morg. Stanley	1,51	€	LU0073234501
Nordea European Value	Nordea	1,96	€	LU0064319337
Pro Fonds Premium	IP Concept	2,09	€	LU0106484834
Vontobel Eur. Value Equity B	Vontobel	2,06	€	LU0153585137

ETF	Gesellschaft	Kosten-quote	Währung	ISIN
dbx MSCI Europe Value	db x-trackers	0,40	€	LU0486851024
dbx STOXX 600	db x-trackers	0,20	€	LU0328475792
iShares STOXX Europe 600	BlackRock	0,21	€	DE0002635307
iShares STOXX Select Div. 30	BlackRock	0,32	€	DE0002635299
Lyxor MSCI Europe	Lyxor	0,35	€	FR0010261198
Lyxor Europe Select Div. 30	Lyxor	0,30	€	FR0010378604

Fonds und ETFs mit Schwerpunkt europäische Mid Caps und Small Caps

Fonds	Gesellschaft	Kostenquote	Währung	ISIN
Fidelity European Small-Cap	Fidelity	1,94	€	LU0061175625
HSBC GIF Eurol. Small Comp	HSBC GIF	1,84	€	LU0165073775
Metzler Eur. Smaller Comp.	Metzler (Irl)	1,78	€	IE0002921975
Allianz RCM Small-Cap Eur.	Allianz GI	2,10	€	LU0096450639
Baring Europe Select Trust	Baring	1,60	€	GB0030655780
Franklin Europ. Small-Mid	Franklin T.	1,91	€	LU0138075311

ETF	Gesellschaft	Kostenquote	Währung	ISIN
iShares Euro STOXX Mid-Cap	BlackRock	0,40	€	DE000A0DPMX7
iShares Euro STOXX Small	BlackRock	0,40	€	DE000A0DPMZ2
dbx MSCI Europe Small-Cap	db x-trackers	0,40	€	LU0322253906
Lyxor MSCI EMU Small-Cap	Lyxor	0,40	€	FR0010168773
iShares Euro Select Div. 30	BlackRock	0,31	€	DE0002635281

Fonds und ETFs mit Schwerpunkt große US-Value-Aktien

Fonds	Gesellschaft	Kosten-quote	Währung	ISIN
Vontobel US Value Equity H	Vontobel	2,14	€	LU0218912151
JPM US Value A	JPMorgan	1,90	US-$	LU0119066131

ETF	Gesellschaft	Kosten-quote	Währung	ISIN
iShares DJ US Select Div.	BlackRock	0,32	US-$	DE000A0D8Q49
ComSt. MSCI USA Large-Cap	ComStage	0,25	US-$	LU0392495882

Fonds und ETFs mit Schwerpunkt kleine US-Value-Aktien

Fonds	Gesellschaft	Kosten-quote	Währung	ISIN
Franklin US Small-Mid	Franklin T.	1,94	US-$	LU0122613226
UBS Equ. Small-Cap USA	UBS	1,86	US-$	LU0038842364

ETF	Gesellschaft	Kosten-quote	Währung	ISIN
dbx Russel 2000	db x-trackers	0,45	US-$	LU0322248658
ComSt. MSCI USA Small-Cap	ComStage	0,35	US-$	LU0392496005

Fonds und ETFs mit Schwerpunkt Emerging Markets Global

Fonds	Gesellschaft	Kosten-quote	Währung	ISIN
Pro Fonds Em. Markets	IP Concept	2,38	€	LU0048423833
Templeton Em. Markets A	Franklin T.	2,54	US-$	LU0029874905
Fidelity Emerging Markets	Fidelity	1,98	US-$	LU0048575426
Templeton EM Small Comp.	Franklin T.	2,50	€	LU0300743431

ETF	Gesellschaft	Kosten-quote	Währung	ISIN
Lyxor MSCI Emerging Markets	Lyxor	0,65	€	FR0010429068
iShares MSCI EM	BlackRock	0,75	US-$	DE000A0HGZT7
iShares MSCI EM SmallCap	BlackRock	0,74	US-$	DE000A0YBR04

Fonds und ETFs mit Schwerpunkt Emerging Markets Asien

Fonds	Gesellschaft	Kosten-quote	Währung	ISIN
UBS (Lux) E.F Asian Cons.	UBS	2,11	US-$	LU0106959298
Allianz RCM High Div. Asia	Allianz GI	0,96	€	LU0229176929
Templeton Asian Small Comp.	Franklin T.	2,32	US-$	LU0390135332

ETF	Gesellschaft	Kosten-quote	Währung	ISIN
iShares AsiaPac. Sel. Div. 30	BlackRock	0,32	€	DE000A0H0744
dbx MSCI EM Asia	db x-trackers	0,65	US-$	LU0292107991
Lyxor MSCI AsiaPac ex Jap.	Lyxor	0,65	€	FR0010312124

Fonds und ETFs mit Schwerpunkt Emerging Markets Osteuropa

Fonds	Gesellschaft	Kosten-quote	Währung	ISIN
UniEM Osteuropa	Union Inv.	1,93	€	LU0054734388
DWS Osteuropa	DWS	1,75	€	LU0062756647
MEAG Ost-europa A	MEAG	1,74	€	DE000A0JDAY3
DEKA Convergence	DEKA	1,87	€	LU0133666676

ETF	Gesellschaft	Kosten-quote	Währung	ISIN
iShares MSCI East. E. 10/40	BlackRock	0,74	US-$	DE000A0HGZV3
ComSt. MSCI EM East E.	ComStage	0,60	US-$	LU0392495379

Fonds und ETFs mit Schwerpunkt große Value-Aktien Global

Fonds	Gesellschaft	Kosten-quote	Währung	ISIN
Acatis Aktien Global	Universal	1,47	€	DE0009781740
Allianz Global Equ. Div. A	Allianz GI	1,80	€	DE0008471467
DEKA Global Value CF	DEKA	1,53	€	LU0093579711
DWS Global Value	DWS	1,50	€	LU0133414606
DWS Top Dividende	DWS	1,45	€	DE0009848119
Keppler Lingohr Global Equ.	INKA	2,23	€	DE000A0JDCH4
Nordea Global Value BP	Nordea	1,94	€	LU0160643358
Vontobel Global Value Equ. B	Vontobel	2,07	US-$	LU0218910536
Uni Global	Union	1,33	€	DE0008491051

ETF	Gesellschaft	Kosten-quote	Währung	ISIN
dbx Stoxx Global Sel. Div. 100	db x-trackers	0,50	€	LU0292096186
dbx MSCI World	db x-trackers	0,45	US-$	LU0274208692
iShares St. Global Sel. Div. 100	BlackRock	0,47	€	DE000A0F5UH1
Lyxor MSCI World	Lyxor	0,45	€	FR0010315770

ETFs mit Immobilienaktien

ETF	Gesellschaft	Kosten-quote	Währung	ISIN
ComSt. DJ 600 Real Estate	ComStage	0,25	€	LU0378436793
iShares European Property	BlackRock	0,40	€	DE000A0HG2Q2
Lyxor MSCI Eur. Real Estate A	Lyxor	0,40	€	FR0010833558

Fonds und ETFs mit Anleihen

Fonds	Gesellschaft	Kosten-quote	Währung	ISIN
All. Pimco Euro Bd. Total Ret.	Allianz GI	1,39	€	LU0140355917
Fidelity Internat. Bond A	Fidelity	1,15	US-$	LU0048582984
Joh. Führ UI Renten Global	Universal	1,11	€	DE0009790790
Pro Fonds Inter- Bond B	IP Concept	1,50	€	LU0048424138
StarCapital Bond-value UI	Universal	1,31	€	DE0009781872
Templeton Gl. Total Ret. A	Franklin T.	1,40	€	LU0294221097

ETF	Gesellschaft	Kosten-quote	Währung	ISIN
iShares Jumbo Pfandbriefe	BlackRock	0,10	€	DE0002635265
dbx EUR Inflation Linked	db x-trackers	0,20	€	LU0290358224
iShares Global Infl. Linked	BlackRock	0,25	US-$	DE000A0RFED7
dbx iBoxx Ger. Cov. Total R.	db x-trackers	0,15	€	LU0321463506

Quellen für alle Fonds- und ETF-Daten: Bloomberg, Euro fondsexpress.

Die Kostenquote gibt die Gesamtkostenbelastung pro Jahr, auch Total Expense Ratio (TER) genannt, in Prozent an, bezogen in der Regel auf das letzte Geschäftsjahr.

SCHLUSSWORT

Nun sind wir am Ende unseres Weges angelangt, eines Weges, den ich als einfachen Weg zu Wohlstand und Vermögen bezeichne.

Ich habe Ihnen aufgezeigt, dass richtig anlegen bei Weitem nicht so kompliziert ist, wie es Banken, Versicherungen, Finanzvertriebe und all die anderen Experten behaupten, die an uns Anlegern verdienen möchten. Natürlich ist es für viele Sparer nicht leicht, alte und lieb gewordene Gewohnheiten und Anlageformen über Bord zu werfen und den Sparprozess radikal umzustellen. Aber die Zeitenwende macht es finanziell überlebenswichtig. Ich bin mir sicher, dass es sich lohnt, und ich hoffe, dass möglichst viele Menschen von diesem Buch angeleitet werden, die Quintessenz meiner Erfahrungen und Erkenntnisse in die Praxis umzusetzen. Das Kapitel VII mit seinen praktischen Beispielen hat Ihnen hoffentlich den nötigen Anstoß und die richtigen Anleitungen gegeben.

Der legendäre Investor Warren Buffett sagte einmal:

> »Die Grundgedanken des Value-Investments scheinen mir so einfach und naheliegend. Es kommt mir wie eine Verschwendung vor, zu studieren und einen Doktortitel in Wirtschaftswissenschaften zu machen. Es ist ein bisschen so, als würde man acht Jahre lang das Priesterseminar besuchen und dann erfahren, dass die Zehn Gebote alles sind, was zählt.«

Zehn Gebote kann ich Ihnen zum Abschluss meines Buches nicht bieten. Aber zehn goldene Regeln für Anleger, die meine in diesem Buch niedergelegten Erfahrungen und mein in über 40 Berufsjahren erworbenes Wissen kurz und prägnant zusammenfassen.

Meine zehn goldenen Regeln für Anleger

1. Langfristig Anlegen – Time und nicht Timing schafft Werte und spart Kosten.
2. In verschiedene Anlagearten investieren – das sorgt für Stabilität.
3. Sachwerte übergewichten – sie schützen vor Inflation und sorgen für gute Renditen.
4. Frühzeitig regelmäßig sparen – damit Zinseszins- und Cost-Average-Effekt voll wirken.
5. Depot weltweit und nach Branchen streuen – das erhöht die Rendite und senkt das Risiko.
6. Value und Substanz bei Aktien bevorzugen – weil hier Gutes günstig zu haben ist.
7. Auf die Kleinen achten – weil Small Caps langfristig die besten Erträge bringen.
8. Keinen Investment-Moden nachlaufen – das bewahrt vor zu teurem Einkauf.
9. Nur tun, was man versteht – komplizierte Anlagen bergen mehr Risiken, als man ahnt.
10. Realistische Ziele setzen – wer zu hohe Risiken eingeht, ist ein Spieler und kein Anleger.

ÜBER DEN AUTOR

Gottfried A. Heller, geboren am 4. Februar 1935, teilt mit Ludwig Erhard nicht nur den Geburtstag, sondern auch sein Credo!

Er begann 1971 mit der Gründung der unabhängigen Vermögensverwaltung FIDUKA in München seine erfolgreiche Karriere als Vermögensverwalter und Fondsmanager – zusammen mit Börsenlegende André Kostolany.

Zuvor war er nach Abschluss eines Ingenieurstudiums vier Jahre in der Unternehmensberatung in Deutschland tätig. 1963 ging er in die USA. Nach einer kurzen Anstellung in einem Industriebetrieb war er in New York wieder in der Unternehmensberatung tätig. Daneben studierte er an der Abenduniversität der New York University Geschichte und Journalismus und besuchte Kurse an der New York School for Social Research über Börsenkunde und Finanzanalyse. Nebenher machte er einen Ausflug in die amerikanische Politik in der Wahlkampagne für die US-Präsidentschaft von Senator Robert Kennedy.

Als Chefanlagemanager verwaltete Gottfried Heller Wertpapierdepots von privaten und institutionellen Anlegern sowie mehrere internationale Aktien- und Ren-

tenfonds, darunter den Pro Fonds Emerging Markets, einen globalen Schwellen-
länderfonds, der sich hervorragend entwickelte.

In seinem Buch *Die Wohlstandrevolution*, erschienen 1992 im Econ Verlag, hat er
schon frühzeitig den rasanten wirtschaftlichen Aufstieg der Schwellenländer und
damit einhergehend deren wachsenden Wohlstand und zunehmende wirtschaftliche Bedeutung vorhergesagt.

Mit André Kostolany zusammen gründete er 1974 die »Kostolany Börsenseminare«, die ersten ihrer Art in Deutschland. Bis heute wird das Seminar auch nach
Kostolanys Tod 1999 einmal jährlich veranstaltet und hat in 38 Jahren als Forum
in Sachen Aktienaufklärung für die Aktienkultur in Deutschland viel getan.

In gleicher Weise wirkt Gottfried Heller seit Jahren als Kolumnist bei *Die Welt* und
Börse Online. Er gilt heute als einer der besten Kenner der internationalen Finanzmärkte und ist gern gesehener Gast in den Medien.

Im Jahr 2008 wurde er von *Elite Report* als einer der »erfahrensten Vermögensverwalter« mit der goldenen Pyramide für sein Lebenswerk ausgezeichnet.

DANKSAGUNG

Dieses Buch erhebt nicht den Anspruch, alle Geheimnisse der obskuren Finanzwelt gelüftet zu haben. Was es jedoch will, ist, einen einfachen Weg für Anleger zu beschreiben, der sie langfristig zu ihrem Anlageziel führt. Die Quintessenz des Buches lässt sich mit dem klugen Spruch von Warren Buffett, einem der erfolgreichsten Investoren unserer Zeit, zusammenfassen: »Man braucht keine außergewöhnlichen Dinge zu tun, um außergewöhnliche Ergebnisse zu erzielen.«

Das Buch hat zwar einen Autor, aber auch einige Mittäter, die wichtige Beiträge geleistet haben. Daher möchte ich an erster Stelle meinen Freunden Hans Linder und Erich Gluch für ihre tatkräftige Mitarbeit danken. Allein der anregende geistige Austausch in gelockerter Atmosphäre hat großen Spaß gemacht. Das wäre schon ein Wert an sich gewesen, auch ohne dass dabei ein Buch entstanden wäre. Ihr Beitrag war mir eine große Hilfe bei der Bearbeitung einer breiten Themenpalette und bei Recherchen oder der Erstellung von Kalkulationen und Tabellen.

Zu besonderem Dank verpflichtet bin ich auch meinem Freund Michael Keppler in New York. Er und sein Mitarbeiter, Roderick Cameron, haben die umfangreichen Rechenarbeiten geleistet, die in Kapitel VII erforderlich waren.

Großen Dank schulde ich auch Wolfgang Stock, der als ehemaliger Verlagsleiter bei Econ 1992 mein erstes Buch, *Die Wohlstandsrevolution*, betreut und herausgebracht hat. Er war es, der mich animierte, überhaupt ein weiteres Buch zu schreiben. Beim Entstehen dieses Buches hat er Teile des Manuskripts gelesen und mir wertvolle Hinweise hinsichtlich der Gestaltung gegeben. Nicht unerwähnt lassen möchte ich Peter Oertmann, der mit seiner Risiko-Rendite-Analyse meine Thesen gestützt hat.

Besonderer Dank gebührt Fatima Cinar, Lektorin und Editorin des FinanzBuchverlags, die das Projekt mit großem Engagement begleitet, wertvolle Anregungen gegeben und zum guten Gelingen beigetragen hat.

Danke sagen möchte ich ferner Christian Jund, der mich jahrelang hartnäckig immer wieder ansprach, ein weiteres Buch zu schreiben. Er hat Ausdauer und Geduld bewiesen und das sind gleichermaßen wesentliche Voraussetzungen für den Erfolg als Verleger wie als Anleger.

Schließlich möchte ich auch meinen fähigen Mitarbeitern bei der FIDUKA danken, die einige der Recherchen für dieses Buch gemacht sowie Grafiken und Charts erstellt haben. Sie beherrschen den Umgang mit Computern und Datenbanken in bewundernswerter Weise, etwas, was ich mir nicht mehr aneignen werde. Dazu fehlt mir die Geduld.

Zu guter Letzt gilt mein ganz besonderer Dank meiner Frau Margaret, die meine Handschrift lesen kann und das ganze Manuskript ohne Murren geschrieben hat. Darüber hinaus liest sie, als gebürtige Engländerin, einen Text mit den Augen einer Übersetzerin, die schnell erkennt, ob etwas inhaltlich oder grammatikalisch nicht stimmig ist. Auch muss ich ihr die Engelsgeduld hoch anrechnen, die sie dem oft geistesabwesenden Wesen in ihrem Heim entgegengebracht hat. Ihr ist dieses Buch gewidmet.

ANLEGERTEST – AUSWERTUNG

Auswertung Teil A, Fragen 1–36

Frage	trifft zu	trifft eher zu	unent-schieden	trifft eher nicht zu	trifft nicht zu	Punkte
1	4	3	2	1	0	
2	4	3	2	1	0	
3	4	3	2	1	0	
4	0	1	2	3	4	
5	0	1	2	3	4	
6	0	1	2	3	4	
7	4	3	2	1	0	
8	4	3	2	1	0	
9	4	3	2	1	0	
10	0	1	2	3	4	
11	0	1	2	3	4	
12	0	1	2	3	4	
13	4	3	2	1	0	
14	4	3	2	1	0	
15	4	3	2	1	0	
16	0	1	2	3	4	
17	0	1	2	3	4	
18	0	1	2	3	4	
19	4	3	2	1	0	
20	4	3	2	1	0	
21	4	3	2	1	0	
22	0	1	2	3	4	

Frage	trifft zu	trifft eher zu	unentschieden	trifft eher nicht zu	trifft nicht zu	Punkte
23	0	1	2	3	4	
24	0	1	2	3	4	
25	4	3	2	1	0	
26	4	3	2	1	0	
27	4	3	2	1	0	
28	0	1	2	3	4	
29	0	1	2	3	4	
30	0	1	2	3	4	
31	4	3	2	1	0	
32	4	3	2	1	0	
33	4	3	2	1	0	
34	0	1	2	3	4	
35	0	1	2	3	4	
36	0	1	2	3	4	
					Summe A	

113 und mehr Punkte:

Sie haben die besten Voraussetzungen, ein erfolgreicher Anleger zu werden. Aber vielleicht sind Sie es ja schon! Sie sind in Ihrer Grundeinstellung optimistisch – und dennoch diszipliniert. Sie besitzen das nötige Maß an Risikobereitschaft – sind aber dabei nicht unkritisch. Sie haben auch die Fähigkeit, die oft widersprüchlichen oder übertrieben negativ gefärbten Wirtschaftsnachrichten aufzunehmen und rational zu verarbeiten. Dadurch können Sie auch in kritischen Phasen einen kühlen Kopf, die Übersicht und die Nerven bewahren. Bei der erfolgreichen Geldanlage dürfte Ihnen auch helfen, dass Sie entschlossen und diszipliniert Ihre Ziele verfolgen – auch wenn diese einen langfristigen Horizont aufweisen. Sie nehmen sich ausreichend Zeit und lassen sich von Marktturbulenzen nicht verunsichern. Denn Sie wissen, dass Schwankungen zum Wesen erfolgreicher Geldanlage gehören.

56-112 Punkte:

Ihre eingeschränkte Risikobereitschaft behindert Sie, bei Ihrer Geldanlage größere Erfolge zu erzielen. Möglicherweise haben Sie Ihre Anlageziele auch noch nicht genau definiert. Sie sollten sich jedoch auf keinen Fall entmutigen lassen, denn auch bei der Geldanlage ist keiner von Anfang an perfekt. Unterschätzen Sie daher nicht den Wert der Erfahrung, die Sie Jahr für Jahr hinzugewinnen, und der Disziplin, die Sie aufbringen müssen.

55 und weniger Punkte:
Sie mögen keine Konflikte, sondern eher klar strukturierte Abläufe, möglichst übersichtlich und vorhersehbar. Bei der Geldanlage kann diese Einstellung jedoch von Nachteil sein – weil meist ein hohes Maß an Sicherheitsbedürfnis damit verbunden ist. Oder Sie können sich für dieses »undurchschaubare« Thema einfach nicht richtig erwärmen. Demzufolge dürften Sie auch nicht die Selbstdisziplin aufbringen, die für einen zielgerichteten, langfristigen Vermögensaufbau notwendig wäre. Die Gefahr, gutgläubig das Opfer »hervorragender« Berater zu werden, ist dann sehr groß. Es empfiehlt sich – bei entsprechendem Vermögen – einen kompetenten und vertrauenswürdigen Vermögensverwalter einzuschalten.

Auswertung Teil B, Fragen 37–72

Frage	trifft zu	trifft eher zu	unent- schieden	trifft eher nicht zu	trifft nicht zu	Punkte
37	4	3	2	1	0	
38	4	3	2	1	0	
39	4	3	2	1	0	
40	0	1	2	3	4	
41	0	1	2	3	4	
42	0	1	2	3	4	
43	4	3	2	1	0	
44	4	3	2	1	0	
45	4	3	2	1	0	
46	0	1	2	3	4	
47	0	1	2	3	4	
48	0	1	2	3	4	
49	4	3	2	1	0	
50	4	3	2	1	0	
51	4	3	2	1	0	
52	0	1	2	3	4	
53	0	1	2	3	4	
54	0	1	2	3	4	
55	4	3	2	1	0	
56	4	3	2	1	0	
57	4	3	2	1	0	
58	0	1	2	3	4	
59	0	1	2	3	4	
60	0	1	2	3	4	
61	4	3	2	1	0	
62	4	3	2	1	0	
63	4	3	2	1	0	
64	0	1	2	3	4	
65	0	1	2	3	4	
66	0	1	2	3	4	

Frage	trifft zu	trifft eher zu	unentschieden	trifft eher nicht zu	trifft nicht zu	Punkte
67	4	3	2	1	0	
68	4	3	2	1	0	
69	4	3	2	1	0	
70	0	1	2	3	4	
71	0	1	2	3	4	
72	0	1	2	3	4	

Summe B

113 und mehr Punkte:

Wahrscheinlich besitzen Sie schon einige Jahre Erfahrung in der Geldanlage. Oder Sie haben zumindest ein großes Interesse an diesem Themenbereich. Denn Sie sind überdurchschnittlich gut informiert und Sie dürften auch ein solides Basiswissen über die verschiedenen Anlageinstrumente haben. Ihre klare Strategie lässt Sie Ruhe bewahren und überlegt handeln. Von vorübergehenden Verlusten lassen Sie sich nicht verunsichern. Sie wissen um die Wirkung schlechter Nachrichten auf die Massen – und wissen sich davon zu distanzieren. Ihr Ziel ist aber langfristiger Vermögensaufbau. Und das bedeutet für Sie »investieren« und nicht »spekulieren«.

56 – 112 Punkte:

Eigentlich wissen Sie schon eine ganze Menge über die Geldanlage und die dafür zur Verfügung stehenden Anlageinstrumente. Aber ist es Ihnen bislang wirklich gelungen, dieses Wissen optimal umzusetzen? Es ist sogar sehr gut möglich, dass Sie bereits einige Erfahrungen gesammelt haben, die nicht immer besonders positiv ausfielen, beispielsweise beim Erwerb komplizierter Produkte, deren Struktur Sie gar nicht nachvollziehen konnten und die im schlimmsten Fall im Totalverlust endeten. Oder Sie hatten sogar eine gute Strategie. Bei Turbulenzen an den Finanzmärkten verloren Sie jedoch manchmal die Nerven. Geben Sie nicht so schnell auf. Machen Sie sich noch einmal die überdurchschnittlich hohen Chancen eines langfristigen Investments in Aktien bzw. Aktienfonds bewusst. Präzisieren Sie Ihre Motive fürs Sparen und setzen Sie sich dann ein klares, erfüllbares Anlageziel.

55 und weniger Punkte:

Sie haben sich bislang wahrscheinlich wenig um das Thema Geldanlage gekümmert. Das kann auch daran liegen, dass Sie die dafür notwendigen Entscheidungen an eine Bank oder an eine Vermögensverwaltung abgegeben haben. Wahrscheinlicher dürfte jedoch sein, dass Ihnen vieles in diesem Bereich zu unübersichtlich oder gar zu widersprüchlich vorgekommen ist und Sie es verdrängt oder ignoriert haben. Es ist auch sehr gut möglich, dass Sie sich von der mittlerweile riesigen Angebotspalette der Finanzdienstleister überfordert fühlen. Sie dürften sich daher – was Ihre Altersvorsorge betrifft – auf die staatliche Rente sowie Lebens- oder Rentenversicherungen verlassen. Während gerade diese Anlageformen langfristig ein hohes Risiko aufweisen, dürften Sie den risikominimierenden Effekt eines langfristig angelegten Aktieninvestments unterschätzt haben. Denn Sie könnten schon mit kleinen Sparraten – bei einer längeren Ansparphase – einen effizienten Vermögensaufbau erreichen. Möglicherweise mag es für Sie am besten sein, die Dienste eines erfahrenen und seriösen Beraters oder Vermögensverwalters in Anspruch zu nehmen.

Erläuterungen und Empfehlungen zur Auswertung

Wie Sie vermutlich bereits beim Ausfüllen des Fragebogens bemerkt haben, bezogen sich die Fragen, die dem Teil A zugeordnet wurden, eher auf Ihre persönlichen und charakterlichen Merkmale, die Fragen, die dem Teil B zugeordnet wurden, eher auf Ihr fachliches Wissen auf dem Sektor der Geldanlage. Dementsprechend können Sie nun selbst recht gut einschätzen, welche Depot-Variante (siehe Übersicht in Kapitel VII.1) für Sie angemessen wäre.

Wenn Sie beispielsweise in beiden Teilen (A und B) jeweils mehr als 112 Punkte erreicht haben, ist im Prinzip alles klar: Sie scheinen dafür prädestiniert zu sein, Ihr Depot offensiv auszurichten, also in meiner altersabhängigen Tabelle in Kapitel VII.2 die Variante mit dem höchsten Aktienanteil auszuwählen. Ihre Fachkompetenz, Ihre Nervenstärke, Ihr Durchhaltevermögen und Ihre Entscheidungskraft bieten dafür die besten Voraussetzungen. Wenn Ihnen noch einige Punkte bei den fachlichen Fragen (Teil B) bis zur »Spitzengruppe« fehlten, starten Sie zunächst am besten mit einem ausgewogenen Depot. Sie werden nach einigen Jahren selbst merken, wann Sie genug Erfahrung besitzen, um auch etwas offensiver anzulegen.

Falls Sie dagegen im Teil A weniger als 56 Punkte erreichen, deutet das darauf hin, dass Ihre Anlegerpsyche alles andere als robust ist. Eine Möglichkeit besteht dann darin, mit der konservativen Depot-Variante zu starten und erst in einer späteren Phase – mit wachsender Erfahrung – in die ausgewogene Depot-Variante zu wechseln. Wenn auch Ihr fachliches Wissen Lücken aufweist (weniger als 56 Punkte in Teil B), sollten Sie eventuell sogar die Hilfe eines guten Beraters oder – je nach Höhe Ihres Vermögens – eines Vermögensverwalters in Betracht ziehen.

Wenn Sie in Teil A und Teil B im Mittelfeld »gelandet« sind, spricht dies dafür, dass Sie mit einer ausgewogenen Depotaufteilung beginnen können. Ihre fachlichen und Ihre mentalen Voraussetzungen sind gut, aber ausbaufähig. Im Lauf der Zeit haben Sie mit wachsender Erfahrung und intensiverer Beschäftigung mit der Geldanlage sogar durchaus das Zeug, in die offensive Variante zu wechseln. Das wird nicht leicht, ist aber machbar.

An dieser Stelle möchte ich aber nochmals auf eine ganz große Klippe hinweisen, die Sie in allen Fällen umschiffen müssen: die Überzeugungskraft – oder besser das Verkaufsgeschick – Ihres Finanzberaters. Dieser wird Ihnen immer verschiedene Anlagevorschläge vorlegen und immer werden es überwiegend oder gar zu 100 Prozent Finanzprodukte seiner Bank sein.

Dass diese Aussage nicht reine Theorie ist, konnten mir zahlreiche Besucher unserer Börsenseminare bestätigen. Seit 1974 haben mein Freund Kostolany und ich Börsenseminare in München und in verschiedenen anderen Städten Deutschlands abgehalten. Es waren die ersten Börsenseminare in Deutschland. Die Besucher waren immer fasziniert, wie witzig und spannend Kostolany in einprägsamen Bildern von der weiten Welt der Börsen und Finanzen erzählen konnte. »Kosto«, wie wir ihn nannten, fesselte seine Zuhörer stundenlang mit Anekdoten und mit seinem Erfahrungsschatz. Die Teilnehmer verließen das Seminar in bester Laune und mit dem Gefühl, dass die Vorgänge an der Börse gar nicht so kompliziert sind, wie sie es sich bislang vorgestellt hatten.

Die Ernüchterung folgte meist in den nächsten Tagen, wie sie mir berichteten, wenn sie die gewonnenen Erkenntnisse in die Praxis umsetzen wollten. Und sie bemerkten, dass – wie so oft – der Teufel im Detail steckt. Auch Sie mögen im Test mithilfe Ihrer Intelligenz und Intuition – auch ohne viel Erfahrung – ganz gut abgeschnitten haben. Aber die Umsetzung der im Buch beschriebenen Prinzipien und Methoden mag sich als schwierig erweisen.

Das fängt schon damit an, ob Sie überhaupt die Bereitschaft und die Neigung haben, sich mit Finanzanlagen zu beschäftigen. Hinzu kommt, ob Ihnen alle Informationen zur Verfügung stehen, die Sie brauchen. Letztlich kommt es vor allem darauf an, ob Sie auch die Zeit haben, sich gründlich mit Finanzangelegenheiten zu beschäftigen.

Ihr Bestreben und oberstes Ziel sollte ja immer sein, dass Sie sich bei Ihrer Geldanlage wohlfühlen und Ihr Risiko erträglich und überschaubar ist. Daher ist Ihre beste Strategie eine Anlage, die Ihnen nicht Ihre Gemütsruhe und Ihren Schlaf raubt. Um diese richtige Kombination zu finden, ist etwas Mühe und Arbeit erforderlich, und daher könnte es in manchen Fällen wohl so sein, dass Ihnen mit einem unabhängigen, kompetenten, vertrauenswürdigen Berater am besten gedient ist.

Der Anlegertest soll Ihnen Anhaltspunkte über Ihr fachliches und charakterliches Rüstzeug geben. Weitere Anhaltspunkte über den angemessenen Anlage-Mix werden Ihnen die Alterstabelle liefern. Diese beiden Hilfestellungen geben Ihnen Hinweise, ob Sie in der Lage sind, Ihre Geldanlage selbstständig zu gestalten, oder ob Sie in Sachen Investment lieber professionelle Hilfe in Anspruch nehmen sollten.

Der Berater müsste Ihnen bei der »Bestandsaufnahme«, wie sie in Kapitel V.7 dargelegt ist, behilflich sein, damit Sie die richtige Wahl treffen, mit welchen Vehikeln Sie ein bestimmtes Ziel erreichen wollen. Bei einem bestehenden Depot müsste er eine Analyse erstellen, ob Struktur, Diversifikation und Risikograd in etwa Ihrem Alter, Ihrem Anlageziel und Ihrer Risikotoleranz entsprechen. In fast allen Fällen wird es an dem einen oder anderen hapern. Dann muss der Berater Lösungsvorschläge erarbeiten, einschließlich der Auswahl geeigneter Wertpapiere – Fonds, ETFs oder Aktien.

Kapitel VII.1 zeigt, wie Sie ein Depot »Richtig anlegen – (mit) mehr Rendite und weniger Risiko«. Im Kapitel VII.5 finden Sie »Meine Depotvorschläge« mit Tabellen ausgewählter Fonds, ETFs und Aktien, mit denen Sie den in Kuchendiagramm 5 dargestellten Anlage-Mix erstellen können. Ich habe bewusst für die jeweilige Kategorie (Standardwerte, Nebenwerte, Substanzaktien etc.) mehrere Kandidaten ausgewählt, die dafür infrage kommen.

Kuchendiagramm 5 stellt ein umschlagarmes Langfrist-Depot dar. Es ist aber kein »Buy and Hold«-Depot (»kaufen und liegen lassen«). Sie können nicht die Hände in den Schoß legen, um nach 10 oder 20 Jahren die Ernte einzufahren. Aus verschiedenen Gründen müssen immer wieder Anpassungen oder Änderungen vorgenommen werden.

Am naheliegendsten ist, wenn Sie Geldzuflüsse oder -abflüsse haben. In beiden Fällen müssen Sie die Käufe oder Verkäufe proportional tätigen, sodass die prozentuale Aufteilung des Anlagekuchens bestehen bleibt. Mindestens einmal im Jahr sollten Sie die Anlagestruktur überprüfen und durch Käufe und Verkäufe die gewollte Struktur wiederherstellen, weil sich im Laufe der Zeit die Grundstruktur verändert haben könnte, da die Aktien gestiegen sind und dadurch der gewünschte Anteil von 40 Prozent Anleihen und 60 Prozent Aktien sich verschoben haben kann und beispielsweise der Aktienanteil 75 Prozent, der Rentenanteil nur noch 25 Prozent aufweist. Damit hat sich auch das Risiko erhöht. Das Gleiche gilt auch umgekehrt, wenn der Anleiheanteil sich erhöht und der Aktienanteil sich gesenkt hat.

Aber nicht nur die Hauptblöcke Aktien und Anleihen können sich verschoben haben, sondern auch einzelne Positionen in Ihrem Portfolio. Dann sollten Sie auch »intern« adjustieren, das heißt, die Bestandteile, die etwas ins Kraut geschossen sind, ein wenig kappen und die etwas zurückgebliebenen aufstocken. Bevor Sie das aber tun, müssen Sie prüfen, ob die schwächelnden Teile nicht eher verkauft werden sollten. In diesem Fall müssen Sie neue Investments suchen.

Sie erinnern sich an mein Beispiel mit der Fußballmannschaft: Schlechte Spieler werden ausgetauscht oder sogar »verkauft« und durch neue Spieler ersetzt.

Schließlich müssen Sie Adjustierungen gemäß Ihrer Alterstabelle vornehmen, also das Risiko senken, indem Sie in der Nähe Ihres Ruhestands den Aktienanteil reduzieren und den Rentenanteil erhöhen.

Einer Anpassung Ihres Portfolios bedarf es auch, wenn sich Ihre Lebensumstände oder Ihr Anlageziel geändert haben, sei es, dass Sie in der Lage sind, mehr Risiko einzugehen, oder dass Sie gezwungen sind, das Risiko zu senken.

Die hier entwickelte Anlagestrategie wird Sie nicht schnell reich machen, denn die Methoden, mit denen das oft versucht wird, führen häufig auch dazu, Sie schnell arm zu machen. Vielmehr soll die hier aufgezeigte Systematik dazu dienen, langfristig ein Vermögen aufzubauen, zu erhalten und zu mehren. Dreh- und Angelpunkt muss immer sein, dass Sie den für Sie passenden Mix finden, der im Einklang steht mit Ihrer materiellen und emotionalen Risikotragfähigkeit, und der Sie davon abhält, Risiken einzugehen, die Ihnen den Schlaf rauben.

Einerlei, zu welchem Entschluss Sie kommen – sei es, dass Sie Ihre Geldanlage selbst übernehmen oder dass Sie lieber einen kompetenten, vertrauenswürdigen Berater oder Vermögensverwalter beauftragen – Sie können den beschriebenen Weg in dem Bewusstsein gehen, dass er langfristig zu Ihrem Anlageziel führt.

Die dargestellte Anlagemethode beruht auf der soliden Basis von empirischen Studien, die ergaben, dass der weit überwiegende Anteil an der Gesamtrendite dem richtigen Mix der Anlageklassen zuzuschreiben war, während die Aktienauswahl und das Timing bei Käufen und Verkäufen nur einen geringfügigen Beitrag leisteten. Mit dieser beruhigenden Erkenntnis vor Augen sollte es Ihnen leichter fallen, dem Ratschlag des weisen und erfolgreichen Investors Bernard Baruch zu folgen, den ich nochmals wiederhole:

»Es gibt tausend Möglichkeiten, Geld auszugeben, aber nur zwei, es zu verdienen: Entweder wir arbeiten für Geld oder wir lassen Geld für uns arbeiten.«

Machen Sie beides! Denn die Zukunft sieht nicht danach aus, als ob Sie allein nur durch Ihrer Hände Arbeit Wohlstand schaffen und auch im Alter gut leben könnten, während Sie Ihr Geld faulenzen lassen.

LITERATUR

Ahamed, Liaquat: *Lords of Finance: The Bankers who Broke the World.* New York 2009: Penguin

Beck, Hanno: *Geld denkt nicht: Wie wir in Gelddingen einen klaren Kopf behalten.* München 2012: Hanser

Bruns/Meyer-Bullerdiek: *Professionelles Portfolio Management.* Stuttgart 1996: Schäffer-Poeschel

Dimson/Marsh/Staunton: *Triumph of the Optimists, 101 Years of Global Investment Returns.* Princeton 2002: Princeton University Press

Eckert, Daniel: *Weltkrieg der Währungen.* München 2012: FinanzBuch Verlag

Ellis, Charles D.: *Classics. An Investor Anthology.* Homewood, Ill. 1989: Dow Jones-Irwin

Erhard, Ludwig: *Wohlstand für Alle.* Neuausgabe 1990. Düsseldorf 1990: Econ (Originalausgabe Düsseldorf 1957: Econ)

Erhard, Ludwig: *Deutsche Wirtschaftspolitik. Der Weg der Sozialen Marktwirtschaft.* Düsseldorf 1962: Econ

Galbraith, John Kenneth: *Leben in entscheidender Zeit.* München 1981: C. Bertelsmann

Hagstrom Jr., Robert: *The Warren Buffett Way. Investment Strategies of the World's Greatest Investor.* New York 1994: John Wiley & Sons, Inc.

Heller, Gottfried: *Die Wohlstandsrevolution.* Düsseldorf 1992: Econ

Heller, Gottfried: *Erhards »Unvollendete«. In: 100 Jahre Ludwig Erhard – Das Buch zur Sozialen Marktwirtschaft.* Düsseldorf 1997: MVV Medien

Henkel, Hans-Olaf: *Rettet unser Geld! Deutschland wird ausverkauft. Wie der Euro-Betrug unseren Wohlstand gefährdet.* München 2010: Heyne

Horstmann, Ulrich: *Womit wir morgen zahlen werden. Warum die Währungsreform schneller kommt, als Sie denken.* München 2012: FinanzBuch Verlag

Hüfner, Martin; *Rettet den Euro!* Hamburg 2011: Murmann Verlag

Issing, Otmar: *Wie wir den Euro retten und Europa stärken.* Kulmbach 2012: Börsenmedien – Börsenbuchverlag

Kostolany, André: *Kostolanys Wunderland von Geld und Börse.* Stuttgart 1982: Seewald

Kostolany, André: *Kostolanys Notizbuch.* Stuttgart 1983: Seewald

Kostolany, André: *Kostolanys Börsenseminar. Für Kapitalanleger und Spekulanten.* Düsseldorf, 1986: Econ

Kostolany, André: *Kostolanys Bilanz der Zukunft.* Düsseldorf 1995: Econ

Kostolany, André: *Weisheit eines Spekulanten.* Düsseldorf 1996: Econ

Le Bon, Gustave: *Psychologie der Massen.* Stuttgart 1973: Kröner

Linder/Tietz: *Das große Börsenlexikon.* München 2008: FinanzBuch Verlag

Lowe, Janet: *Warren Buffett Speaks. Wit and Wisdom from the World's Greatest Investor.* New York 1997: John Wiley & Sons, Inc.

Lynch, Peter: *One up on Wall Street.* New York 1989: Simon & Schuster

Marsh, David: *Die Bundesbank. Geschäfte mit der Macht.* München 1992: C. Bertelsmann

Merriman, Paul A.: *Financial Fitness Forever.* New York 2012: McGraw Hill

Miegel, Meinhard: *Die deformierte Gesellschaft.* Berlin 2005: Ullstein

Naisbitt, John: *Megatrends 2000.* Düsseldorf 1990: Econ

Nell-Breuning, Oswald von: *Grundzüge der Börsenmoral.* Freiburg 1989: Herder

O'Neill, Jim: *The Growth Map. Economic Opportunity in the BRICs and Beyond.* New York 2011: Penguin

Otte, Max: *Die Krise hält sich nicht an Regeln.* Berlin 2011: Econ

Roubini, Nouriel and Mihm, Stephen: *Crisis Economics. A Crash Course in the Future of Finance.* New York 2010: The Penguin Press

Siegel, Jeremy: *The Future for Investors.* New York 2005: Crown Publishing Group

Taghizadegan, Rahim: *Wirtschaft wirklich verstehen. Einführung in die Österreichische Schule der Ökonomie.* München 2011: FinanzBuch Verlag

Taleb, Nassim Nicholas: *Der schwarze Schwan. Konsequenzen aus der Krise.* München 2010: Hanser

Williams Jr., John Burr: *The Theory of Investment Value.* Burlington, VT 1997: Fraser Publishing Company

ÜBER DIE FIDUKA

Gegründet 1971 gilt die FIDUKA als eine der ältesten privaten unabhängigen Vermögensverwaltungen Deutschlands. Sie hat schon seit vielen Jahren im Wesentlichen die Anlagemethoden praktiziert, die in diesem Buch beschrieben werden. André Kostolany und Gottfried Heller prägten mit ihrer risikobewussten, verantwortungsvollen Anlagephilosophie die FIDUKA. Heute betreuen erfahrene Anlageexperten und ein professionelles Portfoliomanagement-Team das Vermögen der Kunden. Neben dem Bankhaus Lampe, im Besitz der Familie Oetker, sind Management, Mitarbeiter und Gottfried Heller als Senior Partner am Unternehmen beteiligt.

Die Berater der FIDUKA gehen auf die Wünsche jedes einzelnen Kunden ganz persönlich ein. Gemeinsam mit dem Kunden werden das Anlageziel und die passende Anlagestruktur für das Geldvermögen ermittelt. Auf dieser Basis übernimmt die FIDUKA die Umsetzung und laufende Überwachung der Vermögenswerte.

Das Honorar basiert nicht auf Umsatzprovisionen, sondern auf dem Leistungsprinzip. Zwischen Kunden und Verwalter besteht Interessensgleichheit.
Die FIDUKA ist außerdem Anlageberater mehrerer erfolgreicher Investmentfonds. Zahlreiche nationale und internationale Auszeichnungen dokumentieren die langjährig überdurchschnittlich erfolgreiche Arbeit.

Der Name FIDUKA ist abgeleitet vom lateinischen »fiducia« = Vertrauen. Vertrauen ist die Basis, besonders in Gelddingen.

Für Fragen rund um eine Vermögensverwaltung erreichen Sie die FIDUKA
• über Telefon: 089 291907-0
• über Fax: 089 291805
• über Internet: info@fiduka.com
• per Post: Kaufingerstraße 12, 80331 München

Weiterführende Informationen zur FIDUKA und ihren Fonds finden Sie unter
• www.fiduka.com
• www.profonds.com
• www.universal-investment.de

Kostolany-Widmung für Gottfried Heller (1972)

Meinem lieben Freund Gottfried

(Jeff) Heller,

in Erinnerung an unsere erste

Begegnung und in der Hoffnung, daß

er für mich ebenso viel Sympathie

hat wie ich für ihn und daß

er sich noch als Generaldirektor meiner

Geschichterln erinnern wird.

Und noch einen Rat:

Don't work, think!!

André Kostolany

ANDRÉ KOSTOLANY

Geld

das große Abenteuer

*Aufzeichnungen
eines Börsianers*

Meinem lieber Freund Gottfried
(Jeff) Heller
in Erinnerung an unsere erste
Begegnung und in der Hoffnung, daß
er für mich ebenso viel Sympathie
hat wie ich für ihn und daß
er sich noch d. Generaldirektor meiner
Geschichterln erinnern wird
Und noch ein Rat:
Don't worik, think ..
Andr. Kostolany

Kostolany-Widmung für Gottfried Heller (1982)

Meinem lieben Jeff (Gottfried Heller),

dem ältesten und intelligentesten

meiner zahlreichen Schüler, der

täglich meine Börsenspinnerei

anhören muß, mit innigster

Freundschaft von seinem väterlichen

Freund

André Kostolany

Ein Börsianer und Musikus dazu – A. K.

Kostolany's Wunderland
von Geld und Börse

Meinem lieben Jeff (Gottfried Heller)
dem ältesten und intelligentesten
meiner zahlreichen Schüler, der
täglich meine Börsenspinnereien
anhören muß, mit innigster
Freundschaft von seinem väterlichen
Freund
A. Kostolany

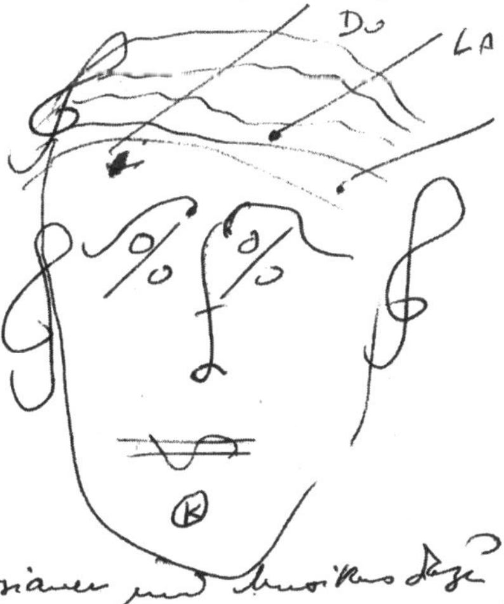

Ein Börsianer und Musikus dazu A.K.

Stichwortverzeichnis